道元と生きる

正法眼蔵随聞記

角川文庫
23604

はじめに

『正法眼蔵随聞記《しょうぼうげんぞうずいもんき》』は、道元禅師《どうげんぜんじ》の弟子の懐奘《えじょう》が、道元禅師の教えを、聞くに随《したが》って記録したものです。その内容は、懐奘と道元禅師との問答や、道元禅師が折に触れて修行僧たちに示された言葉の記録であり、そこには仏法の真髄が説かれ、仏道修行者のあり方や、修行の上での心得などが示されています。

本書は、今から約八〇〇年前の鎌倉時代の書であり、その対象は、世を捨てて出家し厳しい修行の生活を送っていた禅僧たちであり、その内容は〃修行の心得〃を説かれたものです。時代も環境も社会も、現代を生きる私たちとはあまりにもかけ離れており、とうてい理解しがたい世界であり境界です。ですから、これを私たちが現代に活かそうとすること自体、無理なことであるかもしれません。

しかしながら、この『正法眼蔵随聞記』は、道元禅師が語られた言葉を、聞くに随ってそのまま記録したもので、難解な『正法眼蔵』に比べて内容はわかりやすく、親しみやすいものでありますから、とにかく、まずは虚心に耳を傾けてみていただきたいのです。

現代社会は、科学技術などの進歩に伴って、道元禅師の時代に比べれば、はるかに人々の生活は豊かで快適で便利になりました。にもかかわらず、人々の心は必ずしも満たされることなく、日本の社会はかえって荒廃しているようにも感じます。世界を見ても、貧富の差はますます広がり、さまざまな紛争や戦争が絶えることなく、環境破壊が進み、人類の多くが将来に大きな不安を抱いているのではないかと思われます。

そのような私たちに、この書で語られる道元禅師の言葉は、きっと何かを感じさせてくれるはずです。その言葉は、修行僧というごく限られた人だけのものではなく、また時代の隔たりを感じさせるような古びたものでもなく、現代を生きる私たちにとっても、まことに有益な、学ぶべき、生きる指針を説かれたものと私には思われます。実際、私の座右の書にもなっております。

とはいえ、私自身未熟であり、十分な解説ができるかわかりませんし、道元禅師の厳しい示訓の前に、ただ自らが叱咤《しった》され反省するばかりで、さて道元禅師の教えを私たちの生活にどのように生かしていったらいいのか、説得力をもって語ることができるかどうかと、忸怩《じくじ》たるものがあります。ではありますが、私のつたない解説でも、読者の皆さんにとって、道元禅師と親しく出会うことのできるご縁になれば幸甚に存じます。

目次

はじめに　3
凡例　10

第一章　仏道の手引き

『正法眼蔵随聞記』の成立　12／『宝慶記』と『正法眼蔵随聞記』15／懐奘という人　18／師を慕う生涯　23／その家の業を学ぶ　24／あたりまえの教えを学ぶ　27／酒井得元先生との出会い　30／我執を捨て、知識の教えに随う　33／広学博覧はかなわない　36／多般を好み学すべからず　38／一事を専らにする　41／その一事とは坐禅　43

第二章　出世間の道

出家とは何か　46／出家者のあり方　49／世法と仏法　50／出家者の報恩　55／出家の善と俗世の善　60／僧侶の象徴、お袈裟について　63／雲のごとく、水のごとく　67／縁に任せ

る 69／形だけの出家ではいけない 71

第三章　我執を離れる

吾我を離れる 74／自己を忘れる 78／吾我のために仏法を学することなかれ 80／ただ善きことを行う 82／自分の見解に固執しない 88／古見を捨てる 90／師匠に参ずるということ 94／仏になるということ 97

第四章　貧に道あり

最も難しい教え 99／財多ければ必ずその志を失う 101／釈尊の遺教 105／学道は、まづすべからく貧を学すべし 108／人には皆、生まれながらに備わっている衣食がある 112／僧が堕落することは、裕福になることによる 116／餓死してもいいではないか 121／財あれば、人これを奪ひ取らんと欲ふ、我れは取られじとする 124／無用の物を貯《たくわ》えない 126

第五章　報いを求めず

求めない 130／代償を求めない 133／無所得・無所得・無所悟 136／昇進を望まない 140／悟りを求めない修行 144／幸福は歩くことそのものにあった 147／幸せを求めるということ 150／遠く求めるはかなさ 152／道元禅師の悟り 153

第六章　坐禅これ第一なり

鎌倉仏教の祖師たち 157／誰にでもできる修行 159／只管打坐 164／厳しい坐禅 166／中国での坐禅修行 168／大慧禅師、坐禅で病気を治す 170／学問より坐禅 173／悟りを開くのは坐禅の力 179／安楽の坐禅 183／悟りは心で得るのか、身体で得るのか 188／「さとり」とは何か 192／まずは身体をととのえる 196／甎《かわら》を磨いて鏡にする 198／坐禅の仕方 201／坐禅の功徳 209

第七章　霧の中を行けば衣湿る

霧の中を行けば、覚えざるに衣しめる 214／虚心に教えを聞く 217／仏仏祖祖、皆もとは凡夫なり 220／身体をととのえる 222／龍門を通過することができれば龍になる 225／善悪は縁に随っておこる 232／正しい師匠に随う 234／正師を得ざれば学ばざるに如かず 236

第八章 光陰を惜しむ

人間として生まれることの難しさ 242／人間に生まれてきたからには 244／かけがえのない命を仏道のために生きる 245／仏法のために生きるとは 250／無常は理屈ではない、眼前の道理 257／死が突然やって来たときには 262／無常を観じたときの生き方 264

第九章 玉、磨かざれば光らず

ともに修行する仲間がいる 266／玉は琢磨によりて器となる 269／精進と懈怠とによりて、得道の遅速あり 270／古人も皆金骨にあらず 271／学ばないで禄を得る者はいない 275／結果よりも過程が大切 277／修行と証りは一つ 281／スタートしたときがゴールのとき 285／修行力が現

れる 288／永遠の修行 291

第十章　学道の心構え

三度考えて話をする 293／相手の言うことをよく聞く 297／荒々しい言葉づかいをしない 300／慈悲の心で教える 303／巧みに言葉をつかう 308／論争をしてはいけない 310／論争のやめ方 314／人の批判をよく聞く 317／よく聞いてしっかり理解する 320／内面と外面が一致するように 322／善いことは密かに行い、悪いことは告白して反省する 323／人の見ていないところでも 326／人が非難することと褒めること 327／徳があらわれるということ 330／他人から用事を頼まれたとき 334／百不当の一老 339／道元禅師のこころ――「柔軟心」と「自未得度先度他の心」 343／道元禅師が目指す理想の世界とは 351

おわりに 353
文庫版あとがき 356

凡例

一、『正法眼蔵随聞記』の引用原文は、愛知県西尾《にしお》市長圓寺《ちょうえんじ》所蔵本を底本とした大久保《おおくぼ》道舟《どうしゅう》編『道元禅師全集』下巻（筑摩書房、一九七〇年五月。以下「大久保本」）によった。ただし、底本（長圓寺本）も大久保本も漢文片仮名混淆《こんこう》文であるが、本書では片仮名を平仮名に改め、特有の文字遣いと思われる漢字以外は新字体に改めた。尚《なお》、大久保本が諸本により語句を改めた部分を、底本の語句に戻した部分もある。

一、底本では各段の区切りは、改行し朱で○印が打ってあり、番号が付されていないが、大久保本はこの○印を基本としながらも、さらに細かく段落分けして番号を付している。本書では大久保本の段落分けに従い、各巻ごとに段の番号を付し、例えば第一巻の第一段は（一ノ一）とし、第六巻の第二十七段は、（六ノ二十七）とした。

一、『正法眼蔵随聞記』以外の引用原文も、基本的に大久保道舟編『道元禅師全集』上・下巻（筑摩書房、一九七〇年五月）により、特有の文字遣いと思われるもの以外は新字体に改め、文献名の後に（上・○○頁）と巻別と頁数を記した。

一、本書では、『正法眼蔵随聞記』については、引用原文を読みやすくするために、片仮名の送りがな部分を平仮名に改めて本文に入れたり、送りがなを付け足したり、漢字を平仮名に改めたり、和化漢文の部分を読み下し文に改めたり、引用文や会話等に「　」を付けるなど、大久保本に手を加えている。また句読点を加え、改行を行った部分もある。

　一日示ニ云ク、→一日示《じ》に云《いわ》く、

生レ→生まれ

其道→その道、　兼学す→兼ね学す　示云→示に云く

也→なり　又→また　是→これ　只→ただ

先須離吾我也→先《ま》づ須《すべか》らく吾我《ごが》を離《はな》るべきなり

離我見者→我見を離るとは

如是→是《かく》の如《ごと》し

第一章　仏道の手引き

『正法眼蔵随聞記』の成立

もともと『正法眼蔵随聞記《しょうぼうげんぞうずいもんき》』は、道元禅師《どうげんぜんじ》（一二〇〇～一二五三）の弟子となった懐奘《えじょう》（一一九八～一二八〇）が、道元禅師の教えを、自分自身の手控えとして記録した私的なメモであると考えられています。というのは、これは懐奘自身によって公にされたのではなく、懐奘が亡くなった後、その弟子たちが、懐奘の遺品の中から発見したもので、それを整理し六巻に編集したのも、弟子たちであるからです。

本書の『正法眼蔵随聞記』の本文は、愛知県西尾市長圓寺《ちょうえんじ》に伝わる『正法眼蔵随聞記』（長圓寺本）を底本として、これに読みやすく手を加えたものです。底本の跋文《ばつぶん》には次のようにあります。

先師永平弉和尚在学地日、学道至要随聞記録。所以謂随聞、如雲門室中玄記、如永平宝慶記、今録集六冊、記巻、入仮字正法眼蔵拾遺分内、六冊倶嘉禎年中記録也。

（長圓寺本『正法眼蔵随聞記』跋文）

先師《せんし》永平《えいへい》[1]奘和尚《じょうおしょう》[2]、学地《がくち》に在《あ》りしの日、学道《がくどう》[3]の至要《しよう》を聞くに随《したが》つて記録す。所以《ゆえ》に随聞《ずいもん》と謂《い》ふ。雲門《うんもん》[4]室中《しっちゅう》の玄記《げんき》[5]の如《ごと》く、永平の宝慶記《ほうきょうき》[6]の如《ごと》し。今、六冊を録集して、巻を記し、仮字正法眼蔵《かじしょうぼうげんぞう》[7]拾遺《しゅうい》[8]分《ぶん》の内《うち》に入《い》る。六冊倶《とも》に嘉禎《かてい》[9]年中《ねんちゅう》の記録なり。

［1］先師永平……先師とは、遷化《せんげ》（死亡）した師匠のことをいう。永平は永平寺のこと。［2］奘和尚……懐奘のこと。諱《いみな》（生前の名前）の「懐奘」の下の字をとって奘和尚という。永平寺第二世。文献では「奘」と「弉」の両方の表記があるが、本書では、引用文献以外は「奘」に統一する。［3］学道……仏道を学び修行すること。［4］雲門……雲門文偃《ぶんえん》（八六四〜九四九）。中国唐《とう》代末の禅僧。中国五家七宗の一つ雲門宗の祖。［5］室中の玄記……室中は、師の室内。玄記は、奥深い言葉の記録。［6］宝慶記……道元禅師が中国の天童山《てんどうざん》において、宝慶年間（中国の年号、一二二五〜一二二八年）に師の如浄《にょじょう》禅師から室中で親しく学んだ教えの記録。［7］仮字正法眼蔵……道元禅師の主著。漢文ではなく仮名まじりで書かれているので、仮字正法眼蔵とも言った。約百巻に及ぶ法語で、

仏法の真髄を説き明かした書。［8］拾遺……漏れていたものを拾い集めたもの。［9］嘉禎……一二三五～一二三八年。

〈先師永平奘和尚が、仏法を学ばれていたころ、学道において大切な心得を道元禅師より聞くに随って記録された。ゆえに「随聞」というのである。雲門《うんもん》の室中の玄記や永平道元禅師の『宝慶記』と同じである。今、六冊にまとめ、巻数をつけ、仮名書きの『正法眼蔵』の拾遺の内に収録した。六冊ともに嘉禎年中の記録である〉

この跋文によりますと、永平寺の第二世懐奘が、御開山《ごかいさん》（第一世）の道元禅師から、まだ仏法を学ばれていたころ、つまり嘉禎年中ごろに、道元禅師の教えを聞くに随ってそのまま記録したもの、ということがわかります。

嘉禎年中とは、一二三五年九月から一二三八年十一月ですから、道元禅師が三十六歳から三十九歳、懐奘が二つ年上で三十八歳から四十一歳のときのことです。

雲門《うんもん》の室中の玄記や永平道元禅師の『宝慶記《ほうきょうき》』と同じであると言っていますので、おそらく永平寺に蔵書としてあった道元禅師の『宝慶記』に倣って編集したのでしょう。

そして、これを六冊に整理して編集したのは、懐奘を先師と仰ぐ者ということになりますから、その直弟子たちであると考えられます。懐奘自身は、この道元禅師の教えの記録が『正法眼蔵随聞記』と名付けられ、六巻に編集されて後世に残ることになるとは、知る由もなかったのです。

『宝慶記』と『正法眼蔵随聞記』

ところで、道元禅師の書かれた『宝慶記』ですが、これは、道元禅師が中国の天童山において、宝慶年間（中国の年号、一二二五～一二二八年）に師の如浄禅師（一一六二～一二二七）から室中で親しく学んだ教えを記録したものです。やはり問答形式で書かれており、道元禅師の質問に対して師の如浄禅師が答える、その様子が記録されています。これは漢文で書かれております。

この『宝慶記』も、実は道元禅師が生前に公表されたものではなく、道元禅師の示《じ》寂《じゃく》（死亡）後に、懐奘が道元禅師のお部屋を整理していたときに、遺品の中から発見したものです。そして、その年の十二月十日に、懐奘がこれを書写していますが、これを書写し終えて、その末尾に、このときの心境を次のように記しています。

右先師古仏御遺書之中在之。草始之、猶在余残歟。恨者不終功。悲涙千万端。

（懐奘書写本（愛知県全久院《ぜんきゅういん》所蔵）『宝慶記』奥書《おくがき》）

右[1]は先師古仏《こぶつ》[2]の御遺書《ごゆいしょ》の中にこれあり。これを草《そう》し始めたまひしに、なほ余残あるか。恨むらくは功を終へざりしことを。悲涙千万端《ひるいせんまんたん》なり。

［1］右……右の書。つまり、ここに懐奘が書写した『宝慶記』のこと。［2］古仏……道元禅師を敬って言った尊称。

〈右は亡くなった師永平古仏が書き遺《のこ》された書物の中にあった。これを書き始められたのであるが、なおこのほかにも残りがあったであろうか。完全に書き終えられていないことは何とも残念なことである。悲しみの涙は止めどなく流れる〉

伊藤秀憲訳註『宝慶記』（原文対照現代語訳『道元禅師全集』第十六巻、春秋社）

この奥書からは、道元禅師が晩年になって、かつて中国において如浄禅師のもとで学ばれていたときの記録を、整理して書きまとめる作業をしていたことが推測されます。おそらく道元禅師には、如浄禅師の言葉を書き記したメモ書きがあり、それにより記憶をよみがえらせながら、まとめつつ記述されていたのでしょう。それがおそらく未完成の状態のようであったので、懐奘は「なほ余残あるか。恨むらくは功を終へざりしことを」と記されたのだと思われます。

ところで、懐奘は、道元禅師が亡くなられてから、この『宝慶記』の存在を知ったわけですから、懐奘は道元禅師の『宝慶記』に倣って『正法眼蔵随聞記』を残されたのではないのです。奇《く》しくも、道元禅師が如浄禅師の教えを一言も漏らさず書き留めておこうと思い、行われたように、懐奘も道元禅師のあらゆる教訓を記しとどめられたのです。

それも、他人に示すために書かれたものではなく、自分自身の修行の道標として記されたものでしょう。ゆえに、生涯座右の筐底《きょうてい》（箱の中）に秘めて公にせず、自らを戒め、あるいは自らが弟子たちを指導する際に指標としたのではないかと思われるのです。

それにしても、この『正法眼蔵随聞記』は、懐奘と道元禅師が問答を書面でやり取りしたのではないかと思わせるほど完成されたものであると感じます。教えを聞いたのみで、まるで録音でもして、そのテープを起こしたかのように、この『正法眼蔵随聞記』の言葉は綴《つづ》られています。教えを聞いたのみで、それを記憶して、このようなすばらしい聞き書きが作成できるものであろうかと、まさに驚嘆させられます。

懐奘という人

懐奘は、建久《けんきゅう》九年（一一九八）、京都に生まれました。十八歳のとき、比叡山《ひえいざん》に登り、横川《よかわ》の円能法印《えんのうほういん》について髪を剃《そ》って出家し、あらゆる仏教の学問を学びました。しかし、比叡山の多くの学僧たちが出世と考えていたのは、公家《くげ》と交わり、政《まつりごと》にかかわるような高僧となることであり、そのために仲間たちは修行や学問に励んでいました。このような名利《みょうり》（名誉や利益）を求める学問のあり方に疑問をもち、それがまことの出家者の道ではなく、かえって名利を離れる生き方こそが高僧の生き方であることに気づいた懐奘は、比叡山を下ります。

ところで道元禅師が、

教道《きょうどう》の師も、まづ学問先達《せんだつ》にひとしく、よき人となり、国家に知られ、天下に名誉せん事を教訓す。（五ノ八）

〈仏の道を教える指導者も、まず学問を先輩たちと同じように行って、優れた人物となり、国家に名が知られるように、天下に名誉が得られるようにと教訓していた〉

と語っているように、青年僧であった頃の道元禅師も、当時の指導者たちから、このように教訓されます。やはり疑問を感じ、たまたま『高僧伝』や『続高僧伝』などを見ると、大国（インドや中国）の高僧や仏法者の様子は、比叡山の指導者たちの勧めと違い、むしろ名利を厭《いと》い嫌ったのだということを知って、

この国の人よりも、唐土《とうど》・天竺《てんじく》の先達高僧を恥《は》づべし。（同）

〈この国の人よりも、中国・インドの先輩達や高僧達に恥じないようにしなければならない〉

という思いから、道元禅師は道を求めて中国に渡ることになったのです。

奇しくも、同じ頃、比叡山の同じ横川に登った懐奘も、やはり名利を求めるための学問修行に疑問をもち、その誤りに気づき、まことの指導者を求めて、比叡山を下りたのでした。

その後、懐奘は、浄土宗《じょうど》の証空上人《しょうくうしょうにん》を訪ねて浄土の教えを学びます。証空上人は、浄土宗開祖の法然《ほうねん》上人の門下で、道元禅師の族兄弟にあたる人でした。しかし、ここ

にもとどまることなく、さらに、当時さかんに中国から伝えられてきていた禅の教えに興味をもち、奈良の多武峰《とうのみね》を拠点として禅の教えを説いていた達磨宗《だるましゅう》の仏地《ぶっち》上人覚《かく》晏《あん》のもとに入門します。

達磨宗とは大日房能忍《だいにちぼうのうにん》（生没年不詳、平安期末より鎌倉初期の人）を祖とする鎌倉時代初期の禅宗の一派です。能忍は独学で経論を学び、禅を習って悟りを開き、摂津《せっつ》（大阪府）水田《すいた》の三宝寺《さんぼうじ》を拠点として禅の教えを説き、多くの民衆の帰依《きえ》を受けていました。

しかし、仏教の多くの宗派では、教えの継承ということを重んじていたため、師のない能忍はそのことを人々にそしられて、ついには、自らの悟りの境界を書にしたため、文治《ぶんじ》五年（一一八九）、門弟の練中《れんちゅう》・勝辨《しょうべん》の二人を中国（宋《そう》）に遣わして、その書を育王山《いくおうざん》の拙庵徳光《せつたんとっこう》（一一二一～一二〇三）に届け、その印可証明《いんかしょうめい》（悟りの境界がすぐれていることの証明）を得ます。拙庵徳光は、宋代の看話禅《かんなぜん》（古人の言行を学ぶことによって悟りを目指す禅）の大成者として有名な大慧宗杲《だいえそうこう》（一〇八九～一一六三）の弟子であり、当代一流の禅者の証明を得たということで、能忍の名声はますます上がり勢いを増すことになりました。

しかしその勢いが比叡山延暦寺《ひえいざんえんりゃくじ》に聞こえるにおよび、比叡山は禅の新興《しんこう》勢力を嫌い幕府に働きかけ、その布教を禁止させるに至りました。建久《けんきゅう》五年（一一九四）、達磨宗は比叡山の弾圧を受け、能忍らは、奈良の多武峰《とうのみね》に逃げ移り、ついには、甥《おい》の平《たいらの》景清《かげきよ》によって能忍は殺害されたと伝えられます。

この能忍を宗祖とする達磨宗は、摂津の三宝寺を拠点とする弟子たちにより、その後も存続していきますが、このグループとは別に京都の東山《ひがしやま》および奈良の多武峰《とうのみね》を拠点として教えを説いたのが能忍の弟子覚晏《かくあん》でした。懐奘はこの覚晏のもとに入門して修行を積み、しだいに多くの弟子たちの中で頭角を現し、悟りの証明を得るまでになりました。

ちょうどそのころ、懐奘のもとに、中国に渡り大陸の新しい禅風を伝え、教えを説いていているという道元禅師の評判が伝わってきました。確実な師承《ししょう》（師から弟子への親密な法の伝承）がなかった能忍の達磨宗と違い、自ら中国に渡って禅の本場、中国で修行して、その教えを伝来したという道元禅師は、懐奘にとって魅力的な存在であり、一方では、これを論破してみせようという意気込みもあって、京都の建仁寺《けんにんじ》に寓住《ぐうじゅう》していた道元禅師を訪ねたのです。

安貞《あんてい》二年（一二二八）、懐奘は建仁寺の道元禅師を訪ねて法論を挑みました。懐奘は道元禅師より二つ年上であり〝ひとつその力量を試《ため》してやろう〟との思いでさまざまな問答を仕掛《しか》けました。この法論は数日間に及んだと伝えられます。

道元禅師は懐奘を敬《うやま》い、同じ禅ではありながら宗旨《しゅうし》を異《こと》にしていた達磨宗の宗徒である懐奘の説をよく聞き、禅の基本的な教えについては同意していました。懐奘も、仏法に関する議論を交わしながら、初めの二、三日のうちは、自分と同じような考えであり、同じくらいの力量であると思っていましたが、四日、五日に及び、しだいに道元禅師が違った見解を示したのです。

おそらくその見解とは、修証一等《しゅしょういっとう》（修行と証《さと》りは一つである）、只管打坐《しかんたざ》（ただひたすら坐《すわ》ればよい）というような、曹洞宗《そうとうしゅう》の黙照禅《もくしょうぜん》の教えであったと推測されます。臨済《りんざい》宗の流れを汲《く》む達磨宗の教えとは異なるものです。そして、これこそが道元禅師の仏法の核心でありました。

懐奘は、この、これまで学んできた禅の教えとは異なる道元禅師の教えに、実に深遠で高尚《こうしょう》なものを感じ、直ちに道元禅師に師事したいと願いましたが、まだ道元禅師は、建仁寺に仮住まいの身でありましたので、「いずれ適当なところに草庵《そうあん》をむすぶようになったら、そこへ訪ねてきなさい」と言われ、懐奘は後日を期して多武峰に戻りました。

その後、多武峰の覚晏のもとに戻り修行を続けますが、多武峰にも興福寺《こうふくじ》の衆徒《しゅと》の襲撃が及び、寺は焼かれ、達磨宗の宗徒は四方に離散することになります。そして覚晏の示寂後、京都深草《ふかくさ》に興聖寺《こうしょうじ》を開いていた道元禅師を再び訪ねるのです。

それは、初めて道元禅師を訪ねてから六年後のことであり、そして道元禅師が京都の深草に興聖寺を開いた翌年の文暦《ぶんりやく》元年（一二三四）のことでした。

懐奘が、興聖寺の道元禅師を訪ねてのち、この『正法眼蔵随聞記』の記録が始まるのです。

師を慕う生涯

懐奘は、道元禅師のもとに入門し、師事してより、昼となく夜となく、常に道元禅師につき随って、一日として離れることなく、親しく教えを受けました。あたかも影が形に随うように、それから約二十年、道元禅師がお亡くなりになるまで、興聖寺や永平寺などにおいて、種々の役職を与えられても、必ず侍者（身の回りの世話をする役職）を兼ねて、そばに仕えたといわれます。

そして、道元禅師が亡くなられた後も、方丈《ほうじょう》（住職の居室）に道元禅師の頂相《ちんぞう》（遺影）を祀《まつ》り、毎晩寝るときには「お休みなさい」と申し上げ、毎朝起きたときには「おはようございます」と挨拶《あいさつ》して、一日も怠ることがなかったと伝えられます。

弘安《こうあん》三年（一二八〇）四月頃、懐奘はにわかに体調を乱し病床に臥《ふ》しました。すでに八十三歳の高齢です。陰陽士《おんみょうじ》からは六月中の死を宣告されました。しかし、懐奘はなんとしても先師（道元禅師）の亡くなられた八月二十八日の命日に死にたいと念願していました。その念願力によってか、六月もとうに過ぎ去り、中秋の名月もすでに見ることができた八月二十四日、道元禅師の命日に先立つこと四日ではあったものの、まさに道元禅師が示寂した同じ子《ね》の刻《こく》（午前零時《れいじ》）に示寂されたのです。

懐奘が道元禅師と同じ八月二十八日に死にたいと願ったのは、もちろん道元禅師を心より慕っていたからですが、もう一つの理由は、自分一人のための法要は無用であり、道元禅師に付随する形で行ってもらえばいいという願いによるものでした。そして、弟子たちに遺言して、自分のために墓を建てることを禁じ、道元禅師の墓塔の傍《かたわ》らに遺骨を埋めるように言い遺しました。はたして弟子たちは遺命《いめい》に従って懐奘の塔は建てず、また懐奘だけのための法要は行わなかったといわれます。

二歳年下であった道元禅師を、ここまで慕い、師匠として敬い仕えた懐奘は、仏教史においてまれにみる、強い絆《きずな》で結ばれた師弟関係であったと思われます。

その家の業を学ぶ

さて、現在、私にとってこの『正法眼蔵随聞記』は座右の書となっており、ときどき拝読しては心に刻み、日々の自分の生活を反省しております。

そもそも私が仏教と出会ったのは、寺に生まれ育ったからですが、幼少のころから僧侶《そうりょ》としての修行をさせられたというのではなく、寺に家庭があったというだけで、高校生までの私は一般の皆さんと同じようにごく普通に育ちました。ただ、祖母がよく「仏飯《ぶっぱん》を頂いて育った者は、仏道《ぶつどう》を生きなければいけない」というようなことを言っており、小学生くらいのときから、なんとなく、将来はお坊さんになって、寺の後を継がなければならないとは思っていました。

家を継ぐといえば、『正法眼蔵随聞記』に次のような説示があります。

一日示《いちじつじ》に云《いわ》く、人《ひと》その家《いえ》に生まれ、その道《どう》に入《い》らば、先《ま》づその家の業《ごう》を修《しゅ》すべし、知るべきなり。我が道《どう》に非《あら》ず、自《おの》が分《ぶん》に非《あら》ざらんことを知り修するは、即《すなわ》ち非《ひ》なり。今、出家《しゅっけ》の人として、即ち仏家《ぶっけ》に入《い》り、僧道《そうどう》に入《い》らば、須《すべか》らくその業《ごう》を習ふべし。（二ノ二）

〈人はその家に生まれ、その道に入ったならば、まずその家の仕事（職業）を修得し、了知すべきである。自分の道ではなく、自分の分際ではないことを知り、習得するのはよいことではない。今、出家の人として、まさに仏家に入り、僧侶の道に入ったならば、必ずその仕事を習うべきである〉

まさに祖母が口癖のように言っていた「仏飯を頂いて育った者は、仏道を生きなければいけない」ということなのでしょうが、この現代において、「自分の家の職業を継がなければならない」などと言えば、「職業選択の自由」に反すると反論されることでしょう。ここに道元禅師が示されるような考え方は、近代社会よりも前の、自由に職業を選択することができなかった時代の封建的な考え方であり、現代においては、誰もが自分自身の意志によって、就きたい職業を自由に選ぶことができなければならないと思われます。

ところが、明治期以降、既成仏教教団の多くの寺院が世襲のかたちをとるようになって、寺に生まれ育つと、親は子に、後継ぎになることを期待し、檀家《だんか》の皆さんもそれを望む、というような状況が続いてきました。ご多分に洩《も》れず、私もそのような境遇に育ちましたし、寺を継ぐべき伯父がフィリピンのルソン島で戦死したときの話も、私には重く受け取らざるをえないものでした。

祖父の長男であった伯父は戦役から無事帰還すれば、寺を後継するはずでしたが、学徒出陣でフィリピンに出征した伯父は、ルソン島で戦没し帰らぬ人となりました。最期を看取《みと》ってくれた戦友の話によれば、最期の時にと懐中に抱いていた一握りのお米をその友と分かち食べ、力を振り絞って語ったそうですが、伯父は寺の将来を心配し、自らが寺を後継し、法灯《ほうとう》を護《まも》れないことを詫《わ》び、弟（私の父）に寺を託して亡くなったと聞きました。父の話によると、「おそらくその日に違いないと思う、兄が枕辺に現れ『寺の後を頼む』と託された」と。

この話を聞いたのは確か高校生のときであったと思います。まだ私には、よく理解できないこともありましたが、寺を継ぐということと、法灯を護るということが、重大なことであるようだということは感じ、「最期まで取っておいた一握りのお米」の話は、その後、痛烈に私の心に残ることになりました。

「仏飯を頂いて育った者は、仏道を生きなければいけない」という祖母の訓戒と相まって、私はまさに「職業選択の自由」によって、寺の後継という道を選択したのです。

あたりまえの教えを学ぶ

このようなことから、伯父や父が学んだ大学で、私も学びたいと思ったのは、ごく自然なことであり、私は迷いなく駒澤《こまざわ》大学に進学しましたが、まだほんとうに「仏道を歩みたい」という気持ちは希薄でした。というのも、やはり何か仏教に特別なものを感じ、仏教を「頑張って信じなければならないもの」と考え、「はたして信じられるだろうか」と不安も感じていました。

しかし、入学後まもなく仏教の基礎教養として学んだ内容は、どれも期待はずれなくらい「あたりまえのこと」でした。

諸行無常《しょぎょうむじょう》……あらゆる物事は、常住不変ではない。移り変わりゆくものである。

諸法無我《しょほうむが》……あらゆる物事は、実体的なものではなく、空《くう》なるものである。また、あらゆる物事は、自分の思いどおりにはならないものである。

縁起《えんぎ》……あらゆる物事には、因（原因）があり、それにさまざまな縁（条件）が加わって果（結果）が生じていく。

四諦説《したいせつ》……現実のさまざまな問題を解決するためには、まずその現実の状態をよく見極め、次に、その原因を突きとめ、その原因を滅することによって、問題は解決する。その原因を滅するための実践として「八正道《はっしょうどう》」がある。

八正道（八聖道）……人生をよりよく生きるための八つの実践の道

一、正見《しょうけん》……正しい見解・信仰。何か事業をなす場合の全体的な、将来的な見通し。

二、正思惟《しょうしゆい》……正しい意志・決意。自分の立場・役割などを常に正しく考えて意思する。

三、正語《しょうご》……正しい言語的行為。嘘を言わない。悪口や無駄なことを言わない。

四、正業《しょうごう》……正しい身体的行為。殺さない。傷つけない。暴力をふるわない。盗まない。

五、正命《しょうみょう》……正しい生活法。規則正しい生活をする。

六、正精進《しょうしょうじん》……正しい努力・勇気。正しい方向に向かって努力する。

七、正念《しょうねん》……正しい意識・注意。うっかり、ぼんやりとしない。

八、正定《しょうじょう》……正しい精神統一。心を静め、精神を安定させる。

ここにあげた教えは、その一部ですが、「頑張って信じなければならない」「はたして信じられるだろうか」という私の不安は、このような教えを学ぶうちにしだいに払拭《ふっしょく》されていきました。一般的には、宗教といいますと、「私は信じます」とか「信じません」とか、「私には関係ありません」とか、「かかわっています」とか、「私には宗教は必要ありません」とか、「宗教は必要です」というような言われ方をします。

宗教にはいろいろな宗教があって、そのような言い方をされるような面も確かにありますが、私が大学で学ぶことになった仏教の基本的な教えは、「信じる」とか「信じない」とか、「関係ある」とか「関係ない」とか、「必要だ」とか「必要ない」とか、そういうものではない、そのようなレベルと違ったものであり、まさに事実であり、普遍的妥当性のある教えであると、私にはそう感じられたのです。

あたりまえの教えである仏教に出会えたのは、ほんとうに幸せでした。このような仏教であるなら、自信をもって人に語ることができると確信してからは、私は「もっともっと仏教を学びたい」と思うようになり、心の底から「仏道を歩みたい」と願うようになったのです。

道元禅師が言う「その家の業」「我が道」とは、私の場合は、まさに僧侶であり仏道であったのですが、この道にご縁があったことを、今は感謝しています。

酒井得元先生との出会い

私はその後、必然的に、道元禅師の教えにめぐり会うことになったのですが、それは、当時、駒澤大学の教授であった酒井《さかい》得元《とくげん》先生を通じての出会いでした。

私は、駒澤大学に入学する以前から、師匠（父）より、酒井先生のことは聞いていました。

「大学に入学したら、酒井得元先生という立派な先生がおられるから、きっと教えを受けることになるだろう」ということでした。

私の寺には、毎年、沢木《さわき》興道《こうどう》老師（一八八〇～一九六五）が眼蔵会《げんぞうえ》（道元禅師の『正法眼蔵』の講義をする法会《ほうえ》）の因《ちな》みにお見えになっており、私も、幼少のころ、沢木老師に「おお、よしよし」と抱っこしてもらったりしていたようですが、師匠から、「沢木老師は、とてつもない偉い禅僧だった」と聞いており、亡き沢木老師が、最も認めていた弟子が酒井先生だというので、入学以来、特別な思いを寄せていました。仏教研修館竹友《ちくゆう》寮に入寮し、寮長をされていた酒井先生に初めて会ったとき、なるほど、これまでに会ったこともない風格のお方であると感じました。

その後、私は、大学の単位とか履修とかにかかわらず、酒井先生の授業はすべて聴講するという意気込みで、一年から四年まで、都合がつくかぎりその授業を前の席で聴講しました。それが、道元禅師の『正法眼蔵』だったのです。

まだ、仏教の「ぶ」の字も知らない私にとって『正法眼藏』はきわめて難しく、ほとんどわかりません。まず、まともに読むことさえできません。必死でふり仮名を付けるのですが、先生の読みは、必ずしも一貫していませんでした。同じ言葉を異なって読むこともありました。今思えば、『正法眼蔵』の読みは一通りではないので、いろいろに読めたわけですが、なんとなくその点は大ざっぱであったように思います。

質問などすると、

「そんなことは、どっちでもいいんだ」

「おまえたちに『正法眼蔵』がわかってたまるか」

というような調子でした。

しかし、『正法眼蔵』はちんぷんかんぷんでも、酒井先生の講義は実におもしろかったのです。

酒井先生のお話は、

「なんだいあの赤い衣を着て、きんきらきんの袈裟《けさ》をかけて、あれは、まるで仮装行列だぜ。君たち、まねするなよ！」

「蚊を払う払子《ほっす》を、恰好《かっこう》つけてふってさ、煩悩を払うとか言ってさ。ありゃーちょっと考えもんだぜ、……わしもたまにやっとるけどな」

「今の葬式の引導《いんどう》（法語）は、あれはまるで弔辞だな。あれは仏法じゃないぜ」

といった具合で、その毒舌が、実に新鮮でした。そして、それが真実であると、妙に納得できました。

仏教の現実に対する、批判的な眼《め》を私がもちえたのは、実に酒井先生のおかげであると思います。現在の私は、寺の住職として、酒井先生がかつて批判されたような僧侶のあり方をしておりますが、しかしそれは、私によっていったん打ち砕かれた現実の仏教が、その私自身によって再構築されて意義づけられたものであって、無批判な、慣習的な受用とはちょっと違っていると自負しております。

もし、私が酒井先生にお会いすることなく、仏教寺院の現実に何の疑問ももつことなく、なんとなく寺の住職となっていたら、きっと大いに道をあやまったに違いありません。

大学に入って、いろいろな授業で仏教の本来の教えを学び、そのすばらしさを知的に認識することができたことはもちろんですが、酒井得元先生という人格を通じて、じかに仏教の真髄に触れられたことは、まことにありがたいことでした。

「超越する」という言葉は、よく言われるわりには、何か意味不明であって、あまりむやみに用いないことにしていますが、酒井先生は「超越」の人であったように思います。

「人間なんていうのはそんなもんだぜ。張り合いがあるから生きてるな。仏法には張り合いはないぜ」

「『悟り』っていうのもしょせん、迷いだな」

超越の言葉が、私の脳裏にいくつか焼き付いています。

我執を捨て、知識の教えに随う

一般の人でも、それぞれの職業に就きましたら、その仕事をまず習い覚えなければなりませんが、それと同様に、僧侶の道に入ったなら、やはり僧侶の道とは何かを学び、どのような心構えをもって生きていったらいいのか、知っておかなければなりません。それを示されたのが、次の部分です。

その儀《ぎ》を守ると云《い》ふは、我執《がしゅう》を捨て、知識の教《おしえ》に随《したが》ふなり。その大意《だいい》は、貪欲無《とんよくな》きなり。貪欲無からんと思はば、先《ま》づ須《すべから》く吾我《ごが》を離るるべきなり。吾我を離るるには、観無常《かんむじょう》これ第一の用心《ようじん》なり。

世人《せじん》多く、我《われ》は元来《もとより》、人に能《よ》しと言はれ思はれんと思ふなり。それが即《すなわ》ちよくも成《な》り得《え》ぬなり。ただ我執《がしゅう》を次第に捨てて、知識の言《ことば》に随ひゆけば、昇進するなり。理《ことわり》を心得たるやうに云へども、「しかありと云へども、我れはその事が捨て得ぬ」と云ひて、執し好み修するは、弥《いよい》よ沈淪《ちんりん》するなり。

禅僧《ぜんそう》の能《よ》く成る第一の用心は、祗管打坐《しかんたざ》すべきなり。利鈍賢愚《りどんけんぐ》を論ぜず、坐禅《ざぜん》すれば自然《じねん》に好《よ》くなるなり。

（二ノ二）

〈僧侶としてのやり方を守るとはどういうことかというと、我執（自分に対する執着）を捨て、仏教の指導者の教えに従うのである。そこで大切なことは、欲望を捨てることである。欲望を捨てようと思うなら、まず吾我を離れるべきである。吾我を離れるためには、無常を観《かん》じることが第一に必要である。

世の中の人の多くは、私もそうだが、人に善《よ》い人だと言われ、思われようと思うものである。それがそもそも善くなりえない原因である。ただ、我執をしだいに捨てて、指導者の言葉に随っていけば、進歩するのである。私はそのこ道理をよく心得ているように言っても、「そうではあるけれども、私はそのことを捨てることができない」と言って、執着し好んで行うと、ますます堕落するのである。
禅僧がよくなる第一の用心は、祇管打坐すべきである。利発で賢いとか、愚鈍であるとかを問題とせず、坐禅すれば、自然とよくなるのである〉

ここで示されるように、道元禅師が教える僧侶として生きる道とは、「我執を捨て、師の教えに随って、もっぱら坐禅をする」ということになります。そこで、「我執を捨てる」ということは「欲望を捨てる」ということでもありますが、そのためには「吾我を離れる」ことが必要で、「吾我を離れる」ためには「無常を観じる」ことが第一だと示されています。

実は、これらの言葉はどれも、道元禅師が教える学道の用心において、非常に重要な言葉ですので、あらためて詳しくお話しします。

さてここで、「道理をよく心得ているように言っても、『そうではあるけれども、私はそのことを捨てることができない』と言って、執着し好んで行うと、ますます堕落するのである」と忠告されている部分は、耳が痛いところです。道元禅師は、ここでしっかりとクギをさしているわけです。

私たちには、「わかっちゃいるけど、やめられない」ということがあります。〝タバコが身体によくない〟とわかっていてもやめられません。〝お酒もたまには、ぬかないと〟〝休肝日が必要だ〟と思っていてもできません。ほんとうは「わかっちゃいない」のですね。ほんとうにわかっていたら、やめられるはずですし、ほんとうに思っていたらできるはずですから。

道元禅師はなかなか厳しいです。

広学博覧はかなわない

示《じ》に曰《いわ》く、広学博覧《こうがくはくらん》はかなふべからざることなり。一向《いっこう》に思ひ切りて留《とど》るべし。ただ一事《いちじ》に付いて、用心故実《ようじんこじつ》をも習ひ、先達《せんだつ》の行履《あんり》をも尋ねて、一行《いちぎょう》を専《もっぱ》らはげみて、人師《にんし》・先達の気色《けしき》すまじきなり。（二ノ三）

〈示して言われた、広く学び、博《ひろ》く書物を読むことは、できることではない。いっそのこと、思い切ってやめたほうがいい。ただ、一つのことについて、心得やしきたりを学んで、先人たちの行いを探し求めて、一つの行いをもっぱら

励んで、師匠面や先輩面をしないことである〉

いろいろなことを広く学び、知識・教養を広め深めることは有益なことですし、決して悪いことではないと思います。しかし、なかなかできることではありません。

世の中にはまれに、何でもよく知っていて、何でもできる人がいます。私の知人にも、武道家であり、建築家であり、音楽家であり、陶芸家であり、経営者であり、どの道でも指導者になっているような驚異的な人がいます。

しかし、そのような人は存在するものの、それはまれなことであり、まねをしようと思っても不可能なことです。ただ一つのことでいいから、しっかり学び行いなさいと、道元禅師は教えています。でなければ、その道に熟達することはなかなかできることではありません。そして、たとえ熟練したとしても、「師匠面や先輩面をしない」、偉そうにしてはいけないと言われます。

世の中、自分が偉そうにしなくても、ほんとうに一流の人になれば、周りの人々が自然と評価してくれるものでしょうし、一流の人と言われるようになるように思います。

多般を好み学すべからず

示《じ》に云《いわ》く、無常迅速《むじようじんそく》なり、生死事大《しようじじだい》なり。暫《しばら》く存命《ぞんめい》の間《あいだ》、業《ごう》を修《しゅ》し、学《がく》を好《この》まんには、ただ仏道《ぶつどう》を行《ぎよう》じ、仏法《ぶつぽう》を学すべきなり。文筆詩歌《ぶんぴつしいか》等《とう》、その詮《せん》なきなり。捨《す》つべき道理、左右《さう》に及ばず。仏法を学し仏道を修するにも、尚《な》ほ多般《たはん》を兼ね学すべからず。況《いわ》んや教家《きようけ》[1]の顕密《けんみつ》[2]の聖教《しようぎよう》、一向に閣《さしお》くべきなり。仏祖《ぶつそ》の言語《げんご》すら、多般を好み学すべからず。一事《いちじ》を専《もつぱ》らにせん、鈍根劣器《どんこんれつき》のもの、かなふべからず。況んや多事《たじ》を兼ねて心想《しんそう》を調《ととの》へざらん、不可《ふか》なり。

（二ノ十三）

[1] 教家……仏教を種々に分析し、分類して説き、文字や言葉によって仏教を示し、究めようとする者たち、あるいはそのような学問。これに相対《あい》して用いられる「禅家」とは、文字や言葉によらず、実践によって道を究めようとする者たち。[2] 顕密……顕教と密教。言葉によって顕《あら》わされた教えと、顕わすことができない教え。両者で仏教のすべての教義を示す。ここでは「教家の顕密の聖教」とは、言葉で示された仏教の膨大な経論をいう。

〈示して言われた、時の過ぎ去るのは非常に速く、生死のこと（生死輪廻《りんね》の中でこの人間世界に生まれてきたこと）は重大なことである。しばらく命のある間に、何かを行い、何かを学ぶことを好むなら、ただ仏の道を行い、仏の教えを好み学ぶべきである。

文筆・詩歌などを学ぶことは無益なことである。捨てなければならない道理は、言うに及ばない。仏の教えを学び、仏の道を生きるにも、やはりいろいろなことを兼ね学ぶべきではない。まして、教家の顕密の聖教は、全く捨てて学ばないでおくのがよい。多くのことを好んで学んではいけない。

一つのことでさえもっぱら行うことは、鈍く劣っている者には、できることではない。まして、多くのことを兼ねて心の想いを調えることができないのは、いけないことである〉

僧侶の道に入ったならば、何を学び、何を行ったらいいのか。それは、仏の教えを学ぶのであり、仏の道を実践するのです。

ところで、僧侶は、さまざまな法要において、「法語」といわれる漢詩（五言絶句とか七言絶句とか）を作成して唱えるということをします。漢詩を作る場合、韻を踏んだり（第一句と偶数句）、平仄《ひょうそく》を整えたりするきまりがありますが、例えば「二四不同（二字目と四字目が平字同士でない、または仄字同士でない）」とか、「二六対（二字目と六字目が平字同士、または仄字同士である）」とか、「下《あ》三連《さんれん》不可（下の三文字が平字ばかり、または、仄字ばかり三字続くのは不可）」などのきまりがあり、作法にかなった漢詩を作るには、ある程度の教養も必要になります。しかしここで道元禅師は、それらのことについても「詮なき」と言い、「捨つべき」と示しています。あまりこだわらず、言いたいことを素直に言えばいいのであり、きまりに縛られて、内容が自由に述べられないことは好ましくないというお考えです。

　そしてまた、この文筆や詩歌のような仏道に付随することについての教養はもちろんのこと、仏の教えを学び、仏の道を生きるにも、やはりいろいろなことを兼ね学ぶべきではない、と教えています。「教家の顕密の聖教」とは、文字言句で示された仏教の教えのことですが、これらは「八万四千の法門」とも言われ、膨大な量の教典があります。とても学び尽くせるものではありません。

『御遺言《ごゆいごん》記録』（永平寺三世徹通義介《てつつうぎかい》著）の中に、道元禅師の晩年の言葉の記録として、

　今生《こんじよう》、如来《によらい》の仏法《ぶつぽう》において、未《いま》だ明《あき》らめ知らざるのところ千万端《せんまんたん》ありといへども、仏法において一切邪見《じやけん》を起こさず、正《まさ》しくこれ正法《しようぼう》によつて正信《しようしん》を取る。

〈今生に、如来の仏法において、未だ明らめ知らないところが千万端（たくさん）もあるが、それでも仏法においてまったく邪見を起こさず、まさしく正伝《しょうでん》の仏法に従って、正信をもつことができた〉

という記述がありますが、道元禅師でさえ、いまだ学んでない仏法の教えが千万端もあるというのですから、仏教はまことに広大無辺で深遠な教えです。

道元禅師のこの、多くのことを学ばなくてもよい、というお言葉は、私にとってはまことにうれしいお言葉で、ずいぶん気が楽になります。

とはいえ、一つのことでいいといっても、気楽になっていてはいけません。一つのことでも、これに熟達するということは簡単なことではありません。それが次のお示しです。

一事を専らにする

夜話《やわ》[1]に云《いわ》く、人《ひと》は、世間《せけん》の人も、衆事《しゅじ》[2]を兼《か》ね学《がく》して何《いず》れも能《よ》くもせざらんよりは、ただ一事《いちじ》を能くして、人前《ひとまえ》にしてもしつべきほどに学すべきなり。況《いわ》んや出世《しゅっせ》の仏法は、無始《むし》[3]より以来《このかた》修習《しゆじゆう》せざる法《ほう》なり。故《ゆえ》に今もうとし。我《わ》が性《しよう》[4]も拙《つた》なし。高広《こうこう》なる仏法の事《こと》を、多般《たはん》を兼ねれば一事をも成《じよう》ずべからず。一事を専《もつぱ》らにせんすら、本性《ほんしよう》昧劣《まいれつ》[5]の根器《こんき》[6]、今生《こんじよう》に窮《きわ》め難《がた》し。努努《ゆめゆめ》学人《がくにん》、一事を専らにすべし。

（二ノ十六）

［1］夜話……夜間、坐禅の合間にする説法。［2］衆事……多くのこと。［3］無始……その始点をさかのぼっても知ることができない遠い昔。［4］性……生まれつきの能力。［5］昧劣……くらく、劣っている。［6］根器……根は生まれつきの素質、器は器量。

〈夜話で言われた、人は、世間（一般）の人も多くのことを同時に学んでどれも中途半端であるよりは、ただ一つのことであってもしっかりと行って、人前でも堂々とできるように学ぶべきである。ましてや世間を超越した仏の教えは、世間においてははるか昔から、習い修めたことのない教えである。だから今も凡人にはよくわからない。自分の生まれつきの能力も劣っている。限りなく高く広い仏の教え（実践）の多くの面をみな行おうとすれば、一つも成就できないであろう。一つの教え（実践）をもっぱらつとめようとしても、もともと生まれつきの能力が乏しく劣っているから、この生涯では究めることは難しい。そうであるから必ず、学人（仏道を学ぶ人）は、一つのことをもっぱら行うべきである〉

ただ一つのことでいいから、しっかりと学び体得して、人前で胸を張ってできるようになることが大切だと言われます。しかし、ただ一つのことを学んだとしても、それを究めることは難しい。だからこそ、深遠な仏道を学ぶ者は、とにかく一つのことをもっぱら行いなさいと示されるのです。

それでは、その一つのこととは何か。懐奘が質問しています。

その一事とは坐禅

丼問《じょうと》うて云《いわ》く、もし然《しか》らば、何事《なにごと》いかなる行《ぎょう》か、仏法に専《もっぱ》ら好《この》み修《しゅ》すべき。

師云く、機《き》に随《したが》ひ、根《こん》に随ふべしと云《い》へども、今祖席《そせき》[1]に相伝《そうでん》して専らする処《ところ》は坐《ざ》禅《ぜん》なり。この行、能《よ》く衆機《しゅき》を兼ね、[2]上《じょう》・中《ちゅう》・下根《げこん》[3]等《ひと》しく修し得《う》べき法《ほう》なり。

（二ノ十六）

［1］祖席……釈尊《しやくそん》から達磨、そして師の如浄へと伝わった仏法の立場。［2］衆機を兼ね……どんな人にもできる。［3］上・中・下根……修行を行ずる能力の段階。

〈懐奘が質問して言った、「もしそうであるなら、どのような事、どのような行を、仏法においてはもっぱら修行するべきでしょうか」。道元禅師は言われた、「それぞれの能力に随い、素質に随って行うべきであるけれども、今、私が仏祖から相伝わりもっぱらつとめるべき行は坐禅である。この行（坐禅）は、どんな人でも行うことができ、能力の優劣の区別なく、みなが平等に修行することのできる修行法である」〉

仏教にはいろいろな修行法がありますが、道元禅師の教えは、やはり坐禅です。道元禅師は、中国の如浄禅師のもとで修行し、坐禅こそ第一の修行であるとの教えを受け、これを実践されました。そして、この教えと実践こそ、正統の教えであり実践であると確信し、日本に伝えたのです。

鎌倉仏教の祖師は、下層階級の民衆——救いの手を伸べられることのない、しいたげられた苦しむ人たち——を救う立場から、それぞれの祖師が、誰にでも行うことができる実践を説きました。法然上人、親鸞聖人《しんらんしょうにん》は、「南無阿弥陀仏《なむあみだぶつ》」と称《とな》えるお念仏を、日蓮聖人《にちれん》は「南無妙法蓮華経《なむみょうほうれんげきょう》」と唱えるお題目《だいもく》を、そして道元禅師は「坐禅」を人々に勧めました。

お念仏や、お題目に比べ、坐禅は、特別な人だけができる修行法のように思われがちですが、道元禅師にとって坐禅は、ただ坐ればいいのですから、誰にでも行うことができるやさしい修行法であったと言えます。坐禅のことについては、またあらためてお話しいたします。

第二章　出世間の道

出家とは何か

道元禅師が出家したのは、俗世間から逃れ、地位や名誉や財産を捨てて、人間存在の本質を見極めるためであり、そこに真実の平安を求めたからでしょうか。

道元禅師は、正治《しょうじ》二年（一二〇〇）の旧暦の一月二日（陽暦一月二十六日）、京都にお生まれになりました。父親は村上源氏《むらかみげんじ》の流れを汲む久我通具《こがみちとも》（一説にこの通具の父親である通親《みちちか》とする説もあります）、母親については不詳ですが、摂関家《せっかんけ》で、宮中で重んじられていた藤原基房《ふじわらのもとふさ》の関係の女性ではないかとされています。

父親も母親も、朝廷にかかわる方であったのですが、はっきりとわかっていないのですね。このはっきりとわかっていないのは、道元禅師自身が、出自（出身）について語っていないからです。弟子たちも、はっきりと記録に残しておりません。おそらく、出家した道元禅師には、出自など問題ではなかったのでしょう。つまり、身分だとか、血筋だとかは、しょせん俗世間のことであり、それらを捨て去るのが出家の生き方であったからだと思われます。それがまた道元禅師らしさかもしれません。
道元禅師に「山居《さんご》」と題する次の偈頌《げじゅ》があります。

我愛山時山愛主　我《われ》、山を愛する時、山、主《ぬし》を愛す。
石頭大小道何休　石頭《せきとう》、大小の道《どう》[1]、何《なん》ぞ休《きゅう》せん。
白雲黄葉待時節　白雲黄葉《こうよう》、時節を待つ。
既抛捨来俗九流　既《すで》に抛捨《ほうしゃ》し来《きた》る、俗《ぞく》の九流《きゅうりゅう》[2]。
（『永平広録《えいへいこうろく》』第十）

[1] 道……言葉。[2] 九流……儒家《じゅか》・道《どう》家・陰陽《おんみょう》家・法《ほう》家・名《めい》家・墨《ぼっ》家・縦《じゅう》横《おう》家・雑《ざっ》家・農《のう》家の、中国戦国時代以降の九つの学派。さまざまな世間の学問のことをいうか。

〈私が山を大切にすると、山も私を大切にしてくれる。大小の岩や石も休むことなく語りかけてくれる。白い雲や山の木々の移り行きの中で、すでに俗世間の九つの流派の学問などは抛《な》げ捨て、忘れ去ってしまった〉

おそらく、深山幽谷の永平寺で詠まれた詩でしょう。大自然と一体となって、身も心も安らかに日暮らしをする様子がうかがわれます。すでに俗世間の学問や教養は忘れ去られているようです。

また、同様に「山居」と題する次の偈頌があります。

西来祖道[1]我伝東　西来《せいらい》の祖道《そどう》、我《わ》れ東《ひんがし》に伝《つた》ふ。
瑩月耕雲慕古風　月を瑩《みが》き、雲を耕して、古風を慕ふ。
世俗紅塵飛豈到　俗世の紅塵《こうじん》[2]、飛んで豈《あ》に到《いた》らんや、
深山雪夜草庵中　深山の雪夜、草庵《そうあん》の中《うち》。

（『永平広録』第十）

[1] 西来祖道……達磨《だるま》大師がインドから中国に伝えた釈尊《しゃくそん》の正しい教え。[2] 紅塵……市街地に吹き立つチリ。転じて、世の中の煩わしい俗事や煩悩のことをいう。

〈釈尊から伝わってきた正しい仏法を、私が日本に伝えた。そして、山深くに大自然とともに生きる古来の仏道を行じている。俗世間の煩わしさは、ここまでは飛んでくることはあるまい、この山深くの、雪の降る夜の草庵で修行する私のもとまでは〉

この詩も同じです。これもやはり永平寺で詠まれたものでしょうか。俗世間の煩わしさを離れて修行に専心している様子、まことに安穏で静寂な境界が示されています。

この二つの詩にみられる俗世間とは、いかなる世界をいうのでしょうか。また、そこを離れた出家のあり方、出家の世界とは、どのような世界をいうのでしょうか。

出家者のあり方

さて、世の中の多くの行為は、結果を期待して行います。受験で合格するために勉強をする。昇進のために、昇給のために一所懸命働く。この「ため」というのが「有為《うい》」であり、そして「有為」の世界には強い自己意識が働きます。いわゆるエゴです。自と他を対立させ、比較し、競争し、そしてそこに優劣を決めて、より高い地位や名誉を願い、より多くの財産を求めます。それが悪いとか、いけないとかいうのではありません。しかし、そこには、満足感はなかなか得られず、かえって多くの苦悩が伴うものです。

このように、「対立」し「比較」し「競争」し、そして「優劣」を決め、「地位」「名誉」「財産」などの成果を求めることが「有為」の生き方であるわけですが、それらを離れて「無為」に生きるのが、すなわち「出家」のあり方であるといえます。

ゆえに「出家」における仏道は、悟り（果）を求めて修行（因）を行わないのです。たとえ「悟り」というすばらしいことであっても、それを追い求めることは「有為」の世界のあり方と変わらないことになってしまうからです。悟りを求めずただ修行するのが「無為」であり、だからこそ、坐禅において悟りを求めない「只管打坐《しかんたざ》」を強調するのです。

道元禅師は、この「有為」の世界を「俗世」といい、それに対する「無為」の世界を「出家」とされたのではないでしょうか。もし一般社会のあり方を〝社会的〟というならば、出家の世界は〝非社会的〟ということになり、この非社会的あり方、「無為」のあり方こそ出家者の理想的あり方であったのです。

世法と仏法

一日請益《いちじつしんえき》[1]の次《ついで》に云《いわ》く、近代《きんだい》の僧侶《そうりよ》、多く世俗《せぞく》にしたがふべしと云《い》ふ。思ふに然《しか》らず。世間《せけん》の賢《けん》すら猶《な》ほ民俗《みんぞく》に随《したが》ふことを穢《けが》れたることと云ひて、屈原《くつげん》[2]の如《ごと》きは「皆酔《みなよ》へり、我れは独《ひと》り醒《さ》めたり」とて、民俗に随はずして、つひに滄浪《そうろう》[3]に没す。況《いわ》んや仏法は、事事《じじ》皆世俗に違背《いはい》せるなり。俗《ぞく》は髪をかざる、僧は髪をそる。俗は多く食す、僧は一食《いちじき》するすら皆そむけり。然《しか》して後《のち》、還《かえ》つて大安楽人《だいあんらくにん》なり。故《ゆえ》

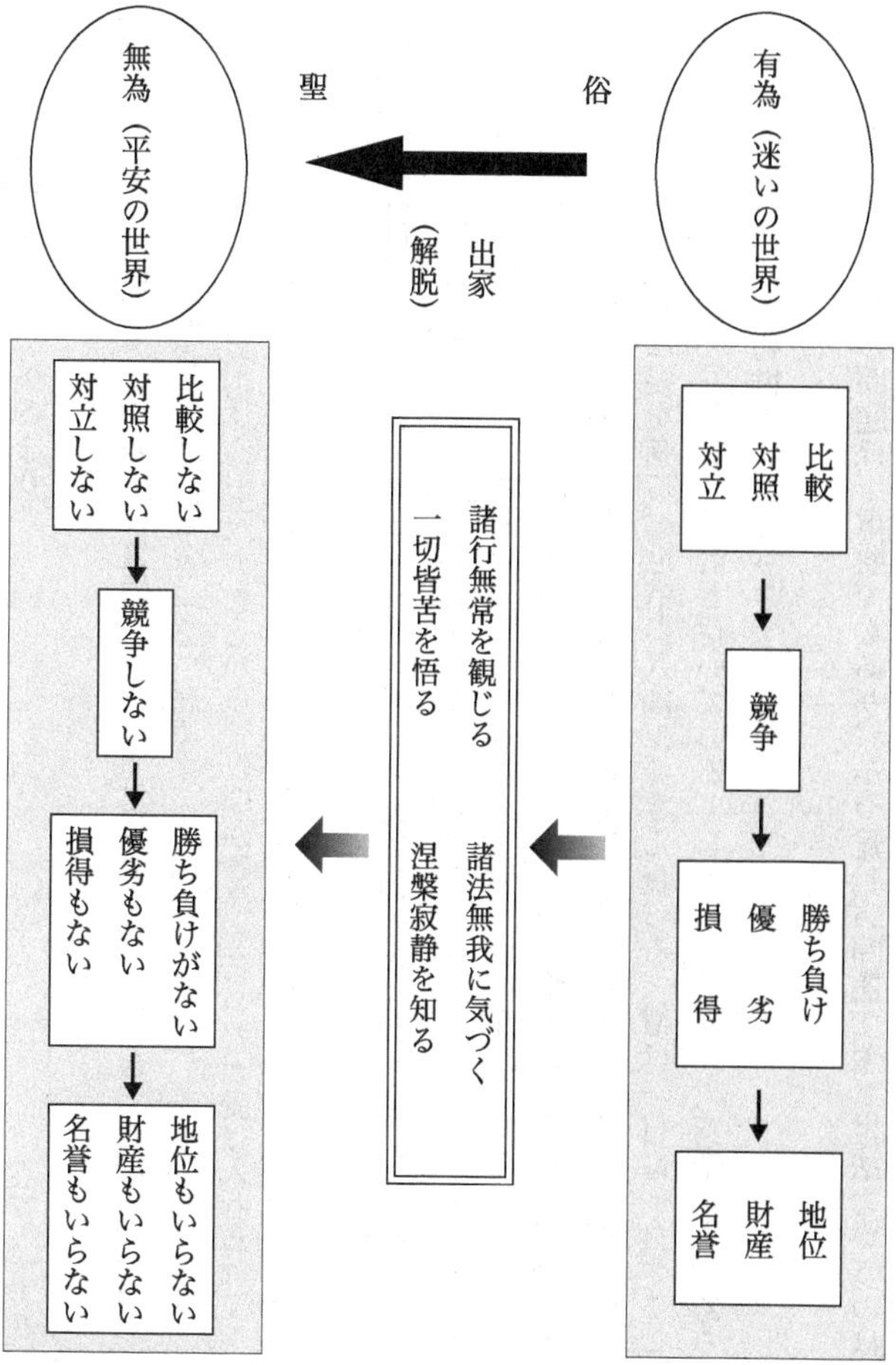
有為（迷いの世界）
俗
聖
出家
（解脱）
無為（平安の世界）
比較
対照
対立
競争
勝ち負け
優劣
損得
地位
財産
名誉
諸行無常を観じる
一切皆苦を悟る
諸法無我に気づく
涅槃寂静を知る
比較しない
対照しない
対立しない
競争しない
勝ち負けがない
優劣もない
損得もない
地位もいらない
財産もいらない
名誉もいらない

（三ノ二十九）

に一切世俗に背《そむ》くべきなり。

［1］請益……学人が師に質問して教えを受けること。師に教示を請い、自己を益することから請益という。［2］屈原……中国の戦国時代、楚《そ》の国の政治家、詩人。愛国心が強く、王への忠心から幾たびか諫言《かんげん》を行ったが受け入れられず、楚の将来に絶望して、汨羅江《べきらこう》の流れに入水《じゅすい》自殺した。［3］滄浪……楚の国の川。

〈ある日、請益のときに言われた、近ごろの僧侶の多くは、「世俗に随《したが》うべきである」と言う。私はそうは思わない。世間の賢い人ですら、民衆の俗習に随うことは穢れたことであると言って、屈原などは「皆、酔っている、私ひとりが醒めている」と言って、民俗に随わないで、ついに滄浪に身を投げて世を去った。まして、仏法はことごとくみな、世俗に違背するのである。世俗の人は髪を飾る、僧は髪を剃《そ》る。世俗の人はたくさん食べる、僧は一日に一食することだけみても、みな僧は世俗と背いている。しかしながら、大安楽の人である。だから僧は一切世俗に背くべきである〉

世法と仏法の関係の問題は、重要でもあり、かつ難しい問題です。世法というのは、一般世間での規則やしきたり、民衆の伝統的な生活文化のことであり、仏法というのは、出家（僧侶）の世界での教えや規則、しきたりということです。

道元禅師の時代も、多くの僧侶が「僧侶も、世俗に随うべきである」ということを言っていたのですね。現代でも同様ですが、われわれ僧侶も、この社会を生きている、同じ人間でありますから、この社会とかかわらないというわけにはいきません。「いや、積極的にかかわっていくべきである。僧侶も、もっと政治・経済や教育や娯楽など民衆の中に飛び込んでいくべきである。その中で、積極的に教化活動をしていくべきである」という意見をもった僧侶が多くおります。

一方で、僧侶は、権威や権力、政治に近づいてはならない、という道元禅師の教え（いわば「世法」に対する「仏法」です）に随って、「私は、国政選挙や地方選挙があっても誰の応援もしない、投票もしない」という僧侶もいます（しかし、現代社会では、選挙において投票するのは、国民の権利であり、義務であるから、それを放棄するのはいかがなものか、と批判されることになります）。

この問題に関する道元禅師の見解は、きっぱりと「一切世俗に背くべきなり」です。実に厳しいです。

愛媛県にある瑞應寺《ずいおうじ》という修行道場に私が尊敬する老師がおられました。二十年ほど前になるでしょうか、この道場を訪ね、老師にご挨拶《あいさつ》に伺ったとき、次のようなことをおっしゃられました。

「私は、以前は、布教教化《きょうか》というものは、こちらから民衆の中に飛び込んでいって行うものだと、僧侶もそういうことが必要であると思っていたが、今は違う思いをもっている。われわれが、自分たちの道をしっかりと行《ぎょう》じていれば、民衆がわれわれを訪ねてくる、法を求めてやって来る。とにかくこうして修行道場で高祖さま（道元禅師）の教えに随って修行を実践していることが大切だ。ここがしっかりしていなければ、仏法は滅んでしまう。しっかりと自分ができていない者が、やみくもに世俗に飛び込んでいくと、かえって世俗に流されて堕落するだけだ」

なるほどと思いました。人々にとってみれば、自分たちと違った厳しい修行をしている僧侶がいる道場だからこそ魅力を感じるのでしょう。「有為」（比較・競争・勝負・地位・名誉・財産）の世界のあり方に疲れ、むなしさを感じた人々が、「無為」の世界に安らぎを求めて、真実の平安を求めてやって来るのです。自分たちと違う生き方をしているから、自分たちの世界とは違う世界だから魅力を感じて訪ねて来るのです。もし、僧侶の世界も、どっぷりと「有為」のあり方に浸っていたら、人々にとって僧侶の世界は何の魅力もないかもしれません。

道元禅師が説かれるように、僧侶は、一切世俗に背くべきであり、背いているからこそ存在意義があるとも思われます。そこで、僧侶のあり方、生き方について、もう少し『正法眼蔵随聞記』の説示をあげてお話ししてみましょう。

出家者の報恩

夜話《やわ》の次《ついで》に弉公《じようこう》問《と》うて云《いわ》く、「父母《ぶも》の報恩《ほうおん》[1]等《とう》の事、作《な》すべきや」。

示《じ》に云く、孝順《こうじゆん》は尤《もつと》も用ゐる所《ところ》なり。但《ただ》し、その孝順に在家《ざいけ》出家《しゆつけ》の別あり。在家は孝経《こうきよう》[2]等の説を守りて生《しよう》につかふ、死につかふる事、世人《せじん》皆知れり。出家は恩を棄《す》てて無為《むい》[3]に入《い》る。無為の家《いえ》の作法は、恩を一人に限らず、一切衆生《しゆじよう》斉《ひと》しく父母《ぶも》の恩の如《ごと》く深しと思うて、作す所の善根《ぜんごん》を法界《ほつかい》にめぐらす。別《べつ》して今生《こんじよう》一世《いつせ》の父母に限らず。これ則《すなわ》ち無為の道《どう》に背《そむ》かざるなり。日々《にちにち》の行道《ぎようどう》、時時《じじ》の参学《さんがく》、ただ仏道に随順《ずいじゆん》しもてゆかば、それを真実の孝道《こうどう》とするなり。忌日《きにち》の追善《ついぜん》[4]、中《ちゆう》陰《いん》の作善《さぜん》[5]なんど、皆在家に用ゐる所なり。衲子《のつす》[6]は、父母の恩の深きことをば、実の如く知るべし。余の一切、また同じく重くして知るべし。別して一日をしめて殊《こと》に善を修《しゆ》し、別して一人《いちにん》をわきて回向《えこう》[7]をするは、仏意《ぶつい》に非《あら》ざるか。戒経《かいきよう》[8]の「父母兄弟《ひんでい》死亡の日」の文《もん》[9]は、暫《しばら》く在家に蒙《こうむ》らしむるか。大宋《だいそう》の叢林《そうりん》の衆僧《しゆそう》、師匠の忌日にはその儀式あれども、[10] 父母の忌日はこれを修したりとも見えざるなり。

（三ノ二十五）

[1] 報恩……恩に報いること。孝順。また、供養のこと。[2] 孝経……儒教の教典。孔子《こうし》の弟子、曽子《そうし》が孔子の言動を記したもの。[3] 無為……因果関係を超えた絶対的行為。作為がないこと。ここでは出家の世界をいう。[4] 忌日の追善……年回忌等に法要を営むこと。法要を営むことが作善（善行を作すこと）であり、その善行の功徳を故人に回向する（回《めぐ》らし向ける）ことを追善という。[5] 中陰の作善……人の死後、中陰（四十九日）の間、七日ごとに縁者が集まって法要を営むこと。また中陰の間、縁者が善行を作して、その功徳を故人に回向すること。[6] 衲子……衲衣《のうえ》（補縫した袈裟《けさ》）を着た僧という意味で、禅僧のことをいう。[7] 回向……自分が行った善行の功徳を、他に回らし向けること。また、追善供養などの法要を営むことをいう。[8] 戒経……『梵網菩《ぼんもうぼ》薩《さつ》戒経』（『梵網経』）のこと。[9]「父母兄弟死亡の日」の文……「父母兄弟の死亡の日には法師を講じて福をもって亡者《もうじゃ》をたすけるように」とある文章。[10] 師匠の忌日にはその儀式あれども……住持《じゅうじ》（住職）が法堂に上って、修行僧を集めて法要を営み、説法を行った。

〈夜話の折に懐奘《えじょう》が質問して言った、「父母に対する報恩（供養）などのことは、なすべきでしょうか」。

道元禅師は示して言われた、「孝順（親孝行）は、何よりもなすべきことである。ただし、その孝順に、在家と出家の区別がある。在家の場合は、『孝経』などに説かれていることを守って、父母の生存中におつかえし、また死後にも報恩の行いをすることとは、世間の人が皆知っているところである。ところが、出家は、父母の恩を捨て、無為の仏道に入るので、その無為の生き方をしている出家のやり方は、恩を自分一人の父母に限って考えないのである。すべての生きとし生けるものの恩をみな平等に父母の恩と同じく深いと考えて、自分がした善根の功徳をあらゆるところに向けるのである。とりわけ、この世一代の自分の父母に限定しないのが、出家としての無為の生き方にそむかないことである。日々の仏道修行、その時その時の仏法参学を、ただ仏道に従ってしていけば、それを真実の孝道とするのである。父母の亡くなった日に因《ちな》む追善供養とか、亡くなった当座四十九日の間の作善などは、みな在家の人のすることである。わが達磨門下の仏弟子は、父母の恩の深いことを、仏法の上から正しく理解し、他の一切の恩についても、父母の恩と同様に重く考えなければならない。一日に限って善《よ》いことを行ったり、特別に親一人のために回向をしたりするのは、仏の御心《みこころ》にそわないのではないか。『梵網戒経』に、《父母兄弟の死亡の日には法師を講じて福をもって亡者をたすけるように》とある文章は、まずは在家に対して言ったものであろう。大宋国の修行の道場の僧たちは、師匠の命日にはそれに因む儀式をしていたが、父母の命日にそういうことは行っていないようだった」〉

さて、ここには、孝順（報恩・供養）ということについて、在家と出家のあり方の違いが説かれる中で、出家のあり方として「無為」という言葉が見られます。この「無為」とは「有為」に対する言葉であり、因果関係を超えた絶対的行為を指します。作為がないということです。（五十一ページ図）

わかりやすく喩《たと》えていえば、「有為」というのは、自分の行為に対する代償や報酬などを求めるあり方であり、それに対して、結果を期待せずに、損得勘定をせずに純粋にただ行うのが「無為」であると言えます。

ここでは、自分の父母に限定して特定の日に供養を行うのが「有為」、つまり命日に限って、特定の霊位の供養をするのが「有為」の世界での供養であり、それに対して、これらの「限定」や「特定」を設けないで、あらゆる人を対象にして、毎日毎日が供養の日であると思って行うのが、「無為」の世界での供養であると受け取ることができます。

そして、「有為」の世界での供養は、いわゆる法要を営むことであり、「無為」の世界での供養は、自分自身が仏道を修行することであり、毎日、仏道修行を行じていることが、ほんとうの供養のあり方であるとされるのです。

私事ですが、私が永平寺に安居《あんご》（修行）しているとき、姉が結婚しました。もう二十数年前のことです。知らせを聞いて、三日ほどの外出を申し出ました。そのころ私は、永平寺の中の監院寮《かんにんりょう》という寮舎にいて、監院という役の老師の行者《あんじゃ》、つまり身の回りのお世話をする役をつとめていました。その老師が前の永平寺の貫首宮崎奕保《かんしゅみやざきえきほ》禅師です。外出するためには、自分が修行をつとめる寮舎、つまり会社でいえば自分の部署ですが、この寮舎の長である老師に相談して許可を得なければなりません。宮崎禅師に「姉が結婚式をするので外出させてほしい」と申し出ますと、言下《ごんか》にダメだと言われました。ちょうど十二月五日、臘八摂心《ろうはちせっしん》（十二月一日から八日にわたって終日坐禅修行に徹する）の期間中だったこともありますが、そのとき宮崎禅師から、次のように諭されました。

「お祝いの言葉をのべたり、食べたり飲んだり、手をたたいたりすることだけが、祝福のあり方ではない。おまえにとっては、この永平寺でひたすら坐禅修行していることが祝福の表現である。修行僧であるおまえにとって、永平寺で真剣に修行していることが、お姉さんに対する最高の祝福ではないのか」

と。そのころはまだ未熟でしたので、ほんとうに理解はできませんでしたが、今思えば、宮崎禅師は、道元禅師が言われる「無為」の世界の生き方を教えてくださったのだと思います。ここで『正法眼蔵随聞記』に示されるように、自分自身が、修行に打ち込んでいることこそが両親に対する真の報恩（供養）なのだという説示を、宮崎禅師は、言葉を換えて教えてくださったのです。

出家の善と俗世の善

また云《いわ》く、善悪《ぜんなく》と云《い》ふ事《こと》、定《さだ》め難《がた》し。世間《せけん》の綾羅錦繍《りようらきんしゆう》[1]をきたるをよしと云ひ、麁布糞掃《そふふんぞう》[2]をわるしと云ふに、仏法にはこれをよしとし、清《きよ》しとす。金銀錦綾《こんごんきんりよう》[3]をわるしとし、穢《けが》れたりとす。是《かく》の如《ごと》く、一切の事にわたりて皆然《しか》り。予《よ》が如きは、聊《いささ》か韵声《いんしよう》[4]をととのへ、文字《もんじ》をかきまぐるを、俗人等《ぞくにんとう》は尋常《じんじよう》なる事に云ふも有《あ》り。また或《あ》る人は、出家学道《しゆつけがくどう》の身《み》として是《かく》の如き事知れると、そしる人も有り。何《いず》れを定めて善ととり、悪とすつべきぞ。（中略）是《かく》の如く子細《しさい》に分別《ふんべつ》して、真実の善をとつて行《ぎょう》じ、真実の悪を見てすつべきなり。僧は清浄《しょうじょう》の中より来たれば、物《もの》も人の欲を起こすまじき物をもてよしとし、きよしとするなり。（五ノ十二）

［1］綾羅錦繍……綾は、あやぎぬ（綾織《あやおり》の白または無地の絹）。羅は、うすもの（薄く織った織物で紗《しゃ》や絽《ろ》の衣類）。錦繍は、錦《にしき》と刺繍《ししゅう》を施した美しい織物・衣類。［2］麁布糞掃……麁布は、粗末な布。粗布（織り目のあらい綿布）。糞掃は、捨てられたぼろ布。また、その布を洗い、縫い合わせて作った衣。［3］金銀錦綾……金、銀の糸で織った紋様の美しい織物。［4］韵声をととのへ……韵（韻）と四声を調える。韻を踏んだり、平仄《ひょうそく》を調えて作詩すること。

〈また言われた、善悪ということは定めることが難しい。世間では綾羅錦繍を着ているのを、よい着物を着ていると言い、麁布糞掃を着ているのを悪い着物を着ていると言うが、仏法の世界では、これ（麁布糞掃を着ること）を善いこととし、清らかなこととする。金、銀の錦綾を着るのを悪いこととし、穢れているとする。このように一切のことにわたってみなそうである。

私なども、いささか韻や四声を調えて、文字（漢詩）を書いたりするが、世間の人たちは、それはあたりまえのことであると言う人もいる。またある人は、「出家して仏の道を学ぶ身であるから、そのようなことを知っているのはいかがなものか」と悪く言う人もある。どちらを定めて「善」と取り、何を「悪」として捨てるべきか。（中略）
このように、細かく思案をして、真実の善を選び取って行い、真実の悪を見極めて捨てるのである。僧は、清浄（欲望を離れること）の中から出現したのだから、物も、人の欲望を起こさないものを善い物とし、清らかであるとするのである〉

善とか悪とかいうことも、何が善で、何が悪かは、定めることは難しいものです。例えば、拳銃《けんじゅう》の所持ということについても、日本では銃砲刀剣類所持等取締法（銃刀法）により、拳銃所持は厳しく規制されており、これを一般人が所持することは悪であり、犯罪ですが、諸外国では、自己防衛の権利が強いため、銃器所持に対する厳しい規制が敷かれている国は少なく、銃器所持に対する規制が緩いアメリカでは、基本的には誰でも拳銃を含む銃器の購入・所持ができますし、これはアメリカ合衆国憲法によって認められた権利であり、悪ではないわけです。

善・悪の判定は、時代や地域や社会や立場によって異なるのですが、ここで道元禅師が言われるように、世法と仏法とでは、やはり善・悪の定め方が異なるのです。世間では綾羅錦繍を着ているのを「よい着物を着ている」と言い、麁布糞掃を着ているのを「悪い着物を着ている」と言いますが、仏法の世界では、これ（麁布糞掃を着ること）を善いこととし、清らかなこととするのです。

実はこの衣類についての考え方にも、出家者はどうあるべきなのかというあり方が、特徴的に表れています。

僧侶の象徴、お袈裟について

そこで、お袈裟《けさ》の話ですが、その材料について、いったい袈裟は、どのような材料で作られているのか、そのような材料を用いていることにどのような意味があるのか、お話ししてみましょう。

道元禅師は『正法眼蔵』「袈裟功徳」で、次のように示されています。

　その衣財《えざい》、また絹・布よろしきにしたがうてもちゐる。かならずしも布は清浄《しょうじょう》なり、絹は不浄《ふじょう》なるにあらず。布をきらうて絹をとる所見なし[1]、わらふべし。諸仏の常法、かならず糞掃衣《ふんぞうえ》[2]を上品《じょうぼん》[3]とす。

糞掃に十種あり、四種あり。いはゆる火焼・牛嚼・鼠噛・死人衣等。五印度人、如此等衣、棄之巷野。事同糞掃、名糞掃衣。行者取之、浣洗縫治、用以供身。《火焼《かしょう》・牛嚼《ごしゃく》・鼠噛《そこう》・死人衣《しにんえ》[4]等《とう》なり。五印度《いんど》の人、[5]此《かく》の如《ごと》き等の衣、之《これ》を巷野《こうや》に棄《す》つ。事《こと》糞掃に同じ、糞掃衣と名づく。行者之《ぎょうじゃこれ》を取って、浣洗縫治《かんぜんほうぢ》して、用《もち》いて身に供《く》す》。そのなかに、絹類あり、布類あり。絹・布の見《けん》をなげすてて、糞掃を参学《さんがく》すべきなり。

［1］布をきらうて絹をとる所見なし……南山律宗《なんざんりっしゅう》の祖、南山道宣《どうせん》（五九六〜六六七）は、絹は蚕を殺して取るので不浄とし、木綿や麻などの植物繊維から作る布を清浄としたが、それを必ずしもそうではないと批判したものか。［2］糞掃衣……糞掃（捨てられたぼろ布）を拾い集めて制作した衣（袈裟）で、僧侶にとって最も優れた衣とされる。［3］上品……上等な品物。［4］火焼・牛嚼・鼠噛・死人衣……火焼は、火に焼かれて捨てられた布。牛嚼は、牛などが噛《か》んで汚れ破れた布。鼠噛は、ネズミがかじったボロ布。死人衣は、死人がまとっていた衣服。これらの布の使える部分を切り取って材料としたもの。［5］五印度の人……東西南北と中インドの人。

〈その衣財は、また絹でも布でも、適当に手に入ったものを用いる。必ずしも布（植物繊維の布）は清浄であり、絹（絹織物）は不浄であるというのではない。布を嫌って区別して絹を拾うという見方はない、笑うべきである。諸仏の常法（決まった教え）では、かならず糞掃衣を上品とする。

糞掃に十種類あり、また四種類ある。それは、火焼・牛嚼・鼠噛・死人衣である。五印度の人たちは、このような布類を道ばたや野原に捨てた。この捨てた布が糞掃と同じで、糞掃衣と名付けたのである。修行者はこれを拾い集めて、きれいに洗って縫い合わせ、これを身にまとったのである。その中に、絹類もあり布類もある。絹とか布とかの見方をやめて、ともに糞掃衣として受け取らなければならない〉

「諸仏の常法、かならず糞掃衣《ふんぞうえ》を上品《じょうぼん》とす」とあります。糞掃衣とは、糞掃（捨てられたぼろ布）を拾い集めて制作した衣（袈裟）のことで、これが上品であり、僧侶にとって最も優れた衣類とされるのです。

一般的には、絹などの高級な布でできた、きらびやかに刺繡された衣類が上等な衣類とされ、多くの人々は、そのような布や衣類に心をひかれて執着しますが、僧侶の世界では逆に、一般の人がよい衣類と考え、心ひかれ執着するような衣類は、悪い衣類とし、一般の人が執着せず、見向きもしないようなもの、例えば、捨てられたボロ布（糞掃）のようなものを最高の布とし、糞掃で作った衣類を最高の衣《ころも》とするのです。とにかく、価値が逆転しているのです。

次に挙げたのは、お袈裟（僧伽胝衣《そうぎゃていえ》）の條数《じょうすう》と壇隔《だんきゃく》ですが、條数が多いほど、上等な衣なのです。重要な法要では、僧侶は、より條数が多いお袈裟を身に纏《まと》うのです。

（條数）	（壇隔）
九條・十一條・十三條	——両長一短
十五條・十七條・十九條	——三長一短
二十一條・二十三條・二十五條	——四長一短

條数が多いというのは、一枚の布が小さいということです。一般的には、大きな布ほど価値があります。それは、縫い合わせずに、いろいろな形の服を制作することができ、利用価値が大きいからです。その価値ある物に、僧侶は執着しない。僧侶は、一般の人々が無価値であると思うような物にあえて価値を認める、捨てられたものを尊ぶ、ということになります。

さきに、道元禅師のお示しにもありましたように、僧侶は「物も人の欲を起こすまじき物をもてよしとし、きよしとする」（物も、人の欲望を起こさないものを善い物とし、清らかであるとする）のです。ここに、僧侶の、物に対する価値観の基準として、人（在家者）が欲望（執着）を起こす物か起こさない物かが、重要な基準であったことが知られます。

環境問題（例えば、ごみの問題）を考えると、一般の人が捨てた物を大切にし、托《たく》鉢《はっ》によって人々から布施《ふせ》を受けた食料（余剰の食物）をいただいて生きるという僧侶の存在は、重要でした。昔の僧侶は、人々にとっての精神的支えとして存在意義があったのみではなく、物を無駄にせず、大切にし、最大限に活用するという物質的な面でも、存在価値があったと考えられます。

しかし、時代の流れの中で、僧侶の大多数が家庭をもつようになった現代では、そのような僧侶が現代社会にはほとんど存在していないことは、しかたのないことでありますが、僧侶が世間と価値観を異にし、ことごとく違背することの意義と重要性は、現代を生きる僧侶も、しっかりと受け止めていかなければならないと思われます。

雲のごとく、水のごとく

示《じ》に云《いわ》く、衣食《えじき》の事《こと》、兼《か》ねてより思ひあてがふ事なかれ。

たとひ乞食《こつじき》の処《ところ》なりとも、失食絶煙《しつじきぜつえん》の時、その処にして乞食せん、その人に用事《ようじ》云《い》はんなんど思ひたるも、即《すなわ》ち物《もの》をたくはへ、邪食《じやじき》にて有《あ》るなり。衲子《のつす》は、雲の如《ごと》く定まれる住処《すみか》もなく、水の如くに流れゆきてよる所《ところ》もなきを、僧とは云ふなり。直饒《たとい》衣食の外《ほか》に一物《いちもつ》ももたずとも、一人《いちにん》の檀那《だんな》をもたのみ、一類《いちるい》の親族をも思ひたらんは、即ち自他《じた》ともに結縛《けちばく》の事にて、不浄食《ふじようじき》にてあるなり。

（六ノ二十五）

〈示して言われた。衣服や食べ物のことで、かねてから配慮する（蓄えたり、予定を立てたりする）ようなことがあってはならない。

托鉢をする場所についても、食料がなくなり台所の煙が消えたときに、あの場所で托鉢しようとか、あの人に供養をお願いしようなどと思うのでさえも、物を蓄え、邪《よこしま》な食料を得ることと同じなのである。僧とは、雲のように、定まった住処もなく、水のように流れていって、よる所がないのをいうのである。もし、衣や食器のほかに一物も持たなくても、一人の檀那（布施をしてくれる人）に頼み、同じ親族を頼りにするのは、自分も他人もともに修行をさまたげることになってしまい、真に清浄な食べ物を得ることにならないのである〉

僧侶のことを「雲水《うんすい》」とも言います。ここで道元禅師が示されるように、雲のように一定の場所にとどまることもなく、水のように流れて寄る辺をもたない、そのような生き方をする者という意味です。

ところで、私たちの日常生活において「衣・食・住」はとても重要であり、これらが備わっていることが幸せな生活であると言えます。平和とは何かといえば、これらが適当に備わっていることだと私は思います。しかし、僧侶は、この衣食住にも心をとらわれてはならない、蓄えてはならないというのです。厳しい教訓です。

第四章で「貧に道あり」と題して、あらためてお話しいたしますが、道元禅師のこの「衣食の事、兼ねてより思ひあてがふ事なかれ」という教えは、衣食住において何不自由ない生活をしている現在の自分自身を思うと、複雑な心境です。

縁に任せる

大学で道元禅師の『正法眼蔵』を学んだ酒井得元先生に、あるとき、絡子《らくす》（首にかける簡略の袈裟）に揮毫《きごう》をお願いしたことがあります。大智《だいち》禅師（大智祖継《そけい》〈一二九〇〜一三六六〉）の偈頌（漢詩）を書いて下さいました。

幸作福田衣下身　　幸《さいわい》に福田衣《ふくでんえ》[1]下《か》の身《み》と作《な》りて

乾坤贏得一閑人
有縁即住無縁去
一任清風送白雲

乾坤《けんこん》贏《か》ち得《え》たり一閑人《いちかんじん》[2]
縁《えん》あれば即《すなわ》ち住《じゅう》し、縁《えん》なければ去《さ》る
清風《せいふう》の白雲《はくうん》を送《おく》るに一任《いちにん》す

[1] 福田衣……お袈裟のこと。その縫い目が、田が畦《あぜ》で縦横に仕切られた様相に似ていることからいう。また、あたかも田に穀物の種をまけば、苗から稲はすくすくと成長して秋には豊かな穀物が生ずるように、出家してこれを纏えば無量の功徳が生ずるので、福田衣という。[2] 一閑人……一人の自由人。ひま人、よそ者、という意味もあるが、ここでは、一切の束縛から離れ、自在の境界を得た人をいう。

〈幸いに、お袈裟を身につける僧侶となって、まさに乾坤（天地）を自らのものとする自由人となった。ご縁があればそのままとどまるし、ご縁がなければ立ち去るだけ。白雲が清風に任せて漂うように〉

まだ青年の私でありましたが、この大智禅師の偈頌は、その心に鮮明に刻まれました。僧侶になるということは「一閑人」になることで、天地（全世界を）をわがものにすることなのか、それはたいへんなことだ、そんなことができるのか、自分はそのような僧侶になれるだろうか、と思いました。そして、そうならなければいけないのだ、とも思いました。その思いは今も変わらず、この言葉は私の座右の銘の一つになっています。

僧侶の本来のあり方に反して、今の私は、地位や名誉や財産と無縁ではない生き方をしていますが、「縁あれば即ち住し、縁なければ去る」という思いは常に心の奥底にあります。今後何を失おうとも、すべてを失おうとも、そのときこそ、この原点に返ることができるのかもしれません。何かにしがみついていなければと執着することなく、とにかくみ仏のご縁に任せようと思えることは、この言葉を心にもちえたおかげです。

そのような私に、また耳が痛いお示しが次の説示です。

形だけの出家ではいけない

今の世《よ》の人《ひと》、世を遁《のが》れ、家を出《いで》たるに似たれども、行履《あんり》をかんがふれば、猶《な》ほ真《しん》の出家《しゅつけ》にてはなきもあり。所謂《いわゆる》出家と云《い》ふは、先《ま》づ吾我《ごが》・名利《みょうり》をはなるべきなり。これをはなれずしては、行道頭燃《ぎょうどうずねん》をはらひ、精進手足《しょうじんしゅそく》をきれども、ただ無理《むり》の勤《ごん》苦《く》のみにて、出離《しゅつり》にあらざるもあり。大宋国《だいそうこく》にも、離れ難《がた》き恩愛《おんない》をはなれ、捨て難き世財《せざい》をすてて、叢林《そうりん》に交《まじ》はり、祖《そ》席《せき》をふれども、審細《しんさい》にこの故実《こじつ》を知らずして行《ぎょう》じゆくによりて、道《みち》をもさとらず、心をも明《あき》らめずして、いたづらに一期《いちご》をすぐすもあり。

（六ノ二十四）

〈今の世の人は、世間をのがれ、出家しているように見えるけれども、その行いを見ると、なお真の出家ではない者もある。いわゆる出家とは、まず、吾我や名利を離れなければならない。これを離れないとしたら、頭髪についた火を払うように寸暇を惜しんで修行しても、手や足を切るほどに懸命に努力しても、ただ、無理に苦労しているというだけで、世俗から離れることにならないのである。大宋国にも、離れることの難しい恩愛の情を離れ、捨てることの難しい財産を捨てて、叢林（修行道場）に入り、祖師の教えをたずね歩いても、詳しくこの大切な教え（吾我・名利を離れること）を知らないまま行っていくことによって、道も悟らず、心とは何かを明らかにせず、いたずらに一生を過ごしてしまう者もいる〉

道元禅師の時代にも、外見は出家者のように見えても、真実の出家者ではないような、形だけの出家者がいたのでしょうか。

ここで、出家のあり方として、「出家と云ふは、先づ吾我・名利をはなるべきなり」と、吾我や名利を離れていなければならないと示されていることは重要です。吾我とは、いわゆるエゴであり、さきに述べた「有為」（迷い）の世界の根源でもあり、吾我の心によって、他との比較や対立が生じ、そこに名利（名誉や利益）を求める心が生じてくるといえます。

外見は出家者のようであり、厳しい修行をしているようであっても、この吾我・名利を離れていなかったら、どんなに厳しい修行であっても、「人からよく思われたい」「尊敬されたい」「名僧と呼ばれたい」という欲望をもった打算的な修行となってしまいます。そうであるなら、「無理の勤苦のみ」（無理に苦労しているだけ）であって、それはしょせん「有為」の世界にとどまるものであり、真実の出家者のあり方ではない、と道元禅師は示されるのです。

この「吾我・名利を離れる」ということは、仏道修行の用心として重要ですので、あらためて次章で詳しくお話しいたします。

第三章　我執を離れる

吾我を離れる

一日示《いちじつじ》に云《いわ》く、学道《がくどう》は須《すべから》く吾我《ごが》をはなるべし。たとひ千経万論《せんきようまんろん》を学《がく》し得《え》たりとも、我執《がしゆう》をはなれずばつひに魔坑《まきよう》におつ。（六ノ十二）

〈ある日、示して言われた、仏道修行においては、必ず吾我を離れなければならない。たとえ千万のお経や論書を学んだとしても、自分自身に対する執着を離れなかったら、結局、悪魔の穴の中に落ち込んでしまう〉

この道元禅師の「吾我をはなるべし」という教訓に、きまって思い出されるのが、酒井得元《とくげん》著『沢木《さわき》興道《こうどう》聞き書き』（講談社学術文庫、一九八四年）の中に登場する、丘宗潭《おかそうたん》老師（一八六〇〜一九二一）の話です。

沢木興道老師（一八八〇～一九六五）は「宿無し興道」といわれ、一生、寺をもつことなく、坐禅《ざぜん》ひとすじの生涯をつらぬいた方ですが、その行実を語ったのがこの本で、その中に丘老師の学人接化《がくにんせつけ》の話が出てきます。丘老師は明治期の曹洞宗の代表的な学者であり師家《しけ》（修行僧の指導者）でありました。永平寺の眼蔵会《げんぞうえ》の講師や曹洞宗大学（現・駒澤大学）の学長などをつとめた方です。

その丘老師の話というのは、次のような話です。

独参《どくさん》といって、修行道場では定期的に、師家の部屋に修行僧が訪ね、一対一で問答を交わすということが行われます。その折の話です。丘老師のもとに一人の修行者がやって来て、

修行僧が、「一大事をお示し願います」と質問します。

丘老師は、「ウーム、誰の一大事か」と問い返します。

修行僧は、「私のでございます」と答えると、

丘老師は、「ナニー、貴様のか、貴様一人くらい、どうでもいいじゃないか」と言って、不気味に笑った、というのです。

このやり取りを隣の部屋で聞いていた沢木老師が、のちに酒井先生に、その様子を印象的に語っているのです。

この修行僧の質問は、「修行者にとって、一番大切なことは何か」ということです。

それに対して丘老師は、「誰にとって一番大切なことなのか」と問い返します。修行僧はもちろん「私にとってです」と言ったのです。それに対して丘老師が、「なーんだ、おまえのことか。おまえ一人くらいどうでもいいじゃないか」と言って、冷たく突き放したのです。

真剣に道を求める修行者に対して、「おまえ一人くらいどうでもいいじゃないか」とは、なかなか言える言葉ではありません。私には、そのようなことは言えません。通常、このようなことを言ったら、慈悲心のない指導者として批判されるでしょうし、現在では、このようなことを言う指導者は、あまりいなくなりました。

しかし、この非情とも思える言葉は、「私の修行」「私の悟り」という、その自己に執着した思いを捨てさせるために示したものと思われます。

仏道の修行は、自分自身を知ること、この私とは何者なのかを明らかにすることから始まります。自分自身を知るということは、誰もが自己中心的な考え方をもっていて、何事も自分を中心に考えてしまって、そのようなエゴイズムの生き方が、かえって自分自身を苦しめていることを自覚する、ということであると思います。この自覚がないと、「**千経万論を学し得たりとも**」、つまり、いくら仏教の勉強をしてもダメで、「**つひに魔坑におつ**」、ついには魔の世界に落ち込んでしまうのです。最初から、修行の方向が間違っていたら、努力すればするほど、間違った方向に行ってしまいます。

「一所懸命勉強して、修行して、悟りを開いて、人から尊敬されたい、有名になりたい」と言えば、すばらしい志のようですが、それはしょせん吾我（エゴ）のままの生き方であるから、ほんとうの悟りは開けないのです。強い自我意識が、道を妨げるのです。前章にて述べた「有為《うい》」（世俗）の生き方と変わらず、どこまで行っても迷いの世界です。吾我を離れないと、ほんとうの修行は始まらないのです。

私は学生時代、これを読んで、その後、私の頭からこの「おまえ一人くらいどうでもいいじゃないか」という言葉は忘れられない言葉となりました。「おれが」という利己的な気持ちが起こったときに、私の吾我を制するようになりました。この言葉が、私の仏道の出発点となったのかもしれません。

さきの『沢木興道聞き書き』の著者酒井得元先生は、私が学生時代に学んだ恩師であります。忘れもしませんが、永平寺の修行から帰った私に、酒井先生は、再び大学院に戻り、さらに学問を積むことを勧めてくれました。しかし、二年間、まったく勉強していません。不安に思った私は、

「二年間も学問を離れていましたが、大学院に合格できるでしょうか？」

と不安をもらしますと、

「まあ、お前が落ちれば、ほかのやつが受かるんだから、いいじゃないか。まあ気にするな、受かったやつを祝ってやれ」

と言われました。私に、入学を勧めていながら、このようなことを言われるとは、なんという冷たいお言葉かと、そのときは思いましたが、その後よく考えてみれば、丘老師と同様、私（学人）の吾我を制した、親切なお言葉であると自覚しました。

大学院に合格して、それが新たな学道の出発点になったとしても、そのまま吾我に執着した私であったなら、いくら真面目に勉強して「**千経万論を学し得たりとも**」、おそらく道を誤って「**つひに魔坑におつ**」ことになったのではないかと思います。すでに自他を超えていた酒井先生であったからこそ、「おまえが落ちても、ほかのやつが受かるんだからいいじゃないか」ということを言い得たのではないかと、今もって懐かしくそのことが思い出されます。

自己を忘れる

道元禅師は、『正法眼蔵』「現成公案《げんじょうこうあん》」で、

仏道《ぶつどう》をならふといふは、自己《じこ》をならふなり。自己をならふといふは、自己をわするるなり。自己をわするるといふは、万法《まんぼう》に証《しょう》せらるるなり。万法に証せらるるといふは、自己の身心《しんじん》および他己《たこ》の身心をして脱落《だつらく》せしむるなり。

〈仏道を習うということは、自己を習うのである。自己を習うというのは、自己を忘れるのである。自己を忘れるというのは、万法（あらゆる存在）に証《さと》らされるのである。万法に証らされるというのは、自己の身《からだ》と心《こころ》、そして他人の身と心がなくなってしまうのである〉

と示されています。仏道を習うということは、自己を習うことである、これは基本的なことです。けっして知識や教養を身につけることではなく、自分自身を明らかにすることが仏道です。しかし、自分自身を明らかにすることができると、その自分を忘れなければならない（自分への執着を離れなければならない）ことがわかってくるのです。

自分を忘れたときに、どうなるのか。万法（あらゆる存在）に証《さと》らされる。自分が証るのではなく、自分を忘れ、エゴを離れたとき、自ずと証りがやってくるというのです。そのとき（万法に証らされたとき）、自己の身《からだ》と心《こころ》も、他人の身と心もなくなってしまうというのは、自分と他人の境がなくなってしまうのです。吾我を離れたとき、自分に対する執着がなくなり、「おれが、おれが」という心がなくなる。そして、比較し、競争し、対立することがなくなる。それが仏法の世界です。

吾我のために仏法を学することなかれ

示《じ》に云《いわ》く、学道《がくどう》の人は、吾我《ごが》のために仏法《ぶっぽう》を学《がく》することなかれ。ただ仏法のために仏法を学すべきなり。その故実《こじつ》は、我《わ》が身心《しんじん》を一物《いちもつ》ものこさず放下《ほうげ》して、仏法の大海《だいかい》に回向《えこう》すべきなり。その後《のち》は一切の是非《ぜひ》を管《かん》することなく、我が心を存することなく、成《な》し難《がた》きことなりとも仏法につかはれて強《し》ひてこれをなし、我が心になしたきことなりとも、仏法の道理《どうり》になすべからざることならば放下すべきなり。（六ノ二）

〈仏道を学ぶ人は、吾我のために仏法を学んではいけない。ただ、仏法のために仏法を学ばなければいけない。古《いにしえ》からの慣《なら》わしは、自分の身も心も一物ものこさず放ち捨てて、仏法という大海原に回向する（任せ、ゆだねる）のである。その後は、一切の是非を思うことなく、我心をおこすことなく、行いがたいことでも仏法につかわれてしいて行い、我心に行いたいと思っても、仏法の道理からしてはならないことであれば、してはならないのである〉

「吾我のために仏法を学す」というのは、自分の名誉や利益を思って、仏教を学び、修行するということです。それはいけないというのです。純粋に学び、行わなくてはいけません。それが「ただ」ということであり、「仏法のために仏法を学す」ということです。

ボランティアをするのにも、〝ボランティアのためにボランティアをする〟ということです。しかし、善人と思われたいと思ってするのであれば、しないよりよいのですが、ほんとうのボランティアになりません。

人を助けるときは、人を助けるために助けるのです。他人から善人と思われようとして助けたら、助けるという行為はよいことですけれども、人を助けても、それは自分の（名誉の）ためです。

医師は、患者を助けたいから治療するのだと思うのです。そこにもし、それ以外の思惑があって、例えば、人間の命よりも名誉や利益を重んじることがあれば、社会問題になるような事件が起こるわけです。

何事をするにしても、吾我のためにしてはいけない、ということは大切なことだと思われます。

ただ善きことを行う

人《ひと》のために善《よ》き事《こと》を為《な》して、彼《か》の主《ぬし》に善《よ》しと思はれ、悦《よろこ》ばれんと思うてするは、悪《あ》しきに比《ひ》すれば勝《すぐ》れたれども、猶《な》ほこれは自身を思うて、人のために実《まこと》に善きにはあらざるなり。主《ぬし》には知られずとも、人のためにうしろやすく、乃至《ないし》未来の事、誰《た》がためと思はざれども、人のためによからん料《ばかり》の事を作《な》し置きなんどするを、真《まこと》に人のために善きとは云《い》ふなり。

況《いわ》んや衲僧《のうそう》は、これには超えたる心を持つべきなり。衆生《しゅじょう》を思ふ事、親疎《しんそ》をわかたず、平等に済度《さいど》の心を存《そん》し、世《せ》・出世間《しゅつせけん》の利益《りやく》、すべて自利《じり》を憶《おも》はず、人に知られず、主《ぬし》に悦ばれず、ただ人のために善き事を心の中になして、我《わ》れは是《かく》の如《ごと》くの心もちたると人に知られざるなり。

この故実《こじつ》は、先《ま》づ須《すべか》らく世を棄《す》て身を捨つべきなり。我身をだにも真実に捨離《しゃり》しつれば、人に善く思はれんと云ふ心は無きなり。然《しか》れどもまた、人は何《いか》にも思はば思へとて、悪《あし》き事を行《ぎょう》じ、放逸《ほういつ》ならんは、また仏意《ぶつい》に背《そむ》く。ただ好《よ》き事を行じ、人のためにやすき事をなして、代《かわ》りを思ふに、我がよき名を留《とど》めんと思はずして、真実無所得《むしょとく》にて、利生《りしょう》の事をなす、即《すなわ》ち吾我《ごが》を離るる第一の用心《ようじん》なり。この心を存せんと欲《おも》はば、先づ須く無常を念《おも》ふべし。一期《いちご》は夢の如し。光陰《こういん》移りやすく、露《つゆ》の命は待ちがたうして、明《あく》るを知らぬならひなれば、ただ暫《しばら》くも存したるほど、聊《いささ》かの事につけても、人のためによく、仏意に順《したが》はんと思ふべきなり。（四ノ三）

〈人のために善いことをして、その人に善い人だと思われ、喜ばれようと思って善いことをすることは、悪事を行うことに比べれば、勝《まさ》っているようだけれども、しょせんこれは自分のことをよく思われようと思っているのであって、他人のためにほんとうに善いことをしているのではない。その人には知られることがなくても、善いことを行って、また、将来のためのこととか、誰のためというのでもなく、人のために善いであろうことをしておこうとする人を、ほんとうに人のために善いことをする人というのである。

ましてや僧侶《そうりょ》は、これを超えた心を持つべきである。一切の人々を思うこと、親しいとか親しくないとか分け隔てすることなく、平等に済度の心を持ち、世間や出世間の利益になることを、けっして自分の利益を思わず、人に知られることもなく、喜ばれることがなくても、ただ、人のために善いことをと心の中で思い、〝私は、このような心をもっている〟とも人に知られないのがよいのである。

そのためには、まず世を捨て身を捨てなければならない。自分自身の身までも真実に捨ててしまえば、人によく思われようという心はなくなる。しかしまた、人はなんと思ってもかまわないといって悪いことを行い、勝手気ままに生きるのは、また仏の意《こころ》に背くのである。ただ、善いことを行い、人のために安らかなことを行って、その代償を思って、自分のよい評判を得ようと思わずに、真実に無所得であって〝利生の事〟をするのが、まさに吾我を離れる第一の心得である。

この心を得ようと思うなら、まず世の無常を思うべきである。一生は夢のようなものである。光陰は早く移り、露のような命は止《とど》まることなく待ってくれず、明日があるかわからないのが世の常であるので、ただ、しばらくの間生きているうちに、些細《ささい》なことであっても、人のために善いことをして、仏の意《こころ》に順《したが》おうと思うべきである〉

仏教の基本的な教えは因果歴然（原因と結果は明らかであること）です。つまり、善いことを行えば善い結果があり、悪いことを行えば悪い結果となる。これは、世間でも同じであると言えます。ただし、善いことを行っても、なかなか善い結果が出ないということもありますし、悪事を行っても、うまくすり抜けて、その罰を受けることがないこともありますので、邪見（因果の法則などはないという見解）を抱く人もいますが、長い目でみれば、やはり善因善果《ぜんいんぜんか》（善因楽果）、悪因悪果《あくいんあっか》（悪因苦果）であると思います。

ですから、仏教というのは特別な教えではなく、基本的には、

諸悪莫作《しょあくまくさ》（諸悪を作《な》すこと莫《な》く）――もろもろの悪行を行うことなく
衆善奉行《しゅぜんぶぎょう》（衆善を奉行《ぶぎょう》し）――多くの善行を行い
自浄其意《じじょうごい》（自《みずか》ら其《そ》の意《い》を浄《きよ》む）――そして自分の心を清める
是諸仏教《ぜしょぶつきょう》（是《こ》れ諸仏の教えなり）――これが諸仏の教えである

（「七仏通戒偈《しちぶつつうかいげ》」）

とあたりまえのことを教えるのですが、ここで道元禅師は、善いことを行うということについても、「人のために善いことをして、その人に善い人だと思われ、喜ばれようと思って善いことをすることは、悪事を行うことに比べれば、勝っているようだけれども、しょせんこれは自分のことをよく思われようと思っているのであって、他人のためにほんとうに善いことをしているのではない」と戒められています。たいへん厳しい教訓ですが、僧侶はさらに、これを超えた心をもたなくてはならないといいま

す。けっして自分の利益を思わず、人に知られることもなく、喜ばれることがなくても、ただ、人のために善いことを行わなければならないのです。

そのためには、やはり吾我を離れなければなりません。強い自意識がなければ、「他人からよく思われたい」という思いもなくなるからです。

それでは吾我を離れ、自己に執着しないためにはどうしたらよいかというと、「無常を観《かん》じる」ことが必要であるとされます。いくら執着しても、その執着する自分自身が、確実な存在ではなく、不確かな存在であることを自覚するのです。「諸行無常」であって、世の中のあらゆるものが無常（しばらくもとどまることなく移り変わりゆくこと）の存在でありますが、この自分自身も同様であることを、心の底から認識することが大切なのです。

いざ死に行くときは、地位も名誉も財産も捨てて、ただ一人冥途《めいど》に旅立つのです。自分に付き従っていくのは、

無常《むじょう》たちまちにいたるときは、国王・大臣・親昵《しんじつ》・従僕《じゅうぼく》・妻子《さいし》・珍宝《ちんぽう》たすくるなし、ただひとり黄泉《こうせん》におもむくのみなり。おのれにしたがひゆくは、ただこれ善《ぜん》悪業等《なくごっとう》のみなり。

（『正法眼蔵』「出家功徳《しゅっけくどく》」）

〈死が突然やってきたときには、国王や大臣などの権力ある者も、親族も、付き従っていた者も、家族も、財宝も、死ということから助けてくれない。ただ一人で黄泉《よみ》の世界に行くだけである。自分に付き従っていくのは、ただ善行や悪行などの行為だけである〉

と示されるように、自分に従っていくのは、ただ生前の善行や悪行の行為だけです。

どんな地位に就いていた人でも、名誉を得た人でも、権力をほしいままにしていた人でも、何か不祥事を起こしたり、ひとたび悪行が明るみに出たりしますと、法的に罰せられるのみならず、たちまちに報道され批判されて、地位も名誉もすべて失墜することになります。後に残されるのは、〝こんな悪いことをした〟という評判であり、地位や名誉がたたえられることは少なく、多くは、蓄えた財産をも失うことになります。

生まれてきたときは、裸で生まれてきます。そして死ぬときも、あの世には何ももっていけません。いつ病気や不慮の事故が自分を襲うかもしれない、いつ突然の死が待ち受けているかもしれない、そのような自分であることを自覚して、世の無常を観じて、吾我を離れなさいと、道元禅師は教訓されるのです。

自分の見解に固執しない

一日参学《いちじつさんがく》の次《ついで》、示《じ》に云《いわ》く、学道《がくどう》の人《ひと》、自解《じげ》を執《しゅう》することなかれ。縦《たと》ひ所会《しょえ》ありとも、もしまた決定《けつじょう》よからざる事もあらん、またこれよりもよき義《ぎ》もやあらんと思うて、ひろく知識をも訪《とぶら》ひ、先人《せんじん》の言《ことば》をも尋ぬべきなり。また先人の言《ことば》なれども堅く執《しゅう》することなかれ。もしこれもあしくもやあらん、信ずるにつけてもと思うて、勝《すぐ》れたることあらば次第につくべきなり。　（五ノ二）

〈学道の人は、自分の見解に固執することはいけない。たとえ自分が理解していることがあっても、〝もしかすると、それが正しくないかもしれない、またこれよりもよい意味があるかもしれない〟と思って、広く指導者を訪ねて、先人（先輩たち）の言葉を尋ね（調べ）てみるのがよい。また先人の言葉であっても、固執してはいけない。〝もしかすると、これも正しくないかもしれない、信用する場合でももう少しよく考えてみよう〟と思って、勝れていることがあれば、しだいに従っていくのがよい〉

私たちには、それぞれ自分の主義・主張や考え、人生観があります。いや、何か特別な信条のようなものは持ち合わせていないという方もおられるでしょうが、しかし誰でも、これまで生きてきた人生の中で自然と培われてきた考え方や、生活習慣があるものです。よく言えば、それが個性であり、自分らしさですが、これら「古見《こけん》」が妨げとなって、よりよく前進できない人もいるのではないでしょうか。

私たちには生まれつきの体質や性格もあるでしょうし、それに加えて後天的に、これまでの人生において育《はぐく》まれ身についてきたものなどがあって、それが今の自分の人格を形成しています。善きについても悪しきについても、これまでの見解は、そう簡単には変えられないものです。

仏道においては、まず、いったん、これまでの考え方を捨てることが望まれるのです。さきにも述べましたように、仏の教えというのは、世間一般の考え方とは大きく異なっており、あるいは価値観が全く異なるので、まずはいったんこれまでの考え方を一切捨てないと、受け入れることは難しいのです。

ここに示されるように、まずは、心を柔軟にして、自分がこれまで学んできたことが正しくないかもしれない、自分の見解がもしかすると間違っているのかもしれないと、そのように思って、見聞することが大切なのです。

そうかといって、昔の偉い人が言った言葉だからといって正しいわけではありませんし、本に書いてあることが正しいわけではありません。この本に私が書いていることも、けっして正しいわけではないですし、道元禅師の教えこそが正しいとも言えないのです。

自分の見解に執着しないということは、自分で判断しない、考えないということではありません。頭を柔らかくして、広く学ぶゆとりを持つということです。

同様なことですが、もう少し学んでみましょう。

古見を捨てる

学道《がくどう》の人《ひと》、悟《さと》りを得《え》ざることは、即《すなわ》ち古見《こけん》を存《そん》する故《ゆえ》なり。本《もと》より誰《だ》れ教へたりとも知らざれども、心と云《い》へば念慮知見《ねんりょちけん》なりと思ひ、草木《そうもく》[1]なりと云へば信ぜず。仏と云へば相好《そうごう》[2]光明《こうみょう》あらんずると思うて、瓦礫《がりゃく》と説けば耳を驚かす。即ちこの見《けん》、父も相伝《そうでん》せず、母も教授せず。ただ無理に久しく人の言ふにつきて信じ来《きた》れるなり。然《しか》れば今も、仏祖決定《けつじょう》の説なれば、心を改めて、草木と云へば草木を心としり、瓦礫を仏と云へば、瓦礫を即ち仏なりと信じて、本執《ほんしゅう》をあらため去《ゆ》けば、真《まこと》に道《みち》を得《う》べきなり。

（五ノ七）

[1] 草木……禅では、「明明百草頭、明明祖師意」（『龐居士《ほうこじ》語録』）などと説き、

草木をはじめすべてのものに、祖師《そし》西来意《せいらいい》（達磨大師がインドから中国に伝えた心）が現れているとする。［2］相好……「相」は三十二相、「好」は八十種好のこと。仏の姿の種々の特徴をいう。

〈学道の人が悟りを得ないことは、まさにこれまでの古い考えをもっているからである。もともと誰が教えたのかわからないが、「心」というと、〝思い、判断し、知覚すること〟であると思い、「心」とは〝草や木のこと〟であると言っても信用しない。「仏」といえば、すばらしい相好を現して光り輝くものであると思って、仏とは瓦礫（瓦《かわら》や小石）であると説けば、聞いて驚く。このような見解は、父親も聞き伝えてきたわけではないし、母親も教えていない。ただなんとなく、心というのは〝思い、判断し、知覚すること〟であると長い間、人がそう言ってきたので、そのように信じてきたのである。そうであるからこの場合も、仏や祖師の明確な教えであるから、これまでの心を改めて、心とは草木のことであると言えば、草木が心であると知り、瓦礫が仏であると言えば、瓦礫が仏であると信じて、もともとのとらわれを改めていけば、ほんとうに道を得ることができるはずである〉

通常、「心《こころ》」とは、ものごとを認識し、分別し、思惟《しい》し、判断する、といった意識の働きを言います。

仏教の唯識《ゆいしき》学が専門の太田《おおた》久紀《きゅうき》先生は、この「こころ」について次のように述べています。

> 私たちにとってもっとも確実な事実は何か。
>
> それは、こころでありましょう。
>
> 私が生きているということを自覚するのはこころですし、もっとも確実なものは何かと考えるのもこころそれ自体です。こころはほんとうに確実なのかどうなのかと疑うのもこころ以外にはありません。いま手に持っている本を読むのもこころですし、その本がほんとうに存在しているかどうか考えたり疑ったりするのもこころです。回想にふけったり、未来に夢をえがくのもこころです。
>
> 自分を知ることも、周囲のものがそこに在るのを認識するのも、疑うのも、納得するのも、みなこころであるのですから、そのこころだけはもっとも確実な事実といわざるをえません。
>
> 私たちのこころに浮かんでこないものは、私たちにとって存在しません。私たちのこころに浮かんでこなくても、ちゃんとものは存在しているではないかとい

ってみても、その時はすでにこころのうえに浮かんできています。

私たちは自分の視力の範囲に見えてくるものだけを認識しています。見えないものは私たちの判断の条件とはなりません。私たちは紫外線や赤外線は見えませんから、そういう光でものを見ることはできませんし、したがって、青い空でも緑の樹木でも、赤いセーターでも紫外線や赤外線を含めた光線で、どのように見えるのか想像もつきません。つまり、見えている世界は、みな自分の可視範囲にあるもののみであるといえるわけです。その視力も唯識《ゆいしき》では、こころの一種と考えますので、こころがこころに映ったもののみを見ているということになります。

（『仏教の深層心理』有斐閣、一九八三年）

ここに述べられているように、仏教で説く「心」というのは、非常に幅が広いのです。私たちが通常考えている「心」も確かに「心」なのですが、そればかりが「心」ではありません。その「心」によって認識しているあらゆるものを、禅では「心」というのです。ですから、草も木も瓦礫も「心」なのです。

仏教の唯識説《ゆいしきせつ》では、私たちは主観によって客観世界を認識しているのであって、客観世界は主観の反映であると説きます。道元禅師は、この主観の反映であるということをさらに徹底させて、世界は私たちのこころそのものであり、ゆえに全世界・全存在・全時間を「心」と示しています。

仏教では「心」をそのように見る見方、つまり主観と客観を対立させず一体のものとして見る見方、そして自分と他人、自分と環境（大自然）を不離（切り離すことができない）のものと見る見方をし、それこそが世界の真実のあり方とするのです。古見（これまでの見方）にとらわれていると、自分と環境を対立させて別のものと思い、環境を破壊することが自分を破壊していることと思わず、自分と他人を対立させて、比較し、競争し、そして自分を苦しめ、他人をも苦しめることになるのです。

この「心」の話は一例ですが、いったんは、これまでの考え方を捨ててみる、これが学道において大切なことです。

師匠に参ずるということ

宗師《しゅうし》に参問《さんもん》するの時、師の説を聞いて、己見《こけん》に同《どう》ずること勿《なか》れ。若《も》し己見に同ずる者、師の法《ほう》を得ざるなり。参師聞法《さんしもんぽう》の時、身心《しんじん》を浄《きよ》め、眼耳《げんに》を静《しず》め、唯《た》だ師の法を聴受《ちょうじゅ》して、更《さら》に余念《よねん》を交《まじ》へず、身心を一《いつ》にするが如《ごと》くにして、水を器《うつわ》に瀉《そそ》ぐが如くせよ。若し能《よ》く是《かく》の如くせば、方《はじ》めて師の法を得るなり。

今愚魯《ぐろ》の輩《やから》、或《ある》いは文籍《もんじゃく》を記《うつ》し、或いは先聞《せんもん》を蘊《あつ》めて、以《もっ》て師の説と同じくす。

此《こ》の時、唯だ己見・古語《こご》のみ有《あ》りて、師の言《げん》と未《いま》だ契《かな》はず。或《あ》る一類《いちるい》は、己見を先《さき》と為《な》して経巻《きようかん》を披《ひら》き、一両語《いちりようご》を記持《きじ》して、以て仏法《ぶつぽう》と為し、後《のち》に明師《みようし》・宗匠《しゆうしよう》に参じて法を聞く時、若し己見に同ずれば是《ぜ》と為し、若し旧意《くい》に合《かな》はざれば非《ひ》と為す。邪《じや》を捨てるの方《ほう》を知らず、豈《あ》に正《せい》に帰《き》するの道《みち》を登らんや。

（『学道用心集《がくどうようじんしゆう》』原漢文）

〈宗師に参じて道を問うときは、師の説を聞いて、己見（自分自身の見解）と同じであるかどうかと比べてはならない。もし己見と比べる者は、師の法を得ることはできないのである。師に参じて法を聞くときは、身心を浄めて、眼《め》や耳を静め、ただ師の法を聴いて、けっして余念を交えず、師と自分と身も心も一つにするような気持ちで、水を器から器に漏らさず注ぐようにしなさい。もしよくそのようにしたならば、はじめて師の法を得ることができるのである。今、愚かな者たちは、仏教の書籍を写し憶《おぼ》え、これまでに聞いた教えなどを集め蓄えていて、それらと師の説とが同じであるかどうかと比べる。このときには、ただ己見・古語だけを大切にしているのであって、師の言説と契合《けいごう》することはない。ある者たちは、自分自身の見解を優先して先入観をもって経巻を開き見て、その中の一言二言を記憶して、それが仏法であるとし、のちに、仏法を明《あき》らめた正しい師匠に参じて法を聞くときも、もし自分自身の見解と一致すれば正しいとし、もしこれまで思っていたところと合致しなければ誤りであるとしている。邪なるものを捨てる方法を知らないで、どうして正しいものに向かう道を登ることができようか〉

修行僧が、師匠に参じ学び、修行することにおいても、己見（自分の考え）に固執していると、なかなか道を得ることはできません。

よく禅の書籍にみられる話ですが、ある大学の学生たちが、西洋哲学で人間について議論しているうちに、仏教ではこういう問題についてどう考えているのだろうか、ということになって、すごい和尚《おしょう》がいるという評判の、あるお寺に押しかけたのです。

座敷に通され、学生たちの前には、お茶が出されます。しかし、学生たちは、議論のことで頭がいっぱいで、お茶も飲まずに、次々に西洋哲学ではこうだ、ああだと自分たちの考えを語ります。黙って聞いていた和尚は、急須《きゅうす》にお湯を入れ、学生たちの茶碗《ちゃわん》にお茶を注ぎ足します。すぐに、お茶は一杯になり、茶碗からあふれ出し、茶托《ちゃたく》に流れ、茶托からもあふれて畳の上にこぼれました。学生たちはあっけにとられ、議論をやめます。そこで和尚は言います、「茶碗が一杯になっていると、お茶を注いでもあふれてしまいます」と。学生たちは、この言葉を聞いて、やっと気持ちを落ち着かせ、和尚の話を聞いたというのです。そんな話です。

学生たちの頭は、西洋哲学のことでいっぱいで、和尚の仏教の話を聞く余裕がないと和尚はみてとったのでしょう。そこで、すばらしい禅機《ぜんき》（指導の方法）を用いたのです。学生たちにはきっと、西洋哲学で仏教をやりこめてやろうというような気持があったのでしょう。でもそれでは初めから、聞くという姿勢、受け入れ考えるという余裕がありません。

私たちの日常会話でもそうです。相手の話を聞きながら、きちんと聞かず、〝今度はこちらからこう言おう〟などと考えています。だから、しっかり相手の言うことを聞けないということがよくあります。気をつけなければいけないことです。

仏になるということ

さて、吾我のためにしないこと、吾我を離れることとは、どういうことかというと、結局は、仏の教えに従って生きるということです。それが、そのまま、仏となることであると、道元禅師は言われます。

ただわが身《み》をも心《こころ》をもはなちわすれて、仏《ぶつ》のいへになげいれて、仏のかたよりおこなはれて、これにしたがひもてゆくとき、ちからをもいれず、こころをもつひやさずして、生死《しょうじ》をはなれ仏となる。（『正法眼蔵』「生死」）

〈ただ、自分の身も心も放ち忘れて、仏の家に投げ入れて、仏のほうから行われて、これに従っていくとき、力を用いず、心も費やさずして、生死（輪廻《りんね》）を離れ仏となるのである〉

ここで大切なことは、吾我を離れて、その後に、仏の教えに従うということではないのです。仏の教えに従って生きるということが、吾我を離れることであるのです。まさにこれは同時です。

吾我を離れるということは、簡単なことではありません。非常に難しい。だから、とにかく、仏の教えに従って生きる。それが、ここでいう「仏の家に投げ入れる」ということです。そうすると仏が導いてくれる。ことさら努力したり苦心したりしなくても、仏になることができると言われるのです。

この「仏に任せる」ということについては、道元禅師の教えにおいて重要なことですので、また章をあらためてお話しいたします。

第四章　貧に道あり

最も難しい教え

本章のテーマは、解説するのにつらい思いがするテーマです。そして、非常に難しい問題です。

何が難しいかというと、今の寺院と、そして私をはじめ多くの僧侶《そうりょ》と、あまりにもかけ離れているからです。

大学で、道元禅師の教えを親しくご教授いただいた恩師、故鏡島元隆《かがみしまげんりゅう》先生は、その著書『正法眼蔵随聞記《しょうぼうげんぞうずいもんき》に学ぶ』（曹洞宗宗務庁、一九八〇年）において次のようにおっしゃっています。

「学道の人は先づすべからく貧なるべし」とは、道元禅師が『随聞記』の処々に説かれることである。この貧学道の教えは、おそらく『随聞記』の中でももっともむずかしい教えである。という意味は、理解するのにむずかしいということではなく、これを守るのに、これに従うのに、もっともむずかしいという意味である。それ故に、できれば私も、この難処は避けたいと思ったが、これを避けて通れば『随聞記』のもっとも大事な教えを逸《いっ》することになる。

話はとぶが、キリスト教にもこれに似た話がある。イエスのところへある求道者がたずねてきて問うた。「師よ、わたしは何をしたら永遠の生命を嗣《つ》ぐことができましょう」。イエスはこれに答えて言った。「モーゼ律にある通りだ。姦淫《かんいん》せず、殺さず、盗まず、汝《なんじ》の父と母を敬え」。質問者が言うには、私は幼い時からみなこれを守っています。そう聞いてイエスは言った。「なお足らぬことが一つある。汝の持てるものをことごとく売って、貧しきものに分《わか》ち与えよ。そのうえで、来《きた》ってわれに従え」。質問者は大いに富めるものであったが、これを聞いていたく悲しみ、悄然《しょうぜん》としてイエスの傍《かたわら》を去った。イエスもまた悵然《ちょうぜん》として、この求道者のうしろ姿を見送って歎《たん》じた。「富めるものの神の国に入るは、いかに難《かた》いかな。富めるものの神の国に入るは、らくだが針の穴を通るより難い」と。(中略)もし禅師から、イエスがパリサイの徒を試みたように、「汝の持てるものをことごとく捨てて、われに従え」と言われたらどうであろう。おそらく私も悄然として禅師のもとを去るものであることを、痛む心をもって告白しなければならない。

この文章に、偉大な道元禅師研究者であった鏡島先生の、一僧侶としての、道を求める真剣さと謙虚さが知られ、あらためて尊敬の念を抱きます。私も、まったく同感で、私自身、次にあげる道元禅師の教訓は守れていません。できればこの話題は避けて通りたい、そんな思いです。しかし、仏教においても、道元禅師の教えにおいても非常に大事な教えですので、我が身を恥じてお話ししなければなりません。

財多ければ必ずその志を失う

一日《いちじつ》、僧来《きた》りて学道《がくどう》の用心《ようじん》を問ふ次《つい》でに、示《じ》に云《いわ》く、学道の人は先《ま》づすべからく貧《ひん》なるべし。財《ざい》多ければ必ずその志《こころざし》を失ふ。在家《ざいけ》学道の者、猶《な》ほ財宝《ざいほう》にまとはり、居所《こしょ》を貪《むさぼ》り、眷属《けんぞく》に交《まじわ》れば、直饒《たとい》その志ありと云《い》へども、障道《しょうどう》の縁多し。古《こ》来俗人《らいぞくにん》の参《さん》ずる多けれども、その中によしと云へども、猶ほ僧には及ばず。僧は一衣一鉢《いちえいっぱつ》のほかは財宝を持たず、居所を思はず、衣食《えじき》を貪《むさぼ》らざる間《あいだ》、一向《いっこう》に学道す。これは分々《ぶんぶん》皆得益《とくやく》あるなり。その故《ゆえ》は、貧なるが道《みち》に親しきなり。龐公《ほうこう》[1]は俗人なれども、僧におとらず禅席《ぜんせき》に名を留《とど》めたるは、彼《か》の人、参禅《さんぜん》の初め、家の財宝を以《も》ちて出《い》でて海にしづめんとす。人これを諫《いさ》めて云く、「人にも与へ、仏事にも用ふべし」。他に対て云く、「我れ已にあたなりと思うてこれをすつ。焉《なん》ぞ人に与ふべき。財は身心《しんじん》を愁《うれえ》しむるあたなり」と。遂《つい》に海に入《い》れ了《おわ》んぬ。しかして後《のち》、活命《かつみょう》の為《ため》には、いかき[3]をつくりて売りて過ぎけり。俗なれども是《かく》の如《ごと》く財をすててこそ、禅人《ぜんにん》とも云はれけれ。何《いか》に況《いわ》んや一向に僧はすつべきなり。（四ノ十二）

［1］龐公……龐蘊《ほうおん》居士。中国唐代の人。馬祖道一《ばそどういつ》の法を嗣《つ》いだ。『龐居士語録』がある。［2］あた……仇《かたき》。恨みの種。ここでは執着する原因となるものの意。［3］いかき……竹で編んだ籠《かご》。

〈ある日、僧がやって来て学道の心得を質問したとき、示して言われた、学道の人は第一に必ず貧しくなければならない。財産が多いと必ず道を求める志を失ってしまう。在家（一般家庭）において学道する者は、いまだ財宝（財産や宝物）に囲まれて、よい住まいを求め、親族にかかわっているので、たとえ道を求める志があっても、道の障害となる条件が多くある。昔から一般の者で禅に参ずる者が多くいるが、その中で勝《すぐ》れているといっても、やはり僧には及ばない。僧は、一枚の衣と一つの食器の外は財宝を持たず、住まいのことは考えず、衣類や食べ物を貪らないので、ひたすら学道をする。これは、それぞれみな利益《りやく》を得るところがあるからである。その理由は、貧しいことが道に親しいのである。

龐蘊居士は、在家の人であったが、僧に劣らず禅の世界に名前を残したのは、彼は参禅の初めに、家の財宝を持って出かけて、海に沈めようとした。人がこれを止めさせようとして言った、「人に与えてあげたり、仏教のために役立てたらよいではないか」と。すると、その人に答えて言った、「私は、自分にとって仇《あだ》（執着の原因）となるから捨てるのだ。どうして仇となるようなものを人に与えられようか。財産は身心を苦しめる仇である」と。ついに海に投げ捨ててしまった。そうしてのち、生活するために、竹で籠を作って、それを売って暮らした。在家の人であったが、このように財産を捨ててこそ、禅者と言われたのである。ましてや、きっぱりと僧は財宝を捨てなければならない〉

「学道の人は先づすべからく貧なるべし」という説示ですが、「先づすべからく」とは、〝第一に必ず、当然〟ということです。修行者の心得として、「貧」ということが非常に重要であることを示されたものです。それは何故なのか。

どんなに道を求める志が強くても、「財多ければ必ずその志を失ふ」からであり、裕福であることが「一向に学道する」（ひたすら修行する）ということを妨げるからであると言えます。

ところで、この語は、後述するように、

龍牙《りゅうげ》[1]云《いわ》く、「学道《がくどう》は先《ま》づすべからく貧《ひん》を学《がく》すべし。貧を学して、貧なる後《のち》に、道《みち》まさにしたしと云《い》へり」。（五ノ十四）

[1] 龍牙……中国唐代末から北宋《ほくそう》代の禅僧。龍牙居遁《りゅうげこどん》（八三五～九二三）。洞山《とうざん》良价《りょうかい》の法嗣《はっす》。

と、龍牙の言葉として示されているのと同様ですが、中国の禅宗においても古くから訓戒されてきたものです。そして、その淵源《えんげん》は、釈尊《しゃくそん》の遺教にあります。『仏遺教経《ぶつゆいきょうぎょう》』は、釈尊が入滅されるにあたって弟子たちに最後に示された「八大人覚《はちだいにんがく》」[1]の教えを記したものです。その「八大人覚」の第一が「少欲《しょうよく》」（欲を少なくする）、第二が「知足《ちそく》」（足ることを知る）です。

[1]「八大人覚」……〝大人〟とは〝仏〟のこと。八つの仏の覚《さと》り。少欲、知足、

寂静《じゃくじょう》、精進《しょうじん》、不妄念《ふもうねん》、禅定《ぜんじょう》、修智慧《しゅちえ》、不戯論《ふけろん》のこと。

「少欲」と「知足」は、まさに「貧」にかかわることであり、釈尊の遺教の「八大人覚」の最初に、この二つが説かれていることは、「貧」ということが道元禅師の教えにおいて重要であるというのみでなく、そもそも仏教において基本的に、この「貧」を学ぶということが重要であったことがうかがわれます。

釈尊の遺教

『仏遺教経』に基づいて道元禅師が示された、『正法眼蔵《しょうぼうげんぞう》』「八大人覚《はちだいにんがく》」巻に、

一つには少欲《しょうよく》[1]。（彼《か》の未得《みとく》の五欲《ごよく》[2]の法の中に於《お》いて、広く追求《ついぐ》せず、名づけて少欲と為《な》す）

仏言《ほとけのたまわ》く、汝等比丘《なんだちびく》、当《まさ》に知るべし、多欲《たよく》の人は多く利を求むるが故《ゆえ》に、苦悩も亦《ま》た多し。少欲の人は、求むること無く欲無ければ、則《すなわ》ち此《こ》の患《うれ》ひ無し。直爾《ただち》に少欲すら尚《な》ほ応《まさ》に修習《しゅじゅう》すべし。何《いか》に況《いわ》んや少欲の能《よ》く諸《もろもろ》の功徳《くどく》を生ずるをや。少欲の人は則《すなわ》ち諂曲《てんごく》[3]して以《もっ》て人の意《こころ》を求むること無し。亦復《ま》た諸根《しょこん》[4]の為《た》めに牽《ひ》かれず。少欲を行《ぎょう》ずる者は、心則ち坦然《たんねん》として、憂畏《うい》する所無し、事《こと》に触《ふ》れて余《あま》り有

り、常に足らざること無し。少欲有る者は、則ち涅槃《ねはん》有り。是《こ》れを少欲と名づく。
二つには知足《ちそく》[5]。（已得《いとく》の法の中、受取《じゅしゅ》するに限りを以《もつ》てす、称して知足と曰《い》ふ）
仏言《ほとけのたまわ》く、汝等比丘《なんだちびく》、若《も》し諸《もろもろ》の苦悩を脱せんと欲せば、当《まさ》に知足を観《かん》ずべし。知足の法は、即《すなわ》ち是《こ》れ富楽安穏《ふらくあんのん》の処《ところ》なり。知足の人は、地上に臥《ふ》すと雖《いえど》も、猶《な》ほ安楽《らく》なりとす。不知足《ふちそく》の者は、天堂《てんどう》に処すと雖も、亦《ま》た意《こころ》に称《かな》はず。不知足の者は、富むと雖も而《しか》も貧《まず》しし。知足の人は、貧しと雖も而も富めり。不知足の者は、常に五欲の為《ため》に牽《ひ》かれて、知足の者の為に憐愍《れんみん》せらる。是《こ》れを知足と名づく。

（原文は漢文）

[1] 少欲……欲を少なくすること。欲を抑え、過剰に求めないこと。[2] 五欲……色《しき》・声《しょう》・香《こう》・味《み》・触《そく》の五境。五境は人の欲を引き起こす原因となるので五欲という。また、財欲・色欲・食欲・名誉欲・睡眠欲も五欲という。[3] 諂曲……自らの心を曲げて、媚《こ》び諂《へつら》うこと。[4] 諸根……眼《げん》・耳《に》・鼻《び》・舌《ぜつ》・身《しん》・意《い》などの感覚器官。[5] 知足……足ることを知ること。満足すること。

〈一つには少欲。（彼の五欲の諸法について、いまだ得ていないときに、広く追い求めることのないのを「少欲」と言うのである）

釈尊はおっしゃった、「おまえたち比丘よ、よく知るがいい。欲の多い人は、多く利益を求めるので、苦悩もまた多い。欲の少ない人は、求めることも無く、欲も無いので、患いが無い。ただそれだけでも少欲を実践する価値があるが、そこにはさらにいろいろな功徳が生じるのである。少欲の人は、自分の心を曲げてまで人の気に入るようにする必要はない。また、諸根が外界の刺激に振り回されることはない。少欲を実践する者は、心がいつも平らかで、憂《うれ》いも畏《おそ》れもない。どのような出来事に出遭っても、余裕があって、常に満足しないということがない。少欲の者には、安らぎの境界がある。これを少欲というのである」。

二つには知足。（すでに得られている事物について、これらを限度をもって受け取るのを「知足」という）

釈尊はおっしゃった、「おまえたち比丘よ、もしもろもろの苦悩から抜け出ようと望むなら、足る（満足する）ことを知るということを、よくよく知るべきである。足ることを知るということは、富楽安穏の境界を得る方法である。足ることを知る人は、地上（あるいは地面）に寝ていても心は安楽である。足ることを知らない者は、天堂（あるいは立派な御殿）に住んでいても、心から満足することはない。足ることを知らない者は、物質的に裕福であっても、心は貧しく、足ることを知る人は、経済的に貧しくとも、心は豊かである。足ることを知らない者は、常に五欲に振り回されて、足ることを知る者の哀れみの対象となる。これを知足というのである」〉

とあります。ここで説かれるように、「少欲」の中に、真の安らぎの境界があり、「知足」の人こそ、心が豊かであるとされます。

仏教は、いわゆる禁欲主義とは異なります。もし、物質的裕福の中に真の幸せがあるならば、けっしてこれを否定することはなかったと私は思います。経済的にも物質的にも豊かであることに越したことはないからです。

しかし、ここに説かれるように、欲の多い人は、多く利益を求めるので、苦悩もまた多く、逆に、欲の少ない人は、求めることも無く、欲も無いので、患《わずら》うことがないのです。そして、少欲の人は、自分の心を曲げてまで人の気に入るようにする必要はなく、心が平安であるとされます。「知足」も同様であり、「知足」の実践によって、もろもろの苦悩から抜け出すことができると示されています。これが仏の覚《さと》りです。釈尊が実証されたことです。

学道は、まづすべからく貧を学すべし

中国の禅宗においても、この「少欲」「知足」にあたる「貧」の実践が強調されています。それを『正法眼蔵随聞記』の説示に見てみましょう。

示《じ》に云《いわ》く、楊岐山《ようぎさん》の会禅師《えぜんじ》[1]、住持《じゅうじ》の時、寺院旧損《くそん》してわづらひ有《あ》りし時に、知《ち》事《じ》[2]申して云く、「修理有るべし」。会云く、「堂閣《どうかく》やぶれたりとも、露地樹下《ろじじゅげ》には勝《す》ぐれたるべし。一方《いっぽう》やぶれてもらば、一方のもらぬ所に居《こ》して坐禅《ざぜん》すべし。堂宇《どうう》造作によて僧衆得悟《そうしゅとくご》すべくば、金玉《こんぎょく》をもてもつくるべし。悟りは居所《こしょ》の善悪《ぜんなく》によらず。ただ坐禅の功《こう》の多少に有るべし」。

翌日の上堂《じょうどう》[3]に云く、「楊岐はじめて住《じゅう》するに屋壁《おくへき》疎《おろそか》なり。満床《まんしょう》にことごとくちらす雪の珍珠《ちんじゅ》。くびを縮却《しゅつきゃく》してそらに嗟嘘《さきょ》す。かへつて思ふ古人《こじん》の樹下に居せしことを」。

ただ仏道《ぶつどう》のみにあらず、政道《せいどう》も是《かく》の如《ごと》し。太宗《たいそう》はいや[4]をつくらず。

龍牙《りゅうげ》云く、「学道《がくどう》は先《ま》づすべからく貧《ひん》を学《がく》すべし。貧を学して、貧なる後《のち》に、道《みち》まさにしたしと云へり」。

昔釈尊《しゃくそん》より今に至るまで、真実学道の人、一人《いちにん》も宝に饒《ゆたか》なりとは、聞かず見ざるところなり。

（五ノ十四）

［1］楊岐山の会禅師……中国北宋代の禅僧、楊岐方会《ようぎほうえ》（九九二～一〇四九）。臨済宗楊岐派《ようぎは》の祖。［2］知事……修行道場で、寺の運営を司《つかさど》る役職。［3］上堂……法堂《はっとう》（説法の道場）に上って説法すること。［4］いや……居家。住居。

〈示して言われた、楊岐山の方会禅師が住持（住職）のとき、寺院が古くなって破損して問題が生じたときに、知事が方会禅師に申し上げて言った、「修理したい」と。方会禅師は言った、「建物が破損したといっても、露天や樹《き》の下で修行するのに比べたらましだろう。一方が破損して雨漏りがするのなら、一方の雨漏りしないところで坐禅すればいい。建物を造ることによって修行僧たちが悟りを開くことができるなら、金や宝石を用いてでも建物を造ろう。しかし悟りは居所の善し悪しによらないのだ。ただ坐禅の功徳が多いか少ないかによるのだ」と。

翌日の上堂で言われた、「私（楊岐）が初めてこの寺の住職となったとき、屋根も壁も傷んでいた。床いちめんに美しい雪の粉が舞い込んできた。首をちぢめて天を仰いでため息をついた。かえって、先人たちが樹の下で修行したことが偲《しの》ばれた」。

これは、仏の道だけのことではない。政治の道も同じである。太宗は住居を造らなかった。

龍牙は言った、「学道は第一に必ず貧しくあるべきだということを学びなさい。貧しくあるべきだということを学び、実際に貧しくなった後に、ほんとうに仏の道に親しめるといえるのである」。

昔、釈尊の時代から今日に至るまで、ほんとうの学道の人は、一人も財宝にゆたかであったとは聞いたこともなく、見たこともない〉

この楊岐方会禅師の話からは、方会禅師が、修行道場の建物の善し悪しよりも、「悟り」を重んじていたことが知られます。建物が立派だからといって、よりいっそう修行に励めるというわけではなく、環境が整っているからといって、坐禅に打ち込めるというものでもないのです。すばらしい環境のお寺に住職させていただいている私には、まさにそのとおりであると、納得させられ、反省させられます。

昭和のバブルの時代、全国の既成仏教教団の寺院の多くは、これまでの古い建物を改築、あるいは新築して、伽藍《がらん》を一新し、境内を整えました。私が住職している寺も、例外ではありません。しかし、それによって、より修行に励むようになったわけではなく、立派な坐禅堂も建立していただきましたが、以前にも増して坐禅を行うようになったかというと、そうでもなく、信徒を集めての坐禅会に使用するのみで、寸暇を惜しんで一人坐禅堂に足を運び、坐禅に親しむというようなことは、恥ずかしながら行えておりません。

設備や環境を整えることが第一ではない、修行は建物の立派さとはかかわらない、志があるかないかによるのだ、ということは、まことにそのとおりであります。

人には皆、生まれながらに備わっている衣食がある

大宋宏智《だいそうわんし》禅師《ぜんじ》[1]の会下《えか》、天童《てんどう》は常住物《じょうじゅうもつ》[2]千人の用途《ようと》なり。然《しか》れば、堂中《どうちゅう》七百人、堂外《どうげ》三百人にて、千人につもる常住物なるによりて、長老《ちょうろう》の住《じゅう》したる間《あいだ》、諸方《しょほう》の僧、雲集《うんしゅう》して、堂中千人なり。そのほか、五、六百人ある間、知事《ちじ》[3]、宏智に訴へ申すに云《いわ》く、「常住物は千人の分なり。衆僧《しゅそう》多く集まりて用途不足なり。枉《ま》げてはなたれん」と申ししかば、宏智云く、「人々《にんにん》皆口有《くちあ》り。汝《なんじ》が事に干《あずか》らず。歎《なげ》くことなかれ、云々《うんぬん》」。

今これを思ふに、人《ひと》皆生得《しょうとく》の衣食《えじき》有り。思ふによりても出来《いでき》たらず、求めずとも来《きた》らざるにあらず。在家人《ざいけにん》すら猶《な》ほ運に任せ、忠《ちゅう》を思ひ孝《こう》を学ぶ。何《いか》に況《いわ》んや出家《しゅっけ》人《にん》は、総《すべ》て他事《たじ》を管《かん》せず。釈尊遺付《しゃくそんゆいふ》の福分《ふくぶん》[4]あり、諸天応供《しょてんおうぐ》の衣食あり。また天然《てんねん》生得の命分《みょうぶん》あり。求め思はずとも、任運《にんぬん》として有るべき命分なり。直饒《たとい》走り求め

て財をもちたりとも、無常忽《むじょうたちま》ちに来らん時如何《いかん》。故《ゆえ》に学人《がくにん》はただ宜《よろ》しく余事《よじ》に心を留《とど》めず、一向《いっこう》に道《みち》を学《がく》すべきなり。（三ノ十）

［1］宏智禅師……中国宋代の人。宏智正覚《しょうがく》（一〇九一～一一五七）。悟りを求めず黙々と坐禅をすることを説き、大慧宗杲《だいえそうこう》の看話禅《かんなぜん》（公案《こうあん》［仏祖の語録や行実］を参究して悟りを目指す禅）に対して黙照禅《もくしょうぜん》と称された。道元禅師が修行した中国の天童山景徳寺《けいとくじ》の住職を三十年ほどつとめた。［2］常住物……禅の修行道場にある公の備品、資材。仏具や衣財や食糧など。［3］知事……修行道場で、寺の運営を司る役職。［4］釈尊遺付の福分……釈尊が、自ら百年ある寿命を二十年縮めて、後代の弟子たちのために分け残された福徳。

〈大宋国の宏智禅師の門下の話であるが、天童山（景徳寺）の常住物は千人分あった。そうであったので（千人分の常住物が備わっていたので）、道場の中で修行する者が七百人、外で修行する者が三百人で、合わせて千人が常住物の許容範囲で修行していた。しかし宏智長老が住持《じゅうじ》（住職）となったので、あちこちから僧が集まり、道場の中で修行する者が千人、そのほか外で修行する者が五、六百人となったので、知事は宏智に訴えて申し上げた、「常住物は千人分です。多くの僧が集まってきて資材が不足しています。長老のお気持ちはわかりますが、そこをまげて、余分の僧を解放されてはいかがでしょうか」と申し上げると、宏智が言った、「人々、皆、口がある。あなたが心配することはない。歎《なげ》くことはない……」と。

今これを考えると、人には皆、生まれながらに備わっている衣類や食糧がある。これらは求めても得られないし、求めないからといって得られないものでもない。在家の人でも、運を天に任せ、君主に対して忠義を思い、親に孝行することを学んでいる。ましてや出家の人は、すべて仏道修行以外のことは心配しなくていいのだ。釈尊が後代の弟子たちに残された福分がある。もろもろの天の神が供養してくれる衣服や食糧がある。また、生まれながらに備わっている寿命がある。求めようと思わなくても、運に任せて備わっている寿命である。たとえ、走り回って求めて、財産を持ったとしても、死が突然やって来たときには、どうだろう。その苦労も無駄となり、財産もあの世へ持っていけない。故に学人は、ただ、ほかのことに心を煩わせないで、ひたすら仏の道を学ぶ（行ずる）べきである〉

仏教の修行者においては、修行が第一であって、衣服や食べ物は生まれながらに備わっているのであるから、心配することはない、なんとかなるものだ、と示されています。とはいえ、修行道場では大勢が修行しているのですから、誰かが食事のことを心配しなければなりません。食べなければ生きていけませんから、なんとかしなければなりません。

しかし、宏智禅師が言うように、皆が口を持っているのですから、つまり食べなければならないのですから、自分の食糧は確保しなければならない。そうしないと死んでしまう。だから、心配しなくても食べることは、それぞれが、なんとかするであろう、というのです。

知事（修行道場の運営を司る役職）は、寺院の経済を考えなければなりませんから、食糧の心配もしなくてはいけないのですが、宏智禅師は、「それほど心配することはない、歎くことはない、皆、口を持っているのだから、なんとかするだろう」と言われたのでしょう。

ところが、「修行」はどうかといえば、志がないとできないのです。人間は食べなければ生きていけませんが、修行を怠っても死ぬことはないので、とにかく修行を第一に志していないとしだいに修行しなくなり、堕落してしまうのです。

それにしても〝食べる〟ということは必要不可欠なことですから、大勢の修行僧がいる道場は、食糧の確保がたいへんだったと思われます。

一九五七年に生まれた私は、日本の経済成長期に少年期を過ごし、社会は豊かになる一方の中で恵まれて育ち、何不自由ない、便利で快適な、そして何でも食べたいものを思いのままに食べることのできる飽食の時代を生きてきました。日本の歴史において、最もよき時代を生きてきたのかもしれません。

ここに説かれるように、もし私に、生まれながらに備わっている衣類や食糧の分量が定められているとすれば、もうすでに衣料は使い尽くし、食糧は食べ尽くしてしまったのではないか、と思われてなりません。しかし、まだ幸い残りがあるとしても、おそらく残りはあとわずかとしか考えられませんから、今後は、必要最小限を心がけ、身体を養える程度に食べなければならないのでしょう。

おそらく、今のような飽食の時代は、永く続くはずはありません。これからは命分(定められた寿命)が尽きる前に、食分(一生に定まった食糧の分量)を食べ尽くさないように、世界の飢えに苦しむ人のためにも、先ほど学んだ『仏遺教経』で説かれる「少欲」「知足」の生活を心がけていこうと思います。

僧が堕落することは、裕福になることによる

伝へ聞く、雪峰山開山《せっぽうざんかいざん》[1]の時は、寺、貧《ひん》にして、或《ある》いは絶烟《ぜつえん》[2]、或いは緑豆飯《りょくとうはん》[3]をむして食《じき》して、日を送りて学道《がくどう》せしかども、一千五百人の僧、常に絶えざりけり。昔の人もかくのごとし、今もまた此《かく》の如《ごと》くなるべし。

僧の損《そん》ずることは、多く富家《ふけ》[4]よりおこれり。如来在世《にょらいざいせ》に、調達《ちょうだつ》[5]が嫉妬《しっと》を起こししことも、日日《ひび》五百車《ごひゃくしゃ》の供養《くよう》より起これり。ただ自《おのれ》を損ずることのみにあらず、また他《た》をしても悪を作《な》さしめし因縁なり。真《まこと》の学道の人、なにとしてか富家なるべき。直饒浄信《たといじょうしん》の供養も、多くつもらば、恩の思ひを作《な》して、報《ほう》を思ふべし。この国の人は、また我《わ》がために利《り》を思ひて施《せ》を至《いた》す。笑ひて向《むか》へる者に能《よ》くあたる、定まれる道理《どうり》なり。他の心に随《したが》はんとせば、これ学道の碍《さわり》なるべし。ただ飢《う》ゑを忍び、寒さを忍びて、一向《いっこう》に学道すべきなり。　（一ノ四）

[1] 雪峰山開山……雪峰山（中国、福建《ふっけん》省）に崇聖寺《すうしょうじ》を開創した雪峰義《せっぽうぎ》存《そん》（八二二〜九〇八）のこと。徳山宣鑑《とくさんせんかん》の法嗣。[2] 絶烟……台所の烟《けむり》が絶えること。食糧もなく調理もできないこと。[3] 緑豆飯……小豆などの雑穀の入ったご飯。[4] 富家……財産の多い家。金持ち。裕福なこと。ふか、ふうか、ふうけ、とも読む。[5] 調達……提婆《だいば》達多《だった》の訳名。釈尊の従弟で、出家して釈尊の弟子となったが、悟りが得られず、しだいに修行を怠るようになり、ついには釈尊への

人々の篤《あつ》い信仰を妬《ねた》むようになって、釈尊に対してさまざまな悪事を働いた。

〈雪峰義存禅師が雪峰山に寺を開いたときは、寺は貧しく、台所の煙が絶えたときもあり、緑豆飯を蒸して食べて、なんとか飢えを凌《しの》いで日送りをして修行していたけれども、一千五百人もの僧が常に絶えなかった。昔の人は、このようであった。今のわれわれもこのようでなければいけない。

僧が堕落することは、多くは裕福になることによる。如来（釈尊）の在世、調達が釈尊に対して嫉妬心《しっとしん》を起こしたことも、日々阿闍世王《あじゃせおう》から五百車にも及ぶ釈尊への供養があったことを妬《ねた》んだことによって起こったのである。富が増大することはただ自分を堕落させるだけでなく、他人にも悪事を行わせる原因にもなる。まことの修行者は、どうして裕福であってよいことがあろうか。たとえ清らかな信心からなる供養も、多く重なれば、恩を感じて、恩に報いることを思うようになるのである。

わが国の人は、自分のために利益があると思って施しをする。にこにこして対応する相手に対しては、こちらもよく対応するのは、あたりまえの道理である。しかし相手の心（希望）に随《したが》ってあげようとすれば、学道のあり方を曲げなければならないこともあり、これは修行の妨げになるに違いない。だから、特別

な供養を受けることなく、貧しさに甘んじて、ただ、飢えをしのび、寒さに耐えて、ひたすら修行するべきである〉

先ほどの宏智禅師の道場と同様、雪峰禅師の道場も千五百人もの修行者が常に絶えなかったといわれます。驚くべきことです。

ところで、現在、福井県の永平寺で修行する僧侶は、せいぜい二百人くらいでしょう。朝は、お粥《かゆ》と漬け物とごま塩。昼は、ご飯とみそ汁とお菜一皿。夜もお昼と同様で、質素な食事でありますが、それでも、人員が多いので、かなりの食糧が必要で、食費だけでも多くの費用が必要であると聞いております。

宏智禅師や雪峰禅師の修行道場では、その数倍もの修行僧を抱えていたわけですから、史実であるとすれば、僧たちの食糧の調達は非常に困難で、常に不足していたはずであり、僧たちの飢えとのたたかいは想像するに難くありません。

この『正法眼蔵随聞記』の説示には、檀那《だんな》や施主からの施し（布施・寄付）を受けるにあたっての用心、心得が示されています。たとえ、純粋な信仰心からの布施や寄付であっても、それが多く重なれば、それを受けた僧侶は、相手に対して恩を感じることになり、その恩になんとか報いたいと思うようになるのは当然のことです。一寺院の住職である私も、それは実感するところです。

檀家《だんか》の方に、農作物をいただいたり、寺の清掃などのお手伝いをしていただいたりします。相手は純粋に真心からしてくださっていて、何か見返りを期待しているのではないのですが、住職としては、よくしてもらえば、こちらもよくしてあげようと思います。とても恩義に感じます。それは通常の感情だと思うのです。

何か普請《ふしん》（建物の建築や修理）があって、檀家の皆さんから寄付を募るとき、ある程度の基準を定めるのですが、それ以上に寄付をしてくださる方々がいます。あるいは特別に多額の寄付をしてくださる方もいます。そうすると非常に恩義に感じて、こちらも誠意を尽くして感謝申し上げるのは当然のことで、その後、どうしてもその方には特別な思いをもってしまうのです。

私は、これはしかたのないことだと思いますが、しかし、僧侶としては、気をつけなければいけないことであると、道元禅師は戒められています。

第一、寄付というのは、金額の多少によるのではありません。経済的に余裕のある方に比べて、たとえ十分の一、百分の一の寄付であっても、その人の精一杯のご寄付であれば、とても尊いのです。だから金額の多少だけでとらえてはいけないのです。

そして、もちろん、必ずしも、お金のある方が高額の寄付をしてくださるわけではなく、あくまでも信心によるわけですから、これもまことに尊いのです。

「他の心に随《したが》はんとせば、これ学道の碍《さわり》なるべし」という道元禅師の戒めは、確かにそのとおりでありますが、これを現代の寺院の現実の中で実践することは難しいことです。

餓死してもいいではないか

示《じ》に云《いわ》く、道者《どうしゃ》の用心《ようじん》、常の人に殊《こと》なること有《あ》り。

故建仁寺《けんにんじ》の僧正《そうじょう》[1]在世《ざいせ》の時、寺絶食《ぜつじき》す。ある時、一人《ひとり》の檀那《だんな》、請《しょう》じて絹一疋《いっぴき》[2]施す。僧正悦《よろこ》びて自ら取りて懐中《かいちゅう》して、人にも持たせずして、寺に返《かえ》りて知事《ちじ》に与へて云く、「明旦《みょうたん》の浄粥《じょうしゅく》[3]等《とう》に作《な》すべし」と。

然《しか》るに、俗人《ぞくにん》のもとより所望《しょもう》して云く、「恥《はじ》がましきことありて、絹二《に》三疋《さんびき》入ることあり。少少《しょうしょう》にてもあらば給《たま》はるべき」よしを申す。僧正則《すなわ》ち先《さき》の絹を取り返して、則ち与へぬ。時にこの知事の僧も衆僧《しゅそう》も、思ひのほかに不審《ふしん》す。

後《のち》に僧正自ら云く、「各《おのおの》、僻事《ひがごと》[4]にぞ思はるらん。然《しか》れども、我《わ》れ思はくは、衆僧面面仏道《めんめんぶつどう》の志ありて集まれり。一日《いちじつ》絶食して餓死すとも、苦しかるべからず。俗《ぞく》の世に交《まじ》はれるが、指当《さしあた》りて事闕《ことかく》らん苦悩を助けたらんは、各々《おのおの》のためにも、一日の食《じき》を去つて人の苦を息《やす》めたらんは、利益《りやく》勝《すぐ》れたるべし」と。

道者《どうしゃ》の案じ入れたること、是《かく》の如《ごと》し。　（一ノ十四）

［1］故建仁寺の僧正……亡き栄西《えいさい》禅師のこと。建仁寺は、臨済宗建仁寺派の本山。京都五山の一。建仁三年（一二〇三）、源《みなもとの》頼家《よりいえ》が創立し、栄西禅師が開山となった。［2］一疋……布二反《にたん》のこと。［3］明旦の浄粥……明旦は明朝のこと。浄粥は、朝食で食べるお粥のこと。［4］僻事……道理に合わないこと。悪事。

〈示して言われた、仏道を修行する者の心得は、一般の人とは異なることがある。

亡き建仁寺の栄西僧正が在世のとき、寺に食糧がなくなってしまった。あるとき、一人の檀那（施主）が僧正を招いて絹二反《にたん》を施した。僧正は喜んで自分で受け取って懐に入れて、他の者に持たせないで、寺に戻り、知事（寺の運営を司る役職）に与えて言った、「明朝の食事（お粥）の費用にしなさい」と。しかし、ある俗人のところから、絹を所望して言ってきた、「恥ずかしいことがありまして、絹が二、三疋必要になりました。少しでもありましたら、頂けないでしょうか」という由のことを言った。僧正は、先ほど知事に渡した絹を取り返し、その人に与えてしまった。そのとき、この知事も、修行僧たちも、思いがけないことで不審に思った。

後に僧正は自ら語った、「皆、私のしたことを疑問に思うだろう。しかし、私が思うに、皆それぞれ仏道の志があって集まってきている。一日絶食して餓死しても、差し支えないはずだ。俗世間に暮らしている者が、さしあたって事欠いた苦悩を助けたのであろうから、皆にとっても、一日の食事をやめて人の苦しみを和らげてあげたのは、その利益も勝れているはずだ」と。

仏道を修行する者が、考えめぐらしたことは、このようなことである〉

栄西禅師のおられたころの建仁寺も、貧しかったのですね。修行僧を大勢抱えながら、食糧が底をついてしまうということは、住職としては、心を痛めることであったと思われます。そのようなときに、檀那から絹の施しを受けて、喜びいさんで、誰にも持たせず自分の懐にしっかりと抱きかかえて寺に持ち帰り、うれしそうに知事に渡す、栄西禅師の仕草や表情が想像されて、ほほえましく思われます。しかしながら、その大切な絹一疋を、俗人のために与え、結局、飢えている修行僧たちの食事の費用にすることができなかった栄西禅師の心の痛みが伝わってきます。当時の建仁寺の様子が、目に浮かぶようであり、栄西禅師の慈悲心に心うたれるお話です。

財あれば、人これを奪ひ取らんと欲ふ、我れは取られじとする

夜話《やわ》に云《いわ》く、学道《がくどう》の人は尤《もと》も貧《ひん》なるべし。世人《せじん》を見るに、財《ざい》ある人は先《ま》づ瞋恚《しんい》・恥辱《ちじょく》[1]の二《に》難《なん》、定《さだま》りて来《きた》るなり。財あれば人これを奪ひ取らんと欲《おも》ふ。我《わ》れは取られじとする時、瞋恚忽《たちま》ちに起こる。或《ある》いはこれを論じて問注《もんちゅう》対決[2]に及び、遂《つい》には闘諍《とうじょう》合戦を致す。是《か》の如《ごと》くの間に、瞋恚起こり、恥辱来《きた》るなり。貧《ひん》にして貪《むさぼ》らざる時は、先づこの難を免《まぬが》る。安楽自在《あんらくじざい》なり。証拠眼前《げんぜん》なり、教文《きょうもん》を待つべからず。

（四ノ四）

[1] 瞋恚・恥辱……瞋恚は、怒り。恥辱は、恥、不名誉。[2] 問注対決……訴訟が起こって原告と被告とが対決すること。

〈夜話に言われた、学道の人は、特に貧しくあるべきである。世の中の人を見ると、財産のある人は、まず怒りと恥（不名誉）の二つの難が、必ずやって来ている。財産があると、人はこれを奪い取ろうと思う、私は奪い取られまいとする、そのとき、怒りの心がたちまちに起こる。あるいは財産の奪い合いが起これば、これを討論して訴訟が起こって対決するようなことになり、ついには闘

争や合戦に至る。このような間に、怒りの心が起こり、周囲の人たちに恥をさらすことにもなる。貧しくて欲張ることがないときは、まずこの難を免れることができる。安楽で自由である。その証拠は、今、貧しい生活をしている皆の目の前に現れている、あえて教文から学ぶ必要もないであろう〉

道元禅師の時代にも、財産争いのようなことがあって、訴訟が起きたりしていたのですね。そのような世間を見て、財産があるというのも、ご苦労なことだと憂えているのです。なるほど、多くの財産をもつということは、うらやましいことでありますが、それを守ろうと思って、物理的にも心理的にも苦労するのです。

経典の中に、次のような言葉があります。

夫《そ》れ富貴《ふうき》は求むる時甚《はなは》だ苦しみ、即《すで》に得已《おわ》つて守護するに亦《また》苦しみ、後還《のちかえ》つて失へば憂念《ゆうねん》して復《また》苦しむ。三時の中に於《お》い て都《すべ》て楽しみあること無し。

財産を所有するにあたって、三段階の苦しみがあるというのです。まず、何かが欲しいと思って、追い求めるときに苦しむ。「欲しい」「欲しい」と思って苦しみ、何とか手に入れたいと思って苦しむのです。これが第一の「求める」という苦しみです。

そして次に、手に入れることができた時、その時は満足して喜ぶわけですが、それも一瞬で、今度は、それを維持しようと思って、紛失したり盗まれないかと心配したりするのです。また、いつまでも手に入れたときの状態であればいいのですが、諸行無常でありますから、せっかく手に入れたものも古くなったり、故障したりしますから、そういうことによって苦しむことになります。これが第二の「守護する」「維持する」という苦しみです。

そして第三に、いずれは、その手に入れたものを失うということがあります。壊れてしまったり、老朽化して使えなくなったり、紛失したり、あるいは奪われたりというこことになります。その時に苦しむのです。これが、第三の「失う」苦しみです。

このように、物を所有するということにおいては、求めるときに苦しみ、手に入れても維持するときに苦しみ、そして最終的にそれを失うときに苦しむというのです。なるほど、この経典の言葉も真理であろうと思います。

無用の物を貯《たくわ》えない

示《じ》に云《いわ》く、唐《とう》の太宗《たいそう》の時、異国より千里《せんり》の馬を献《けん》ず。〔1〕帝《みかど》、これを得て喜ばずして自《みずか》ら思はく、「直饒《たとい》千里の馬なりとも、独《ひと》り騎《の》りて千里に行くとも、従ふ臣下なくんばその詮《せん》なきなり」と。因《ちな》みに魏徴《ぎちょう》[2]を召《め》してこれを問ふ。徴《ちょう》云く、「帝の心と同じ」と。依《よ》つて彼《か》の馬に金帛《きんぱく》[3]を負《お》はせて還《かえ》さしむ。

今は云く、帝猶《な》ほ身の用ならぬ物をば持たずしてこれを還す。況《いわ》んや衲子《のっす》は、衣《え》鉢《はっ》のほかの物、決定《けつじょう》して無用なるか。無用の物、これを貯《たくわ》へて何《なに》かせん。俗《ぞく》猶ほ一道《いちどう》を専《もっぱ》らにする者は、田苑《でんえん》・荘園等《しょうえんとう》を持することを要《かなめ》とせず。ただ一切の国土の人を百姓眷属《はくせいけんぞく》とす。

（一ノ十二）

[1] 千里の馬……一日に千里も走るという名馬。　[2] 魏徴……太宗の忠臣。
[3] 金帛……黄金と布帛《ふはく》（織物）。

〈示して言われた。唐の太宗のとき、外国から千里の馬を献上された。太宗はこの馬を献上されても喜ばず、みずから考えた、「たとえ千里の馬であっても、私が一人これに騎って千里を走って行ったとしても、私に付いてくる臣下がいなければ、どうしようもない」と。そのとき魏徴を呼んでこのことを問いかけた。魏徴は言った、「皇帝のお考えと同じです」と。そこで、この馬に黄金と絹を負わせて、その国へ返させた。

ここで言いたいのは、皇帝でさえ自分の役に立たない物をもたないで、返したのである。まして衲子（禅僧）は、衣と鉢（食器）のほかの物は、まったく無用であろう。無用の物を貯えて、どうするのか。世間でさえ一つの道をもっぱらにする者は、田園・荘園などをもつことを肝要としていない。ただ、すべての国土の人を人民とし仲間としたのである〉

無用な物を貯えない。確かにそのとおりだと思いつつ、私の身の回りを見渡せば、無用な物がたくさんあります。とにかく物があふれている。もったいない、もったいない、と捨てることができずに、貯《た》め込んで、結局使わないで、ただ置かれている。反省しきりです。

さきに述べた龐居士のように、家財やら、宝物やらを、すべて海に投げ捨ててしまうなどということができればよいのですが、そんなもったいないことは、どうにもできない、私自身です。

お寺にはよくさまざまな行商の方が訪れます。仏具、法衣《ほうえ》はもちろん、仏像・仏画、そのほかの絵画、あるいは掛け軸やら美術品やら、種々の記念品など。相手も商売で、生活がかかっていますから、そんなことを思うと、無下には断れません。丁重にお断りをすることが多いのですが、

「和尚《おしょう》様方が買ってくれないと、そのうちに職人がいなくなりますよ。需要がないと、

仕事がなくなって、職人が育たないのです」

「この法具は、もう今後は作れません。職人がいなくなるのです。これが最後です」

というような言葉に断りきれずに、また貯えることになってしまうことがあります。

現代社会を生きる私たち僧侶は、なかなか道元禅師の教えのとおりには生きられません。しかし、この「僧は貧しくあれ」という戒めを決して忘れることなく、学道への志を失わないようにしたいものです。

第五章　報いを求めず

求めない

私たち人間は、皆、何かを「求めるもの」であると思います。いえ、人間だけでなく、動物たちも、そして植物も、生存するために、さまざまなものを求めて生きている存在であるといえます。

私たちには、仏教でいう六根《ろっこん》、つまり「眼《げん》・耳《に》・鼻《び》・舌《ぜつ》・身《しん》・意《い》」の六つの感覚器官（主観）があり、この六根によって、六境《ろっきょう》、つまり「色《しき》・声《しょう》・香《こう》・味《み》・触《そく》・法《ほう》」の六つの外部世界（客観）を認識して生活しています。

〈六根〉〈六境〉〈六識〉

眼――色――眼識――視覚によって色（物質）を見て、外部の世界を認識する。

耳――声――耳識――聴覚によって声（音）を聞き、外部の世界を認識する。

鼻――香――鼻識――臭覚によって香りをかぎ、外部の世界を認識する。

舌——味——舌識——味覚によって味わい、外部の世界を認識する。
身——触——身識——触覚によって皮膚で触れ（感じ）、外部の世界を認識する。
意——法——意識——知覚によってあらゆる存在を意識し、外部の世界を認識する。

私たちは、美しいものを見たいと思い、心地よい音声を聞きたいと思い、よい香りを好み、おいしいものを食べたいと思い、快適な環境で生活したいと願います。そういうものを「求めて」生きています。

これらを「求めて」生きることは、あたりまえのことであり、それが生きる意欲となり、目的となって、人生が豊かになっていくのだと思います。

「求める」ということは、言葉を換えれば「欲」であり「望み」であり、意欲をもち、希望をもって生きることは、私たちの人生に必要なことです。

しかし、やはり言葉を換えれば「求める」ということは「欲望」であり、それが「煩悩」となって、私たちを苦しめる原因にもなります。

「求める」ということは、私たちにとって必要なことですが、一方で、私たちを苦しめる原因ともなるものであり、仏教においても、「必要」である反面「苦」の原因にもなるとし、この「求める」ということ、「欲」というものを、どう解決していくかが大きな問題であったのです。

加島祥造《かじましょうぞう》著、『求めない』（小学館、二〇〇七年六月）があります。「求めない」で始まる詩集です。

「求めない――　すると　自分にほんとに必要なものはなにか　分かってくる」

「求めない――　すると　自由を感じる」

これらの詩が、多くの人々の共感を呼んだのは、こころに響くものがあったからでしょう。「これが欲しい」「あれを手に入れたい」「ああなりたい」「こうしたい」と、たしかに、常に何かを求めて生きている自分に気づいて、求めなかったら案外気楽かも、平安な気持ちになれるかも、と感じたからかもしれません。

お金やモノに振り回されている現代日本。人間は本来「求めるもの」であり、そのような私たちが「求めない」ことを実践するということは非常に難しいことですが、「求めない――　すると　自分にほんとに必要なものはなにか　分かってくる」ということも事実であろうと思います。

前章で、釈尊の最後の説法である『仏遺教経《ぶつゆいきょうぎょう》』の言葉を学びました。

多欲《たよく》の人は多く利《り》を求むるが故《ゆえ》に、苦悩も亦《ま》た多し。少欲《しょうよく》の人は、求むること無く欲無ければ、則《すなわ》ち此《こ》の患《うれ》ひ無し。

〈欲の多い人は、多く利益を求めるので、苦悩もまた多い。欲の少ない人は、求めることも無く、欲も無いので、患《うれ》いが無い〉

この「求めない」ということは、仏教の根本的な教えでもあるのです。「求める」ことがなく、「欲」のない人は、苦悩も少ないというのです。そして、これからお話しするように、道元禅師も『正法眼蔵随聞記』の随所にこの「求めない」ということの大切さを示されていますので、勉強してみましょう。

まず、中国の戦国時代の将軍、魯仲連《ろちゅうれん》の話です。

代償を求めない

夜話《やわ》に云《いわ》く、昔、魯《ろ》の仲連《ちゅうれん》[1]と云《い》ふ将軍ありて、平原君《へいげんくん》[2]が国に有《あ》りて能《よ》く朝敵《ちょうてき》を平《たい》らぐ。平原君賞《へいげんくんしょう》して、数多《あまた》の金銀等《こんごんとう》を与へしかば、魯の仲連辞《じ》して云く、「ただ将軍の道なれば、敵を討つ能《のう》を成すのみ。賞を得て物を取らんとにはあらず」と謂《い》ひて、敢《あえ》て取らざりきと言ふ。魯仲連が廉直《れんちょく》[3]とて名誉《めいよ》の事なり。

俗猶《ぞくな》ほ賢《けん》なるは、我《わ》れその人としてその道の能を成すばかりなり。代はりを得んと思はず。学人《がくにん》の用心《ようじん》も是《かく》の如《ごと》くなるべし。仏道《ぶつどう》に入りては、仏法《ぶっぽう》のために諸事を行《ぎょう》じて、代《かわり》に所得《しょとく》あらんと思ふべからず。内外《ないげ》の諸教に、皆無所得《むしょとく》なれとのみ勧むるなり。（二ノ十一）

［1］魯の仲連……中国の戦国時代（紀元前、秦《しん》による統一がなされる前の時代）の将軍。［2］平原君……中国の戦国時代、趙《ちょう》の公子。戦国の四君の一人。山東《さんとう》の平原に封《ほう》ぜられた（領地を与えられた）ところから平原君という。［3］廉直……清廉潔白《せいれんけっぱく》で正直《せいちょく》（ただしく、まっすぐ）なこと。

〈夜話に言われた、昔、魯仲連という将軍がいて、平原君の国にあってよく朝敵（朝廷にそむく敵）を平定した。平原君は、その功を賞して、多くの金銀等を与えようとしたところ、魯仲連は辞退して言った、「ただ将軍の道であるから敵を討つ役目を果たしただけです。賞を得て物を頂こうとするつもりはありません」と言って、どうしても受け取らなかったという。魯仲連が廉直として世に知られるようになった故事である。

一般の人でも、賢く優れた人は、その人として、その道で能力を発揮するのみで、代償を得ようと思わないで行っている。仏道を学ぶ者の心得もそのようであるべきである。仏の道に入ったならば、ただ仏法のためにいろいろな修行をして、その修行の代償に何か所得があるだろうと思ってはいけない。仏教の内外のいろいろな教えでもみな、無所得でありなさい、と勧めている〉

魯仲連のように、一般社会でも、優れている人は、ただ一所懸命、自分の役割を果たし、自分の能力を精一杯発揮して働いて、その代償を考えないで、ひたすらよくつとめている人がいる、というのです。僧侶《そうりょ》も見習わなくてはいけないと示されています。

それが自分の立場であり、役割であるから、それを全うするだけ、それ以外に何も求めない、そういう生き方が大切だと言われるのです。

どうせ給料も安いし、それなりにやればいい、まあ、もらっている分だけ働けばいい、というような人もいるかもしれませんが、結果的には、そういう仕事をしている人は、なかなか道が開けないのではないでしょうか。「求める」ことはなくても、自分の役割を一所懸命につとめていれば、道は開けてくると思われます。

それは、仏の道においても言えることで、仏の道に入ったなら、いろいろなことをするのにも、なにかよい報いがあるだろうなどと思って行うのではなく、何も求めずに、仏の教えにしたがって一所懸命行うことが大切だと説いています。

無所得・無所求・無所悟

また云《いわ》く、今、仏祖《ぶつそ》を行《ぎよう》ぜんと思はば、所期《しよご》も無く、所求《しよぐ》も無く、所得《しよとく》も無くして、無利《むり》に先聖《せんしよう》の道《どう》を行じ、祖祖《そそ》の行履《あんり》を行ずべきなり。所求を断じ、仏果《ぶつか》をのぞむべからず。さればとて、修行をとどめ、本《もと》の悪行《あくぎよう》にとどまらば、還《かえつ》てこれ所求に堕《だ》し、窠臼《かきゆう》にとどまるなり。

全く一分《いちぶん》の所期を存《そん》せずして、ただ人天《にんでん》の福分《ふくぶん》とならんとて、僧の威儀《いいぎ》を守り、済度《さいど》利生《りしよう》の行儀《ぎようぎ》を思ひ、衆善《しゆぜん》を好み修《しゆ》して、本《もと》の悪をすて、今の善にとどこほらずして、一期《いちご》行《ぎよう》じもてゆけば、これを古人《こじん》も漆桶《しつつう》を打破《たは》する底《てい》[1]と云《い》ふなり。仏祖の行履是《かく》の如《ごと》くなり。　（四ノ十）

［1］漆桶を打破する底……漆桶は、うるしで塗り固めた桶《おけ》。非常に頑丈な桶。断ち切りがたい煩悩、迷妄の心に喩《たと》える。これを打ち破る者をいう。

〈また言われた、今、仏祖の道を実践しようと思うなら、何かを期待することなく、何かを求めることなく、何かを得ようとすることなく、利養を求めずに、先人の聖《ひじり》たちの道を行い、祖師方の行いを行うべきである。求めるということを絶ち、成仏の結果を望んではならない。そうだからといって、修行をやめ、もとの悪行にとどまるならば、（求めるなと言われて、成仏を求めることをやめるなら、それは、求める心があるからこそ、求めることのない行を行えないのであるから）かえってこれは求めるということに堕落し、これまでの考えにとどまるものである。

まったく何も期待する心をもたないで、ただ人天（衆生の世界すべて）に福徳を与えるものとなろうと思って、僧としてのあり方を守り、衆生を救い利益を与える行いを考え、もろもろの善行を好み実践して、もとの悪を捨て、今の善にもとどまらないで、一生修行していけば、これを古人も「漆桶を打破する底」というのである。仏祖の行いは、このようである〉

仏道の修行において、無所得（何ものも得ようとしない）・無所求（何ものも求めない）・無所悟（悟りを求めない）が大切であるとしています。

仏の道においても、当然のことながら、善いことを行い、人々のためになることをするのが大切であるわけですが、これらの行いの報いとして仏になりたいとか、有名になろうとか、そういう所得を求めてはならないというのです。

とはいえ、行った行為に対する所得や功徳がないのではありません。求めてはならないと教えているのです。

とにかく、僧侶としてのあり方を守り、あらゆる人々をただひたすら救おうと思い、善行を行い、悪行をやめ、生涯それを実践し続けていく、それこそが仏や祖師の行いであるとされます。

しかしこれは、僧侶に対する戒めであって、それでは一般社会ではどのように、この教えを生かすことができるのでしょうか。

私たちは、なぜ働くのでしょう。多くの人が、「収入を得るため」と答えるでしょう。それは大切なことです。収入は必要であり、収入がなければ、必要な衣食住を確保することもできませんし、自分や家族を養うこともできません。自分たちが生活をするために、収入を得るために、どうしても働かなくてはなりません。

決してそのようなことを否定して、「所得を得てはいけない」「何も獲得するな」ということではなく、所得を得るのに、何かを獲得するのに、打算的になってはいけない、報酬のことばかり考えてはいけないと、理解すべきでしょう。

働くという行為に、常に損得勘定があると、「働く」という行為が、お金を得るための手段となり、それが「食べる」ため、「生きる」ためということになります。しかし、「働く」ということはまさに「生きる」ことであり、この「生きる」ということのほかに人生はないのですから、それを、食べるためとか、よいものを着るためとか、よい住みかに寝るためとか、そういうことの「ため」にしてしまわないで、「働く」ということを、それらと同等に大切にするということだと思われます。

「働く」ときは一所懸命働く、報酬はそれについてくるものです。「食べる」ことも、「寝る」ことも、「働く」ことも、みな日常生活のかけがえのない「生きる」というあり方であって、「働く」ことを、「食べる」ことや「寝る」ことの手段としてはいけないというのです。

例えば、車の運転をして目的地に向かう、その行為は目的地に行く手段かもしれませんが、今、車の運転をしているということが、生きているということの一つのあり方であり、ほかのことと同様に貴重な人生の時間の一時であることに変わりはありません。車を運転するのが、目的地へ行く手段であっても、人生においては、かけがえのない「今」という時間であるのですから、そのかけがえのない今の時間を大切にして、他のことの「ため」と考えてしまってはいけないということです。運転のときは運転になりきり、交通ルールを守って、目的地に着くまで、運転に専念することが生きるということであり、それは目的地に着いても同様です。何かを手段と考える人は、常に今が、何かの手段となって、「今」「ここ」「このこと」に安住することはできません。

道元禅師の言われる無所得・無所求・無所悟ということは、何ものも「求めない」ということであり、換言すれば、「今」「ここ」「このこと」を大切にすることであり、いかなる仕事にせよ、何か違うことを目的として、その手段にしてしまってはいけないということであろうと思います。

道元禅師が教える修行が、悟りを求めず、ただひたすら行う修行であるように、一般社会においても、報酬を求めずただひたすら善《よ》いことを実践する。人によく思われたいとか、自分は善いことをしているのだとか、そのような思いをもつことなく、淡々とひたすら善いことを行う。そのような生き方ができればいいですね。

昇進を望まない

一日《いちじつ》、示《じ》に云《いわ》く、宋土《そうど》の海門禅師《かいもんぜんじ》[1]、天童《てんどう》の長老《ちょうろう》[2]たりし時、会下《えか》に元首座《げんしゅそ》[3]と云《い》ふ僧ありき。この人、得法悟道《とくほうごどう》の人なり。長老にもこえたり。ある時、夜、方丈《ほうじょう》に参じて焼香礼拝《しょうこうらいはい》して云く、「請《こ》ふらくは師、後堂《ごどう》[4]の首座《しゅそ》を許せ」。門《もん》、流涕《るでい》[5]して云く、「我《わ》れ小僧《しょうそう》たりし時より、未《いま》だ是《かく》の如《ごと》くの事を聞かず。汝《なんじ》、禅僧《ぜんそう》として首座長老を所望《しょもう》する事を。汝、已《すで》に悟道せることは、先規《せんき》を見るに我れにも超えたり。然《しか》るに首座を望むこと、昇進のためか。許すことは前堂《ぜんどう》[6]をも、乃至《ないし》長老をも許すべし。余《よ》の末悟僧《みごそう》これに察す。仏法の衰微、これを以《も》て知りぬべし」と云《い》ひて流涕悲泣《るでいひきゅう》す。爰《ここ》に僧恥《は》ぢて辞すと雖《いえど》も、猶《な》ほ首座に補《ほ》す。その後《のち》、首座、この事を記録して、自らを恥ぢしめ師の美言《びごん》を彰《あら》はす。

今これを案《あん》ずるに、昇進を望み、物の首《かしら》となり、長老にならんと思ふことをば、古人《こじん》これを恥ぢしむ。ただ道《どう》を悟らんとのみ思うて余事《よじ》あるべからず。

（四ノ五）

[1] 海門禅師……海門師斎《しさい》。天童山景徳寺の第二十九世。拙庵徳光《せったんとっこう》の法嗣《ほっす》。[2] 長老……ここでは、住持（住職）の敬称。[3] 首座……修行僧の首位に座る人。修行僧のリーダー。[4] 後堂……後僧堂の略。南宋時代の大叢林《だいそうりん》（大きな修行道場）では、前堂と後堂の二つの僧堂（修行僧が坐禅《ざぜん》や食事や睡眠をする建物）があった。修行僧が多くなると、僧堂が狭くなり、もう一つ僧堂を造って、それを後堂とし、それ以前の僧堂を前堂と呼んだ。[5] 流涕……涙を流すこと。[6] 前堂……前堂の首座のこと。正規の首座。前堂・後堂の二つの僧堂がある大叢林では、前堂首座のことを単に首座と言った。

〈ある日、示して言われた、宋の国の海門禅師が天童山の住持（住職）であったとき、その門下に元首座という僧がいた。この人は、悟りを得た人であり、住持を超えるような人物であった。あるとき、夜、方丈《ほうじょう》（住持の居室）を訪ね、香を焚《た》いて礼拝して言った、「お願いですが、お師匠さま、後堂の首座にしていただけないでしょうか」と。

海門はそれを聞いて、落胆の涙を流して言った、「私は小僧であったときから、いまだにこのようなことを聞いたことがない、あなたが禅僧として首座となることを望むということを。あなたがすでに悟りを得ていることは、先人の手本を見ても、私を超えている。しかし、首座を望むことは、昇進のためなのか。許すことは、前堂首座でも、あるいは住持でも許そう。ほかの悟っていない僧も、これ（悟っているおまえがこのありさまであること）によって堕落が察せられる。仏法が衰微していくことは、これによってよくわかった」と言って涙を流して悲泣した。ここで、この僧は恥ずかしく思って後堂首座となることを辞退したが、海門はそれでも首座に任命した。その後、この首座は、このことを記録して自らを恥じて反省し、師のすばらしい言葉を記録にとどめて顕彰したのである。

今、このことを考えてみると、昇進を望み、人々の頭首となって、住持になろ

うと思うことを、古人は恥としたのである。ただ、仏道を悟ろうとだけ思って、ほかのことを考えてはいけない〉

この話に出てくる元首座は、悟りを開いていて、長老（住持、住職）を超えるような力量のある人だったのです。この人が、あるとき、方丈を訪ねて、後堂の修行僧のリーダーにさせてくれと頼んだのです。住持は、この元首座が立派であることは認めていましたが、自ら首座という役職に就くことを願い出たことを涙を流して歎《なげ》いたのでした。

結局この首座は、住持の戒めを真摯《しんし》に受け止めて反省し、自ら願い出たことを取り消して辞退したのですが、海門はあえて彼を首座に任命し、その後、彼は立派に首座をつとめたのでしょう。

一般社会では、普通は、自分の昇進や昇給を望みます。それを言葉に表さなくても、心の中ではそのように思うでしょう。それがまた、仕事をする張り合いとなり、意欲となって、頑張って仕事ができるのかもしれません。この心は決して否定できません。

しかしながら、昇進や昇給は、必ずしも「求めても得られるものではなく」、また「求めなければ得られないというものでもない」と思います。だから、ただただ、自らの仕事を精一杯行う、それでよいのです。

そして、昇進できなくても、落ち込むことはありません。この社会では、人間を評価するのは人間であって、評価する人間のモノサシ（評価の尺度）が正しいとは限りませんから。

ただ、仏さまの評価を気にすればいいのです。仏さまの評価の基準が、「求めない」で今すべきことを熱心に行うということです。

この話は、自らの昇進を願うことが、禅僧にとって、いかに恥ずべきことであるのかを示しています。「求めない」ということが、僧侶の修行の道において実に大切なのです。そして、ここでは昇進を求めずに「ただ道を悟らんとのみ思うて余事あるべからず」（ただ、仏道を悟ろうとだけ思って、ほかのことを考えてはいけない）と示されていますが、ここでいう「道を悟らん」とは、道に専念する、仏道を明らかにする、ということであって、実は、「悟りを求める」ということ自体を、道元禅師は戒めています。たとえそれが「悟り」であっても、「求めない」「求めてはならない」のです。

悟りを求めない修行

さて、道元禅師の仏法の特徴は、次章でお話しするように、只管打坐《しかんたざ》の坐禅を第一の修行とするところにありますが、坐禅は「本証妙修《ほんしょうみょうしゅ》」（本来の悟りを、悟りを求めない修行によって現していく）といわれる教えによっています。修行は決して坐禅にかぎりませんが、坐禅がいろいろな修行の基本であって、坐禅を中心としたいろいろな修行において、悟りという結果を目的としないで、今の自分の修行がそのまま悟りのあり方、つまり仏というあり方を現している、という自覚をもって修行するということです。

したがって、一つ一つの行為が重視され、その行為の行い方が大切にされます。修行は単なる手段ではなく、「修行」そのものが重んじられるため、「悟り」があまり語られないという傾向があります。ゆえに、「道元禅師には悟りがない」とか、「道元禅師は悟りを否定している」と考える人がいますが、そうではなく、「悟りを求めない」というのが正しいとらえ方です。そのことを「無所得」とか「無所求」とか「無所悟」と言っているのです。

無所得《むしょとく》、無所悟《むしょご》にて、端坐《たんざ》して時を移さば、即《すなわ》ち祖道《そどう》なるべし。（六ノ二十七）

〈所得を求めず、悟りを求めないで、ただ坐禅して時を過ごすことが、そのまま修行者の生き方なのである〉

所得を求めず、悟りを求めないで、ただ坐禅して時を過ごす、そこにほんとうの功徳があるというのです。

「潜行密用《せんこうみつよう》」という禅の言葉があります。〝密《ひそ》かに行う〟ということです。よいことを密かに行うということです。誰も見ていないところで、一人坐禅をするということです。

潜行密用《せんこうみつよう》は愚《ぐ》のごとく驢《ろ》のごとし、ただよく相続するを主中《しゅちゅう》の主《しゅ》と名づく。
（「宝鏡三昧《ほうきょうざんまい》」）

といわれるように、何のためになるのかわからない坐禅を、密かに、ただひたすら行い、一生続けていく。それは、常識的には愚かなことかもしれませんが、それが「主中の主」である、最高の行いだというのです。

さて、ここに示されるように、坐禅をはじめとする仏教の修行において、無所得・無所求・無所悟が大切であるとしています。仏の道においても、当然のことながら、善いことを行い、人々のためになることをするのが大切であるわけですが、これらの行いの報いとして、仏になりたいとか、有名になろうとか、そういう所得を求めてはならないというのです。とはいえ、行った行為に対する所得や功徳がないわけではありません。功徳はあるのです。しかし求めてはならないと教えているのです。

悟りを求めない、もっといえば、「悟りは、どうでもよい。ただ行ずるのみ」というところが落ち着き所です。もちろん、その落ち着き所をも求めたら、もう無所得の行にはならないのですが。

とにかく、悟りの「ある」「なし」はさておいて、今を真剣に生きるしかありません。同じように「生きる」ならば、同じ「働く」ならば、そこに思惑・打算・報酬といった気持ちをもち込まないほうが、自分にとっても他人にとっても、どれだけすがすがしいことでしょうか。

幸福は歩くことそのものにあった

『ブッタとシッタカブッタ』（小泉吉宏、ＫＡＤＯＫＡＷＡ）という漫画があります。仏教的な教えをわかりやすく書いていることに驚かされます。その三巻目の『ブッタとシッタカブッタ３　なぁんでもないよ』（一九九九年）の中に、「幸福への旅」という、次のような詩が載っています。

シッタカブッタは幸福をさがしに
何年も歩いていたが
歩いても歩いても見つからなかった
シッタカブッタは休んで考えた
シッタカブッタはさがすのをやめて
歩くことを楽しみはじめた

幸福は歩くことそのものにあった

この詩は、道元禅師の修証観《しゆしよう》（修行と悟りに関する見方）を説明するのに恰好《かつこう》な詩です。「幸福」を「悟り」に、「歩く」を「修行」に置き換えてみると、道元禅師の修証観に当てはまります。そして、「探す」を「求める」に換えてみます。

シッタカブッタは、悟りを求めて何年も修行していたが、修行しても修行しても見つからなかった。シッタカブッタは休んで考えた。シッタカブッタは、求めるのをやめて、修行することを楽しみ始めた。悟りは修行することそのものにあった。

となります。修行のほかに悟りがあるわけではないのです。これが道元禅師の教えです。

この詩がうたうように、「幸福」は、「歩く」ということそのものにあると私も思います。「歩く」ということは、「今を生きる」ということでもあります。「今を生きる」ということのほかに「幸福」を求めても、決して得られるものではありません。

同じく、この漫画の中に、

「さがすという方法で幸福を見つけたやつは、ひとりもおらんよ」
「さがすのをちょっとやめてごらんよ、やめたら見つかるってこともあるんだから」
「夢や目的を持たない幸福な人生だってある」

というような言葉も出てきます。

ただの漫画ではない、とても興味深い漫画です。

幸せを求めるということ

ドイツの詩人、カール・ブッセ[1]の詩に、有名な「山のあなた」があります。

山のあなたの空遠く
「幸《さいわひ》」住むと人のいふ。
噫《ああ》、われひとゝ尋《と》めゆきて、
涙さしぐみ、かへりきぬ。
山のあなたになほ遠く
「幸《さいわひ》」住むと人のいふ。

（カール・ブッセ／上田敏《うえだびん》[2]訳）

[1] カール・ブッセ……Carl Busse（一八七二～一九一八）ドイツ新ロマン派の詩人、作家。[2] 上田敏……一八七四～一九一六。文学者、評論家、翻訳家。多くの外国語に通じて名訳を残した。「山のあなた」は明治三十八年（一九〇五）の翻訳詩集『海潮音』所収。

〈山のかなたの、果てしない遠くに、幸福が住んでいると人が言う。
そこで、私もみんなと一緒に探しに行って、見つけられずに涙のあふれた目で帰ってきた。
そうすると、山のかなたの、もっと遠く遠く向こうに、幸福が住んでいると人が言うのだ〉

この詩は、「幸福」を求める人間の願いと、それを求めても得られない切なさをうたっています。そして逆説的に、幸福は遠くにあるのではなく、今ここにあることを気づかせようとしているのではないかと私には思われます。

幸せは、ないわけではない。どこかに必ずあるのです。しかし、その場所は、実は遠くではない。すぐ近くにあるのです。すぐ近くにあるのですけれども、とてもとても遠いのです。それに気づくことは、とても難しいのです。

メーテルリンクの児童文学『青い鳥』では、隣に住んでいる娘のために、幸せの「青い鳥」を求めて、幼い兄弟チルチルとミチルが遠い旅をします。結局、幸せの「青い鳥」は見つからないままに家に帰ってくると、探していた「青い鳥」は家で飼っていたハトだったことに気づくのですが、カール・ブッセの詩も、そのような気づきを与えようとしたものだと、私には受け取られるのです。

遠く求めるはかなさ

臨済宗中興の祖である白隠慧鶴《はくいんえかく》（一六八五〜一七六八）に、有名な「坐禅和讃《わさん》」があります。その中に、次のようにあります。

衆生《しゆじよう》[1]本来仏《ほとけ》なり。水と氷の如《ごと》くにて、水を離れて氷なく、衆生のほかに仏なし。衆生近きを知らずして、遠く求《もとむ》るはかなさよ。縦令《たとえ》ば水の中に居《い》て、渇《かわき》を叫ぶが如くなり。長者《ちょうじや》の家の子[2]となりて、貧里《ひんり》に迷ふに異ならず。

[1] 衆生……生きとし生けるもの。心をもつ一切のもの。ここでは、迷える凡夫《ぼんぷ》のこと。[2] 長者の家の子……『法華経《ほけきょう》』「信解品《しんげぼん》」長者窮子《ちょうじやぐうじ》の喩《たと》え。長者が、かつて離れ離れになり貧乏して困窮している息子をみつけ、我が家に住まわせしだいに慣れ親しませて、ついに後継者とした譬喩《ひゆ》。

〈衆生は本来、仏である。水と氷のようであって、水を離れて氷はないように、衆生のほかに仏はないのである。衆生は仏がすぐ近くにある（自分自身が仏である）ことを知らないで、遠くに求めていることは、はかないことである。それは例えれば、水の中にいて喉《のど》の渇《かわ》きをうったえているようなものである。長

者（富貴の人）の家の子となりながら、貧窮して迷い歩いているのと異ならない〉

私たちは、本来、仏であるというのです。ところが、それに気づいていないのが、私たちであって、仏を遠くに求めてしまっている。まるで水の中にいて、その水を飲まずに「喉が渇いた。水が欲しい」と叫んでいるようなものであるというのです。

私たちは、何か特別なことが、幸せだと思っています。「成功」「勝利」「栄光」「輝かしいもの」「普通ではないもの」「努力しないと得られないもの」、幸福とはそのようなものであると思いがちです。実はそれが迷いであって、そのように迷っているのが衆生なのです。

しかし、幸せは、すぐ近くにある。私たちは、それにほんとうに気づくことが難しいのです。仏教の悟りも同じです。あたりまえのありがたさ、ありのままのすばらしさに、ほんとうに気づくこと、それが悟りであるともいえます。

道元禅師の悟り

道元禅師の主著である『正法眼蔵《しょうぼうげんぞう》』に「梅華《ばいか》」の巻があります。この巻は、梅の華にちなんだ如浄《にょじょう》禅師の言葉を道元禅師が解説したものですが、この中で道元禅師は、如浄禅師を讃《たた》え、如浄禅師と出会えたことを歓喜し、そして自らが如浄禅師の仏法を嗣《つ》ぐことができたことを無上の喜びとしていることがうかがわれます。

雪裏《せつり》[1]の梅華《ばいか》は一現《いちげん》[2]の曇華《どんげ》なり。ひごろはいくめぐりか我仏如来《わがぶつにょらい》の正法眼睛《しょうぼうがんぜい》[3]を拝見しながら、いたづらに瞬目《しゅんもく》[4]を蹉過《しゃか》[5]して、破顔《はがん》せざる。而今《にこん》[6]すでに雪裏の梅華まさしく如来の眼睛なりと正伝《しょうでん》し、承当《じょうとう》[7]す。

（『正法眼蔵』「梅花」）

[1] 雪裏……雪の中。[2] 一現……かけがえのないものとして現れる。[3] 眼睛……まなこ、ひとみ。[4] 瞬目……まばたき。釈尊と弟子の摩訶迦葉《まかかしょう》との故事による。後継者を決めようと思っていた釈尊は、あるとき、釈尊が法座《ほうざ》（説法する場所）に上り、何も説法せずに、優曇華《うどんげ》（三千年に一度だけ花が咲くという伝説の華）をつまみ上げ、まばたきをして、言葉に表せない教えを示した。そのとき、弟子たちの中で摩訶迦葉だけが、それを理解してにっこりとほほ笑んだ、という故事をふまえたもの。[5] 蹉過……うっかり見過ごす。[6] 而今……まさに今。[7] 承当……しっかり受け止める。

〈雪の中に花咲く梅の華は、かけがえのない優曇華の現れである。これまで、春がめぐってくると、何度も我が釈迦如来の正しい教えの眼《まなこ》そのものであった梅の華を拝見しながら、その釈迦如来の瞬目をうっかり見過ごして、摩訶迦葉尊者のように破顔微笑《みしょう》（にっこりほほ笑む）することができないでいた。しかし、まさに今、雪の中に花咲く梅の華が、まさしく釈迦如来の眼睛（まなこ）であると知り、正しく伝わって、しっかりと受け止めることができた〉

道元禅師は、それまでは、毎年、春になると見る雪の中に咲く梅の華を、ただの梅の華と見ていたのですが、如浄禅師に出会い、教えを受けて、悟りを開き、「なんと、この日ごろ見ていた梅の華が、三千年に一度華咲くという優曇華だったのか」と気づくことができたのです。何気ない梅の華が「それ見よ、それ見よ」と仏法を説き明かしていたのだと悟ったのです。

道元禅師は、如浄禅師から「参禅は身心脱落なり」（坐禅をすることが悟りである）と教えられます。坐禅という修行を行って、悟りを得るというのではなく、坐禅という修行そのものが悟りである、だから悟りを「求める必要はない」「求めなくてもいい」ということです。そして道元禅師は、悟りを求めるのをやめて、ただ坐禅を実践したのです。「何も求めず、ただ坐る、それでいいのだ」、そこにおいて道元禅師は、求めたら得られないものを、確実に得ることになるのです。

「梅の華を優曇華と見ることができた」というのは、「ほかならぬこの自分こそ仏であるということを知り、この自分を仏として行じつづけてゆく道（只管打坐の道）を見つけることができた」ということです。

道元禅師にとって、如浄禅師との出会いは、まさに「一現の曇華」であり、三千年に一度咲くといわれる優曇華を目の当たりにすることでした。優曇華を目の当たりにしてみると、それは、日ごろ見ていた梅の華にほかならなかった、と気づいたのです。

「求めない」「求めることをやめる」ということは、難しいことです。でも、思い切って求めるのをやめてみませんか。

求めることをやめたときに見えてくるもの、求めないところに得られるものもあるのです。

第六章　坐禅これ第一なり

鎌倉仏教の祖師たち

仏教にはいろいろな修行法がありますが、道元禅師《どうげんぜんじ》の教えにおいて、一番大切な修行は、やはり坐禅《ざぜん》です。

道元禅師は、中国の如浄《にょじょう》禅師のもとで修行し、坐禅こそ第一の修行であるとの教えを受け、これを実践されました。そして、この教えと実践こそ、正統の教えであり実践であると確信されて、日本に坐禅ひとすじの道を伝えられたのです。

鎌倉仏教の祖師は、下層階級の民衆——救いの手を伸べられることのない、しいたげられ苦しむ人たち——を救う立場から、それぞれの祖師が、誰にでも行うことができる実践を説きました。

それまでの仏教は、いわゆる「聖道門《しょうどうもん》」であり、迷いを転じて悟りを開くことを教えていたのですが、この聖道門の教えは、たいへん難解であり、利智精進《りちしょうじん》の人（難しい仏教の教義を理解できて、それを実践することのできる人）は、教えを理解し、実践して、救われることもできたのですが、時代の苦悩を負った一般民衆を救済できたかというと、そうではありませんでした。多くの民衆は、文字も読めず、読めたとしても漢文で書かれた難解な経典は理解できず、ましてその実践はとうてい成しえなかったのです。これらの人々に心を向けたのが、鎌倉仏教の祖師方です。

法然上人《ほうねんしょうにん》は、『念仏大意《ねんぶつたいい》』の中で、

仏道修行《ぶつどうしゅぎょう》はよくよく身《み》をはかり時《とき》をはかるべきなり。

とお示しになっていますが、時機相応《じきそうおう》の教えを説いたのです。つまり、今のこの世〈時〉と、わが身〈機〉との実際にかなった教え（実践）こそが真の救済になりえるとしました。そのような時機観に立って、誰でも「南無阿弥陀仏《なむあみだぶつ》」とお念仏さえ称《とな》えればいい、それで救われるのだと説きました。

この教えを継承した親鸞聖人《しんらんしょうにん》も、やはり「時機相応」の教えを継承したのだと思いますし、また、日蓮聖人も同様の思いから、「南無妙法蓮華経《なむみょうほうれんげきょう》」とお題目を唱えれば救われると説かれたと思われます。まさに、ユダヤ教を母胎としてキリスト教が誕生した背景と同じであると考えられます。

そして、道元禅師も、基本的には同様なのです。ただ坐《すわ》ればいい、何も考えずに、ただひたすら坐る、それでいいのだ、そこに悟りが現れているのだと、そのように説いて、坐禅の行を勧めたのです。

お念仏や、お題目に比べ、坐禅は、特別な人だけができる修行法のように思われがちですが、そうではありません。道元禅師にとって坐禅は、ただ坐ればいいのですから、誰にでも行うことができるやさしい修行法であったと言えます。

それは、次の道元禅師の説示にうかがわれます。

誰にでもできる修行

夜話《やわ》[1]に云《いわ》く、人は、世間の人も、衆事《しゅじ》[2]を兼《か》ね学《がく》して何《いず》れも能《よ》くもせざらんよりは、ただ一事《いちじ》を能くして、人前にしてもしつべきほどに学すべきなり。況《いわ》んや出世の仏法《ぶっぽう》は、無始《むし》[3]より以来《このかた》修習《しゅじゅう》せざる法《ほう》なり。故《ゆえ》に今もうとし。我《わ》が性《しょう》[4]も拙《つた》なし。高広《こうこう》なる仏法の事を、多般を兼ねれば一事をも成《じょう》ずべからず。一事を専《もっぱ》らにせんすら、本性《ほんしょう》昧劣《まいれつ》[5]の根器《こんき》[6]、今生《こんじょう》に窮《きわ》め難し。努努《ゆめゆめ》学人《がくにん》、一事を専らにすべし。

奘問《じょうと》うて云く、もし然《しか》らば、何事《なにごと》いかなる行《ぎょう》か、仏法に専ら好み修《しゅ》すべき。

師云く、機《き》に随《したが》ひ、根《こん》に随ふべしと云《い》へども、今祖席《そせき》[7]に相伝《そうでん》して専らする処《ところ》は坐《ざ》禅《ぜん》なり。この行、能《よ》く衆機《しゅき》を兼ね[8]、上《じょう》・中《ちゅう》・下根《げこん》[9]等《ひと》しく修し得《う》べき法なり。

（二ノ十六）

［1］夜話……夜間、坐禅の合間にする説法。［2］衆事……多くのこと。［3］無始……その始点をさかのぼっても知ることができない遠い昔。［4］性……生まれつきの能力。［5］昧劣……くらく、劣っている。［6］根器……根は生まれつきの素質、器は器量。［7］祖席……釈尊《しやくそん》から達磨《だるま》、そして師の如浄へと伝わった立場。［8］衆機を兼ね……どんな人にもできる。［9］上・中・下根……修行を行ずる能力の段階。

〈夜話で言われた、人は、世間（一般）の人も多くのことを同時に学んでどれも中途半端であるよりは、ただ一つのことであってもしっかりと行って、人前でも堂々とできるように学ぶべきである。ましてや世間を超越した仏の教えは、世間においては、はるか昔から、習い修めたことのない教えである。だから今も凡人にはよくわからない。自分の生まれつきの能力も劣っている。限りなく高く広い仏の教え（実践）の多くの面をみな行おうとすれば、一つも成就できないであろう。一つの教え（実践）をもっぱらつとめようとしても、もともと生まれつきの能力が乏しく劣っているから、この生涯では究めることは難しい。

そうであるから必ず、学人（仏道を学ぶ人）は、一つのことをもっぱら行うべきである。

懐奘が質問して言った、「もしそうであるなら、どのような事、どのような行を、仏法においてはもっぱら修行するべきでしょうか」。

道元禅師は言われた、「それぞれの能力に随い、素質に随って行うべきであるけれども、今、私が仏祖から相伝わり中国の如浄禅師より伝受した仏法においてもっぱらつとめるべき行は坐禅である。この行（坐禅）は、どんな人でも行うことができ、能力の優劣の区別なく、皆が平等に修行することのできる修行法である」〉

この説示は、第一章でも「一事をもっぱらにする」という面から紹介しましたが、ここでは「坐禅」を勧めるという観点から紹介いたします。

道元禅師は、ただ一つのことでいいから、しっかりと学び体得して、人前で胸を張ってできるようになることが大切だと言われますが、禅僧にとって、そのただ一つのことというのが、坐禅であると示されるのです。

そして、ここに示されるように、修行というのは、基本的には、それぞれの人の能力・素質に合わせて行えばいいのですが、この坐禅は、どんな人でもでき、能力によって区別することはなく、皆が平等に行うことができる修行法であるとされるのです。

足を組んで坐る……これは釈尊が菩提樹《ぼだいじゅ》の下に坐ってお悟りを開かれたときのすがた、姿勢です。インドは一年を通じて気温が高く、暑い国ですから、猛暑のときには、直射日光のもとで動き回りますと、熱射のために命を奪われることもあります。とにかく暑いときは、働かず、動き回らずに、大きな樹の木陰に坐って、日差しを避けて、じっとしているのが一番なのです。だから、じっと坐っているのが、一番安楽であったわけです。

立っていると疲れます。寝転がっていても、長時間寝転がっているとやはり疲れますし、苦痛になってきます。もちろん坐っていても、永い時間坐っていますと疲れますが、それでも、一番長持ちする姿勢が、坐禅の姿勢なのです。両足を組むことによって安定するのです。安定するので、余分な力を使わず、長続きするのです。この姿勢は、インドで昔から、二千五百年以上続けられてきていることからも、実証されてきているのです。

そして、足を組んで坐って、姿勢を正す。背骨を伸ばすと実に気持ちのいいものです。私たちは、疲れたときに背伸びをするでしょう、そうするととても気持ちがいいですね。

次に呼吸を調える……ふだんの生活では、私たちは呼吸をしているということを忘れて生活しています。意識しなくても、無意識のうちに呼吸をしています。心臓が動いていたり、血液が循環していたり、自分で意識しなくても、身体は活動しています。生命の基本的な部分は、自分の計らいによるのではなく、自然に営まれています。そのことを実感してあげるからでしょうか、呼吸を意識してあげると身体が喜ぶのです。ほんとうに不思議ですが、自分の身体が呼吸していることに気づいてあげると、とても気持ちがいいのです。「気持ち」というのは「気」を「持つ」と書きますが、気（呼吸）を持つ（保つ）ことであり、呼吸を保つことは、生命にとって、気持ちのいいことであり、安楽の状態です。

そして、心を調える……心を調える、というよりも、姿勢が調って、呼吸が調うと、自然と心が調ってきます。ですから、調えようと努力しなくてもいいのです。道元禅師は、「心の働きを止めなさい、考えてはいけない」と言われますが、最初のうちは、そのように心掛けるということが大切です。いろいろなことを考えていると、脳も身体も休まりませんから、考えないようにするのですが、その、考えないように心掛けるということも、心の働きですから、何も考えないように心掛けることもやめないといけません。しかし、そのように頑張らなくても、何かを考えるということは、これはまた面倒なことでもありますから、自然に任せておけばよいのです。

坐る、ということの解説が長くなりましたが、足を組んで坐って、姿勢を調えて、呼吸を調える（そうすると心も調ってくる）ことは、難しいことではありません。無理せずに、自分のできる範囲で坐ればいいのです。

坐禅は、特別な能力のある人でなければできないという修行ではないのです。

只管打坐

道元禅師といえば、「坐禅」、そして「只管打坐《しかんたざ》」というくらい、よく知られた言葉であろうと思います。あるいは、「祇管打坐」とも書きます。

「只管」とは、〝ひたすら〟〝いちずに〟〝ただ〟ということ、「打坐」の打とは接頭語で動作・行為をする意で、坐とは坐禅のこと。よって打坐とは坐禅をすることです。

つまり、ただひたすら坐禅をすること、これが只管打坐です。

ところで、この言葉は、道元禅師が初めて使った言葉ではなく、道元禅師の特有の教えではありません。この言葉は、道元禅師の師匠の如浄禅師の言葉の中に出てまいります。

堂頭《どうちょう》和尚[1]示曰、参禅[2]者身心脱落[3]也、不用焼香・礼拝・念仏・修懺《しゅさん》・看経《かんきん》、祇管打坐而已。

（『宝慶記《ほうきょうき》』）

［1］堂頭和尚《おしょう》……堂（修行道場）の頭《かしら》の和尚。寺院の住持（住職）のこと。ここでは、道元禅師の師、中国天童山《てんどうざん》景徳寺の住持の如浄禅師のこと。［2］参禅《さんぜん》……坐禅のこと。［3］身心脱落《しんじんだつらく》……心も身体も抜け落ちてしまう安楽の状態。坐禅そのものが身心脱落の行であるとする。

＊このほか、『正法眼蔵』「行持《ぎょうじ》」下に、「参禅者身心脱落也、不用焼香礼拝、念仏修懺看経、祇管打坐始得。」、『正法眼蔵』「仏経」に、「先師尋常道、我箇裏、不用焼香礼拝、念仏修懺看経、祇管打坐、弁道功夫、身心脱落。」などとある。

〈堂頭和尚が示して言われた、「参禅（坐禅）は身心脱落である。焼香《しょうこう》や礼拝《らいはい》や修懺や看経は無用。ただ坐るのみ」と〉

このように如浄禅師は、「焼香し礼拝して師の教えを請い学んだり、仏を拝んだり、念仏を行ったり、懺悔《さんげ》の儀式（定期的に日常の破戒《はかい》を反省する儀式）を行ったり、看経（お経を読んだり学んだり）したりと、いろいろな修行法があるが、ただ坐禅をもっぱらにすることが一番よい」と教えています。「只管打坐」は如浄禅師の教えであり、道元禅師はこの教えを継承しているのです。

ところで、「只管」ということについて、もう少し掘り下げてみましょう。この言葉には、「ただ」という意味合いと、「ひたすら、いちずに」という意味合いが含まれています。お念仏やお題目を唱えるときもそうですが、真剣に唱えなければならないように、坐禅も「ただ」なんとなく坐るのではなく、真剣に坐らなければならないのです。

ですから、お念仏も、お題目も、坐禅も、誰にでもできるすばらしい行なのですが、ほんとうのお念仏やお題目、ほんとうの坐禅を行うとなると、これはなかなか難しいのです。

それができるようになるには、特に僧侶《そうりよ》（修行僧）にとっては、厳しい修行も必要となるのです。

坐禅には、「厳しい坐禅」と「安楽の坐禅」がありますが、まず「厳しい坐禅」、坐禅という修行の厳しい面について、道元禅師の教えを学んでみます。

厳しい坐禅

我《わ》れ大宋天童先師《だいそうてんどうせんし》〔1〕の会下《えか》にして、この道理《どうり》を聞《きき》て後《のち》、昼夜定坐《じようざ》して、極熱極寒《ごくねつごつかん》には発病しつべしとて、諸僧暫《しばら》く放下《ほうげ》しき。我れその時、自《みずか》ら思はく、直饒《たとえ》発病して死すべくとも、猶《な》ほただこれを修《しゆ》すべし。病《や》まずして修せずんば、この身、労して[2]も何の用ぞ。病《やまい》して死なば本意なり。（中略）是《かく》の如《ごと》く案じつづけて、思ひ切りて昼夜端坐《たんざ》せしに、一切に病作《お》こらず。いま各々《おのおの》も、一向《いっこう》に思ひ切りて修してみよ、十人は十人ながら得道《とくどう》すべきなり。先師天童のすすめ、是《かく》の如し。

（二ノ十六）

［1］天童先師……天童寺の住持（住職）であった師の如浄のこと。亡くなった師匠のことを先師という。［2］労して……ねぎらう、いたわる。

〈私は大宋国の天童先師のもとで、この道理（ただひたすら坐禅を行いなさいという教え）を聞いてのち、昼夜に坐禅した。極熱極寒のときには発病してしまうだろうと言って諸僧はしばらくの間、坐禅をやめてしまったが、私はそのときに思った、「たとえ発病して死ぬようなことがあっても、ただひたすら坐禅修行をしよう。病気でもないのに修行しなかったら、この身体をいたわっていても、何の意味があるだろう。坐禅して病気になって死ぬのなら本望だ……」と。このように考えて、思い切って昼夜に端坐したが、いっさい病気にもならなかった。今、皆さんも、ひたすら、そのように思って坐禅を行じてみなさい。十人は十人ながら道を得るはずである。先師天童の勧めはこのようであ

った〉

道元禅師が中国（宋）での修行時代に、非常に厳しく自分を励まして坐禅を行って修行した様子がうかがわれます。猛暑の夏、極寒の冬には、中国のほかの修行僧たちは「病気になってしまう」と言って、しばらくの間、修行を休んだようですが、道元禅師は、病気になってもいい、たとえ死んでも本望であると思って、昼も夜も怠ることなく坐禅したというのです。

せっかくはるばる中国に修行に来た道元禅師ですから、中国での滞在は貴重な時間であり、病気でもないのに、身体をいたわって修行しないでいたのでは、中国に来た意味がないのです。それに、身体をいたわって、ほどほどの修行をして、病気にならずに中国を発《た》ったとしても、無事日本に帰れるかどうかもわからない。嵐にあって海に没するかもしれない。そんなことでは後悔しきれない。そのように考えて、昼夜にわたって、時を惜しんで坐禅に励んだのです。ところが、病気にもならず、ついには悟りを開かれたのです。

中国での坐禅修行

じつに厳しい修行です。厳しい坐禅です。同様の話はほかにもあります。

我《わ》れ大宋天童禅院《だいそうてんどうぜんいん》[1]に居《きょ》せし時、浄老《じょうろう》[2]住持《じゅうじ》の時は、宵《よい》は二更《にこう》の三点《さんてん》[3]まで坐禅《ざぜん》し、暁《あかつき》は四更《しこう》の二点三点[3]よりおきて坐禅す。長老[2]ともに僧堂裏《そうどうり》に坐《ざ》す、一夜《いちや》も闕怠《けったい》なし。その間衆僧《あいだしゅそう》多く眠《ねむ》る。長老巡《ゆ》り行きて、睡眠する僧をば、或《ある》いは拳《こぶし》を以《も》て打ち、或いはくつをぬいで打ち恥《はじ》しめ、勧《すす》めて睡《ねむ》りを覚《さ》まさしむ。（三ノ三十）

[1] 天童禅院……中国天童山景徳寺。[2] 浄老・長老……如浄禅師のこと。
[3] 二更の三点・四更の二点三点……更・点は、時刻を表した語。日暮れより夜明けまでを五分して五更とし、一更を五分して五点とし、これによって鼓と木版（鐘）を鳴らして時を知らせた。季節により異なるので時刻は定められないが、二更の三点は午後十時半ころ、四更の二点三点は午前二時前後と思われる。

〈私は宋の国の天童山の禅寺に居たとき、如浄禅師が住職をしていたときは、夜は午後十時半ごろまで坐禅し、朝は午前二時ごろから起きて坐禅した。如浄禅師も修行僧とともに坐禅堂で坐禅をし、一夜も欠かしたことがなかった。その間に修行僧たちの多くは眠っていた。如浄禅師は堂内を巡り歩いて眠っている修行僧を、拳で叩《たた》いたり、くつを脱いで打って、眠ることを恥ずかしいと思

わせ、励まして眠りをさました〉

道元禅師が中国の天童山（景徳寺）の修行道場で修行していたころの、厳しい修行の様子が知られます。朝は二時ごろから起きて坐禅し、夜の十時半ごろまで坐禅をしたというのです。睡眠も横になってとらず、「坐睡」といって顎《あご》の下につっかえ棒をし、坐禅の姿勢のまま、しばらくの時間睡眠するということもあったようです。当然、食事や排泄《はいせつ》はしたわけですが、ほとんどの時間を坐禅をして費やしたようです。睡魔とたたかいながら自分を励まして坐禅をする、という「厳しい坐禅」の様子がうかがわれます。

大慧禅師、坐禅で病気を治す

示《じ》に云《いわ》く、大慧禅師《だいえぜんじ》[1]、ある時、尻《しり》に腫物《しゆもつ》を出《いだ》す。
医師《くすし》これを見て、「大事《だいじ》の物《もの》なり」と云《い》ふ。
慧《え》、云く、「大事の物ならば死すべしや」。
医、云く、「ほとんどあやふかるべし」。
慧、云く、「若し死ぬべくは、いよいよ坐禅《ざぜん》すべし」と云ひて、猶《な》ほ強盛《ごうじよう》に坐《ざ》したりしかば、かの腫物うみつぶれて、別の事なかりき。

古人《こじん》の心、是《かく》の如《ごと》し。病《やまい》を受けてはいよいよ坐禅せしなり。今の人の病なからん、坐禅ゆるくすべからず。病は心に随《したが》ひて転ずるかと覚ゆ。世間に、しゃくりする人、虚言《そらごと》をもし、わびつべきことをも云ひつけつれば、それをわびしき事に思ひ、心に入れて陳《ちん》ぜんとするほどに、忘れて、その病止《や》まるなり。我れも当時入宋《そのかみにっそう》の時、船中にして痢病《りびょう》をせしに、悪風出来《いでき》りて船中さわぎし時、病忘れて止《や》まりぬ。これを以《も》て思ふに、学道勤学《がくどうごんがく》して他事《たじ》を忘れれば、病もおこるまじきかと覚ゆるなり。（六ノ十九）

［1］大慧禅師……大慧《だいえ》宗杲《そうこう》。臨済宗大慧派の祖。看話禅《かんなぜん》（話頭〈公案・禅問答〉を学び追究することによって悟りを目指す禅）を確立した。

〈示して言われた、大慧禅師のお尻に、あるとき、腫《は》れ物《もの》ができた。医師はこれを見て、「悪性のものである」と言った。大慧は言った、「悪性のものなら死ぬのだろうか」。医師は言った、「かなり危ないだろう」。

大慧は言った、「もし死ぬのであるならば、ますます坐禅をしよう」と言って、いっそう厳しく坐禅を行ったところ、その腫れ物はうみつぶれて何事もなかった。

古人の心はこのようである。病気になっても、ますます坐禅したのである。今の人も病気でもないのに坐禅を緩めてはならない。

病気は気持ちのもちようで変わるものであると思う。世間でも、しゃっくりする人に、嘘をついて、困らせるようなことを言いつけたりすると、それを困ったことだと思い、真剣になって言い立てているうちに、忘れて、その病（しゃっくり）は止まってしまうのである。私も、以前、宋に渡ったとき、船中で下痢をしたが、嵐になって船中が大騒ぎになったとき、病気を忘れてしまって治ってしまった。

これを思うと、学道を勤め行って、ほかのことを忘れてしまえば、病気も起こらないと思うのである〉

この話は、おそらく史実であろうと思われますが、大慧禅師は、悪性の腫瘍《しゅよう》ができて、医師に「悪性の腫瘍だから助からないだろう」と言われ、どうせ死ぬのであるならば、とますます厳しい坐禅修行を行ったところ、治ってしまったというのです。

坐禅によって、どんな病気でも治ってしまったり、よくなったりするというわけではありませんが、現代でも、このような話をよく聞きます。不思議な話ですが、人によって、場合によって、そのようなことがあるのでしょう。

病気が治ってしまったということはさておいて、ここに示される坐禅は「厳しい坐禅」です。坐禅はこのように強い意志をもって行うものであり、このような坐禅が禅僧には必要であると道元禅師は言われるのです。

それは、次に示されるように、坐禅という行が、「大事」を明らかにし、「心」とは何かを明らかにするために大切な行であるとされるからです。

学問より坐禅

一日《いちじつ》、示《じ》に云《いわ》く、我《わ》れ在宋《ざいそう》の時、禅院《ぜんいん》にして古人《こじん》の語録を見し時、ある西川《せいせん》[1]の僧の、道者《どうしや》[2]にて有《あ》りしが、我れに問うて云く、「何《なに》の用《よう》[3]ぞ」。

答へて云く、「古人の行履《あんり》[4]を知らん」。

僧云く、「何の用ぞ」。

云く、「郷里《きようり》に帰りて人を化《け》せん」。

僧云く、「何の用ぞ」。

云く、「利生《りしよう》[5]の為《ため》なり」。

僧云く、「畢竟《ひつきよう》じて何の用ぞ」。

予《よ》、後《のち》にこの理《ことわり》を案ずるに、語録・公案《こうあん》[6]等《とう》を見て、古人の行履をも知り、或《ある》いは迷者《めいじや》の為に説き聞かしめん、皆これ自行化他《じぎようけた》の為に無用なり。只管打坐《しかんたざ》して大事[7]を明《あき》らめ、心《しん》の理を明らめなば、後《のち》には一字《いちじ》を知らずとも、他に開示せんに、用ひ尽くすべからず。故《ゆえ》に彼《か》の僧、畢竟じて何の用ぞとは云ひけると、これ真実の道理なりと思うて、その後《のち》、語録等を見る事をとどめて、一向《いつこう》に打坐して大事を明らめ得《え》たり。　（三ノ十五）

[1] 西川……中国四川《しせん》省西部。[2] 道者……道心のある者。まじめに道を求める人。[3] 何の用ぞ……どうしようとするのか。何の意味があるのか。[4] 行履……一切の行為。ここでは、古人の行実のこと。[5] 利生……衆生《しゆじよう》に利益を与えること。[6] 公案……古人の言行。古人の修行の様子や悟りの言葉。これを模範として後人が悟りの手がかりとするために学ぶ。話頭も同じ。[7] 大事……「一生参学の大事」のこと。仏教の極意、仏道の真意。人生の根本問題。

〈ある日、示して言われた、私が宋の国（中国）にいたとき、禅院で古人の語録を見ていたとき、ある四川省出身の僧で、まじめな僧が、私に質問して言った、「語録を見て何の役に立つのですか？」。

答えて言った、「昔の禅師たちの行いを知るためです」。

僧は言った、「それが何の役に立つのですか？」。

答えて言った、「郷里（日本）に帰って、人々を教え導くためです」。

僧は言った、「それが何の役に立つのですか？」。

答えて言った、「衆生（人々）に利益を与えるためです」。

僧は言った、「結局それが何の役に立つのですか？」。

私は、後に、この会話の道理を考えたが、語録や公案などを見て、古人の行いや教えを知ったり、また迷っている者のために説いて聞かせることは、みな自分の修行のためにも、相手を導くためにも無用である。ただひたすら坐禅に打ち込むことによって仏道の真意を明らかにし、心の道理（自分とは何か、自分の心とは何か）を明らかにしたならば、その後は経典や語録の一文字も知らなくても、他人に説き示すのに言葉を用い尽くせない（自由自在に説き示すことができる）であろう。だからあの僧は、「結局それが何の役に立つのですか」と言ったのだと、これは真実の道理であると思って、その後は語録などを見る

ことをやめて、ひたすら坐禅して仏道の真意を明らかにすることができたのである〉

道元禅師が、中国で修行中、ある禅院で昔の禅師たちの語録を見て勉強していたときの話です。四川省出身の僧侶から「語録を勉強して何になるのか」と質問されて、道元禅師は、「昔の禅師たちの行いを知るため」とか「日本に帰って人々を導くため」とか答えるのですが、「結局何になるのか」と質問されて、言葉を失うのです。

知識として学ぶということは確かに大切ですが、そこに何が書かれているかといえば、昔の仏や祖師（高僧たち）が行った修行の様子や、実際の修行生活の中での言葉のやり取りです。それを勉強すれば、「なるほど」と思いますが、それを知って感心しただけではだめなのです。自分がそれを実践して、自分自身のものにすることが大切です。もし、自分自身で実践し、体験し、体得することができれば、昔の人の言葉を借りなくても、いくらでも語れるはずなのです。

そして、日本に帰って、日本の修行者に、いくら昔の人の業績や言葉を伝えることができても、やはりその修行者自身が、それに基づいて自ら実践・修行し、その悟りを追体験することがなかったならば、それは生きた仏教にはなりません。

昔の人の素晴らしい言葉を学ぶだけではだめであり、その言葉が発せられる源にあるもの――仏教でいえば悟りということになりますが――それをしっかりと自分のものにしなければ、その言葉の真意をつかむことはできないのでしょう。

学ぶことも修行の一つですが、学んだことを実践すること、それこそが重要であるということに気づき、その後はもっぱら坐禅をして、仏道の極意を明らかにすることができたと、道元禅師は言われるのです。

私たちも、形だけ習って、知識だけ得ても、それがほんとうに自分のものになっていなかったら、応用がきかず、予期せぬ出来事や、思いがけない問いかけに窮してしまうものです。

もちろん、マニュアルをきちんと覚えて、それに沿って行うことは、社会においては必要なことであり、意義あることですが、マニュアルどおりにいかないのが人生です。そんなとき、そのマニュアルの基本となるものをつかんでおくことが実に大切なのです。

例えば、茶道もそうです。お茶の作法にしても、事細かに作法が決められています。一つの茶室で、完璧《かんぺき》に作法を覚えても、広さや造りの違う別の茶室に行ったときに、戸惑ってしまうようでは、ほんものの茶人ではありません。また、茶道において最も大切なことは、作法そのものにあるのではなく、いかに心を込めて接待するか、いかに客人の心を和ませるか、それが、お茶の道の極意であり、その極意から出てきたのが作法であると聞きます。

その極意を得たときに、けっして決まった作法にかなわなくても、その極意から生まれた自由自在な対応ができれば、そして相手に安らぎを与えることができれば、それが真の茶人であり、お茶の道であると思うのです。それは、どの道、同じはずです。

道元禅師が、「いくら語録や公案などを見て、古人の行われたことを知っても、それは知識にすぎない。自分がもっぱら坐禅・修行して、仏法を自ら究明して、肝心要のことを明らかにしさえすれば、その後には語録の一文字も知らなくても、人に教え示すのに、用い尽くすことはないはずだ」といわれているのは、そのことだと思われます。

実際、中国の禅僧の習慣や言葉を一生懸命習ってみても、日本では習慣も文化も違い、すべてが当てはまるわけではありません。であれば、なおさら、仏の道とは何か、この自分自身とは何者なのかという、仏教の根元的な問題を、自ら明らかにし、ほんとうに自分のものとすることが大切であったわけです。そして道元禅師は、坐禅の修行によって、それを自分自身のものとされたのです。

「大事」を明らかにするというのは、仏の道を歩むことの意味を明らかにすることであると私は受け取っておりますが、そのために厳しい坐禅に励んだのであると思われます。そして、「大事」を明らかにしてのち、そこで坐禅をやめるのではなく、如浄禅師も道元禅師も、ますます坐禅に親しまれたのです。そこにおいて説かれるのが、のちほどお話しする「安楽の坐禅」です。

悟りを開くのは坐禅の力

ところで、臨済宗と曹洞宗、どちらの宗派も坐禅をしますし、禅の語録などを勉強して、先人の教えを学ぶということもします。

しかし、臨済宗では、昔の禅師方の話頭《わとう》（古人の修行の様子や悟りの言葉）を看《み》て（学んで）、着実に自己の境界を深め、悟り（見性《けんしょう》）を目指すという修行方法を用いています。これは、中国にさかのぼりますと、「看話禅《かんなぜん》」の禅風の流れを汲《く》むものであると言えます。

それに対して曹洞宗は、話頭に参じるということをあまりせず、とにかく只管打坐で、ひたすら坐禅を行います。そこに悟りが現れるとします。

次の説示には、「打坐」と「看話」という語が出てきますが、「打坐」は曹洞宗の只管打坐の禅風、看話は臨済宗の看話禅の禅風ということになります。

示《じ》に云《いわ》く、学道《がくどう》の最要《さいよう》は坐禅《ざぜん》これ第一なり。大宋《だいそう》の人、多く得道《とくどう》すること、みな坐禅の力なり。一文不通《いちもんふつう》にて無才愚鈍《むさいぐどん》の人も、坐禅を専《もっぱ》らにすれば、多年の久学《くがく》聡明《そうみょう》の人にも勝《すぐ》れて出来《しゅつらい》する。然《しか》れば学人《がくにん》、祇管打坐《しかんたざ》して他を管《かん》することなかれ。仏祖《ぶっそ》の道《どう》はただ坐禅なり。他事《たじ》に順ずべからず。
弉《じよう》問うて云く、打坐と看話《かんな》とならべてこれを学《がく》するに、語録・公案《こうあん》[1]等《とう》を見るには、百千に一つは、いささか心得られざるかと覚ゆる事も出《い》で来《きた》る。坐禅はそれほどの事もなし。然れども猶《な》ほ坐禅を好むべきか。
示に云く、公案話頭《わとう》を見て聊《いささ》か知覚《ちかく》あるやうなりとも、それは仏祖の道にとほざかる因縁なり。無所得《むしょとく》、無所悟《むしょご》にて、端坐《たんざ》して時を移さば、即《すなわ》ち祖道《そどう》なるべし。古人《こじん》も看話・祇管坐禅ともに進めたれども、猶ほ坐《ざ》をば専ら勧めしなり。また話頭を以《も》て悟《さとり》をひらきたる人有《あ》りとも、それも坐の功《こう》によりて悟の開《ひら》くる因縁なり。まさしき功は坐にあるべし。

（六ノ二十七）

［1］公案……古人の言行。古人の修行の様子や悟りの言葉。これを模範として後人が悟りの手がかりとするために学ぶ。話頭も同じ。

〈示して言われた、学道において最も重要なことは坐禅が第一である。大宋国（中国）の人が、数多く得道した（悟りを開いた）のも、みな坐禅の力である。お経の文句を一言も知らず才能のない愚鈍の人も、坐禅をもっぱらすれば、長年仏教を学んできた聡明《そうめい》な人よりも勝れた者も出てくる。そうであるから、学人は、ただひたすら坐って、ほかのことにかかわってはいけない。仏祖の道はただ坐禅である。ほかのことに従ってはならない。

懐奘《えじょう》（私）が質問して言った、「打坐」と「看話」と両方を学んでみると、語録や公案を見るのには、百千に一つは、少しばかりは理解できるだろうと思えることも出てきました。坐禅はそれほどのこともありません。それでもなお坐禅を好むべきなのでしょうか。

示して言われた、公案や話頭を見て少しばかりわかったようなつもりになっても、それは仏の道から遠ざかる原因となる。所得を求めず、悟りを求めないで、ただ坐禅して時を過ごすことが、そのまま祖師たちの道なのである。古人も、語録を見ることと、ただ坐禅することをともに進めているが、やはり坐ることのほうをもっぱら勧めている。また、話頭でもって悟りを開いた人もあるが、それも実は坐った功徳によって、悟りを開く因縁となったのである。ほんとうの功徳は坐ることにあるのである〉

ここでの懐奘の質問は、正直なところを述べたのだと思われます。公案を見ていると、少しはわかったような気がしますし、張り合いがあるのです。しかし坐禅は、いくら坐禅してもそういう実感がありません。張り合いがありません。ほんとうに坐禅だけしていればよいのでしょうか、というのであります。

それに対しての道元禅師の答えは、公案を見てわかったような気がするのも、実は公案のおかげではなく、日ごろの坐禅の成果であるというのです。ほんとうの成果は坐禅にあるというのです。

道元禅師は、『弁道話《べんどうわ》』において、坐禅の功徳を言葉を尽くして賛歎《さんたん》されていますが、その最後に、

しるべし、たとひ十方無量恒河沙数《じっぽうむりょうごうがしゃしゅ》の諸仏《しょぶつ》、ともにちからをはげまして、仏智慧《ぶっちえ》をもて、一人坐禅《いちにんざぜん》の功徳《くどく》をはかり、しりきはめんとすといふとも、あへてほとりをうることあらじ。

と示されています。坐禅の功徳は、無量の諸仏が力を合わせて、仏の智慧をもって、一人の坐禅の功徳をはかり、知り尽くそうと思っても、そのすべてを知り尽くすことはできないといわれるのです。

ほんとうに、坐禅にはそれほどの功徳があるのか。次に、この坐禅の功徳は何かということを含めて、「安楽の坐禅」について学んでみます。

安楽の坐禅

先ほどは、道元禅師が中国（宋《そう》）での修行時代に、夏の非常に暑いときも、厳しい寒さの冬も、修行を怠ることなく、「たとえ坐禅の修行によって病気になって命を失ったとしても、それは本望である」という意気込みで、命がけで坐禅をして、そして悟りを開かれたという話をいたしました。

また、中国宋代の大慧宗杲《だいえそうこう》という禅師は、お尻に悪性の腫瘍《しゅよう》ができて、医師に「悪性の腫瘍だから助からないだろう」と言われて、どうせ死ぬのならと、ますます厳しい坐禅修行を行ったところ、治ってしまったという話もしました。

また、第五章「報いを求めず」でお話ししたように、何か代償を求めて修行をすることはいけないのですが、しかしながら、修行するうえで、このくらいの意気込みがないと、悟りを得ることはできないとも言えるのです。

ところで、このような非常に厳しい坐禅修行によって悟りを開かれた道元禅師ですが、人々に坐禅を勧める中で、次のように示されています。

いはゆる坐禅《ざぜん》は習禅《しゅうぜん》[1]には非《あら》ず。唯是《ただこ》れ安楽《あんらく》の法門《ほうもん》[2]なり。

（『普勧坐禅儀《ふかんざぜんぎ》[3]』）

［1］習禅……種々の観念を修《しゅ》しながら学習する禅。悟るために坐禅を行《ぎょう》ずる禅。［2］安楽の法門……苦行ではなく、心安らかな、仏法《ぶっぽう》への通入の門。ここでは悟りの行としての坐禅をいう。［3］『普勧坐禅儀』……道元禅師が中国から帰国した安貞元年（一二二七）に、正伝《しょうでん》の仏法における坐禅を広く一般に勧めるために、坐禅の意義と作法を中心に選述したもの。

〈いわゆる正伝の仏法における坐禅は習禅ではない。ただこれは安楽の法門である〉

これは、道元禅師が中国から帰国してすぐに著した『普勧坐禅儀』の一節です。道元禅師は、あまねく人々に坐禅の行を勧めたのですが、その大きな特徴は、「習禅」（悟りを目的とした修行としての坐禅）ではなく、「安楽の法門」（悟りをありのままに現す坐禅）でした。

当時、坐禅というと、一般的には悟りを得ることを目的とした修行であり、その一つの方法であると思われていました。道元禅師は、あまねく人々に坐禅を勧めるにあたり、そのような誤解をまず正さなければならなかったのです。なぜなら、自ら中国に渡り、如浄《にょじょう》禅師より伝えられた正伝の仏法における坐禅はそうではなかったからです。

坐禅は悟りを得るための苦行ではなく、安楽の行であり、さらに言えば悟りの行であり、仏の行であったのです。

坐禅とは精神を鍛えるための苦行であると思っている人が多いようですが、そうではありません。会社の新入社員研修会とか、学生の合宿などで、忍耐力や集中力や結束力を高めるために、坐禅の修行が取り入れられ、まるでガマン大会のような坐禅が行われることがあります。確かに足は痛いですし、期待するような効果がないことはないのですが、本来の坐禅は、そのようなことを目的にして行うものではありません。坐禅というのは、苦しい修行ではなく、安楽の修行である、それが道元禅師の勧める坐禅です。

また、坐禅というのは、悟りという目的を達成するための手段ではなく、坐禅をしているところに、すでに目的が達成されていると言われます。つまり、坐禅をするというそのこと自体が安楽の行であり、悟りのあり方がそこに現れているとされるのです。

ただし、ここで説かれる「安楽の法門」の意味は、必ずしも文字どおりに単純に「安らかで楽な坐禅」という意味ではありません。坐禅をしているそのあり方が、煩悩や妄想を離れ、さまざまな苦悩から解放され、そこにあらゆる功徳《くどく》が満たされている、そのような意味で「安楽の法門」であるというのです。

坐禅《ざぜん》の時、何《いず》れの戒《かい》か持《たも》たれざる、何れの功徳《くどく》か来《きた》らざる。（二ノ一）

〈坐禅をしているときには、保たれていない戒があるであろうか。得られない功徳があるであろうか〉

坐禅をしているときには、保ち守っていない戒はなく、具《そな》わっていない功徳はないといわれます。

ところで、道元禅師は、僧侶《そうりょ》が守るべき戒として「十六条戒《じょうかい》」を示されています。「三帰戒《さんきかい》」と「三聚浄戒《さんじゅじょうかい》」と「十重禁戒《じゅうじゅうきんかい》」で、合わせて十六になります。

十六条戒（仏祖正伝菩薩《ぼさつ》戒）

三帰戒《さんきかい》……三つの根本的なきまり

仏（仏教を開いた釈尊《しゃくそん》）に帰依《きえ》する。

法（仏の説法や戒律）に帰依する。

僧（教えの信奉者・実践者）に帰依する。

三聚浄戒《さんじゅじょうかい》（三聚　清浄《しょうじょう》戒）……三つの清らかなきまり
摂律儀戒《しょうりつぎかい》……一切の悪・不善を行わない（防非止悪《ぼうひしあく》）。
摂善法戒《しょうぜんぽうかい》……一切の善福を行う。
摂衆生戒《しょうしゅじょうかい》……衆生を救済利益《りやく》する。
十重禁戒《じゅうじゅうきんかい》……（犯せば罪が重い）十か条の具体的なきまり
不殺生戒《ふせっしょうかい》……殺さない。
不偸盗《ふちゅうとう》戒……盗まない。
不婬欲《ふいんよく》戒……淫欲《いんよく》を起こさない。
不妄語《ふもうご》戒……嘘をつかない。間違ったことを言わない。
不酤酒《ふこしゅ》戒……酒を売ったり買ったりしない。
不説過《ふせっか》戒……過《あやま》ちを説かない。他人の間違いや欠点を言わない。
不自讃毀他《ふじさんきた》戒……自慢したり他人を毀《そし》ったりしない。
不慳法財《ふけんほうざい》戒……法財を惜しまない。物心両面にわたり施すことを惜しまない。
不瞋恚《ふしんに》戒……怒らない。
不謗三宝《ふぼうさんぼう》戒……三宝を謗《そし》らない。

これらが、道元禅師が説かれる、僧侶が守るべきであるとされる戒ですが、坐禅を行じているときには、これらは保たれている、守られているというのです。

確かに、じっと、ただ黙々と坐禅をしているときには、これらの戒は守られていると言えます。必ずしもすべてが積極的に守られているわけではないとしても、坐禅を行じているときには、戒を破り、犯していることはないのです。

悟りは心で得るのか、身体で得るのか

物質的・外面的な豊かさや幸福を追い求めてきた近・現代をふり返れば、多くの人々がそれらを獲得してきた一方で、精神的なもの、内面的なもの、つまり「こころ」の豊かさや幸福がかえって失われてきたのではないかと思います。再び「こころ」の豊かさを取り戻したいものです。

しかし、その「こころ」は、物質的・外面的な物と相対《あい》する関係にあるものではなく、「こころ」の豊かさを取り戻すことと、物質的・外面的な豊かさを得ることとは、無関係にあるのではないということも言えましょう。

ところで、道元禅師は、その「こころ」は、実は「からだ」や「かたち」と大いにかかわっていると説かれています。いや、むしろ「こころ」より「からだ」や「かたち」のほうが大切であり、まずは「からだ」や「かたち」をととのえることの重要性を説かれています。

また云《いわ》く、得道《とくどう》[1]の事は、心《こころ》をもて得《う》るか、身《み》を以《も》て得るか。教家《きようけ》[2]等《とう》にも「身心《しんじん》一如《いちによ》[3]」と云《い》ひて、「身を以て得る」とは云へども、猶《な》ほ「一如の故《ゆえ》に」と云ふ。正《まさ》しく身の得る事はたしかならず。今我《わ》が家《いえ》は、身心倶《とも》に得るなり。その中に、心をもて仏法を計校《けきよう》[4]する間は、万劫千生《まんごうせんしよう》[5]にも得べからず。心を放下《ほうげ》して、知見《ちけん》解会《げえ》[6]を捨つる時、得るなり。見色明心《けんしきみようしん》[7]、聞声悟道《もんしようごどう》[8]のごときも、猶ほ身を得るなり。

然《しか》れば、心の念慮知見《ねんりよちけん》を一向《いつこう》すてて、只管打坐《しかんたざ》[9]すれば、今少し道《どう》は親しく得るなり。然れば道を得ることは、正《まさ》しく身を以て得るなり。これによりて坐《ざ》を専《もつぱ》らにすべしと覚ゆるなり。　（三ノ三十一）

[1] 得道……悟りを得ること。[2] 教家……教相家の略。仏教の教義を種々に分類整理して、仏教を言葉によって説明し、理解しようとする仏教者たちのこと。実践によって仏教を体得する禅家（禅宗）とは相対《あい》するものとして用いられる。[3] 身心一如……身体（肉体）と心（精神）とは一体であるという意。[4] 計校……計り比べること。あれこれと考え、推し量ること。[5] 万劫千生……万劫も千生も限りなく永い時間のことをいう。[6] 知見解会……知的に

理解すること。頭であれこれ考え、思案すること。念慮知見も同じ。［7］見色明心……霊雲志勤《れいうんしごん》（生没年不詳）が桃花を見て悟った故事。霊雲が三十年間修行をしてきて、ある日、桃の花が咲いているのを一見して悟りを得たという話をさす。［8］聞声悟道……香厳智閑《きょうげんちかん》（?～八九八）が撃竹の声（音）を聞いて悟った故事。香厳がある日、道を掃除していたとき、たまたま礫《つぶて》が飛んで竹を撃ち、その響きを聞いて悟りを得たという話をさす。［9］只管打坐……ただひたすら坐禅すること。

〈また言われた、悟りを得ることは心で得るのか、身《からだ》で得るのか。教家などでも「身と心は一つである」と言って、「身でもって得る」とは言っているが、それは「身と心が一つであるから」と言っている。まさしく身で得るのだということは確かではない。今、われわれの教えでは、身と心と両方でもって得るのである。その中で、心でもって仏法を推し量っている間は、非常に永い時間修行を行っても得ることができない。心を放ち忘れて、知的に理解することをやめたとき、得ることができるのである。霊雲志勤が桃の花を見て心を明らかにしたことも、香厳智閑が竹に当たった小石の音を聞いて悟りを開いたのも、身でもって得たのである。

そうであるから、心で思慮したり、知的に理解したりすることをすべて捨てて、只管打坐すれば、もう少し仏道は親密になって得ることができるのである。だから、道を得ることは、まさしく身でもって得るのである。このようなわけで、坐禅を専らにしなければならないと思うのである〉

悟りを得るというのは、いったい、心で得るのか、身体で得るのか。

道元禅師は、「正しい仏法では、身体と心が一緒に道を得るのである」としながらも、身体で得ることをより強調されています。心で仏法を推し量っている間は、無限に永い時間生まれ変わっても、道は得られないと言われます。心を投げ捨て、知的理解をやめ、身体で坐禅を行じたときに得られるのであるというのです。

まずは、身体をととのえて坐禅をすること、それが大切であるとされます。

よく、「かたちなどは関係ない、こころこそ大切だ」とか、「外見ではなく内容が問題だ」ということが言われます。確かに「こころ」や内面が大切であることは言うまでもありません。しかし、それは「かたち」や「外見」をととのえる必要がない、ということではないと思われます。「かたち」をととのえることによって「こころ」がととのい、姿勢を正すことによって気持ちもまっすぐになるものです。

道元禅師は、むしろ「かたち」や「からだ」や「姿勢」こそ大切であると説かれています。

「さとり」とは何か

さて、先ほど、霊雲志勤が桃の花を見て明心（心を明らかにすること、悟りと同じ）した話や、香厳智閑が竹に当たった小石の音を聞いて悟りを開いたという話が出てきました。

おそらく読者の中には、このような「悟り」というものはいったい何なのか、と「悟り」ということに興味をもち、そのようなすばらしい心境があるなら、ぜひ悟ってみたいものだと憧《あこが》れる人もいると思います。あるいは逆に、疑惑の思いをもち、うさんくささを感じ、退《ひ》いてしまう人、そういう世界とはかかわりたくないと思う人もいるかもしれません。

そこで、〝さとり〟ということについて、私なりの説明をさせていただきますが、まず、〝さとり〟には「悟《さと》り」と書く〝さとり〟と、「証《さと》り」と書く〝さとり〟の二通りの〝さとり〟があると言えます。これについては後で説明しますが、この〝さとり〟というのは、決してうさんくさいものではありませんし、理解の及ばないものでもありませんし、誰にもありえるものであり、よりよく生きるために必要であるものとも言えるのです。

〝さとり〟についてはいろいろな説明ができますが、簡単に言えば、煩悩や渇愛（過度な欲望）がなくなった状態を言います。そして、そのような状態に導く力、つまり、物事（環境）をありのままに受け取って心を動かされないあり方、すなわち、煩悩や渇愛を起こすことがないあり方、そのようなあり方ができる力、ということができます。

私たちは、五官によって、目で色（あらゆる物質）を見、耳で声（や音）を聞き、鼻で香り（臭い）を嗅《か》ぎ、舌で味を味わい、身（皮膚）で触れて（感じて）、さまざまな環境世界を認識して生活しています。これらはすばらしい働きなのですが、反面、これらの働きが、さまざまな煩悩や欲望を起こさせ、貪《むさぼ》りや瞋《いか》りや愚《ぐ》癡《ち》の心を生じさせて、苦しみや悩みを引き起こすのです。

〝さとり〟というのは、五官の「正」（プラス）なる部分、つまり五官のすばらしい働きをありのままに働かせて、「負」（マイナス）なる部分、つまり煩悩や欲望や苦悩を引き起こさない状態をいうのです。環境をありのままに純粋に、見たり（視覚）、聞いたり（聴覚）、感覚したり（臭覚・味覚・触覚）、慮知《りょち》（知覚）したりして、それらを煩悩や欲望の方向に向かわせない力を言います。

そして、〝さとり〟には、このような状態を「得る」ということ（体験的な、一時的なもの）と、このような状態に「ある」ということ（修行が〝さとり〟であるとするもの）と、その両方のあり方があるので、前者を「悟り」あるいは「覚《さと》り」と書き、後者を「証《さと》り」と書いて区別することもあります。道元禅師の場合も、この両方が示されていますので、混同すると、混乱してしまいます。

以下、読者の皆さんも、混乱しないでいただきたいのですが、まず、「悟り」というのは、知識によって得られるものではありません。いくら知識を積んでも、仏教を知的に学んでも、「悟り」を得ることはできません。なぜなら、「悟り」というのは、さきにも述べたように、物事をありのままに見聞覚知《けんもんかくち》して、それらに心を動かされることのない力を得ることを言うからです。これにはやはり経験（実践）が必要です。五官によって環境をありのままに純粋に見聞覚知して、煩悩や渇愛を起こさない力を得るためには、第九章の「玉、磨かざれば光らず」でもお話しするように、それなりの修行が必要なのです。苦しみを忍び、寒さや暑さに耐え、悩み嘆きながら、強いて修行に励み、己事究明《こじきゅうめい》（自己をしっかり見つめて、究め明らかに）することが必要であり、その修行の結果として、「悟り」が得られるのです。

さきの引用にあった、見色明心した霊雲志勤の話（霊雲が三十年間修行をしてきて、ある日、桃の花が咲いているのを一見して悟りを得たという話）や、聞声悟道した香厳智閑の話（香厳がある日、道を掃除していたとき、たまたま礫《つぶて》が飛んで竹を撃ち、その響きを聞いて悟りを得たという話）は、まさにこの「悟り」を得た話です。これらの「悟り」は、いくら知識を学んでも得られるものではなく、実践や体験によって得られるものです。

それでは、そのような「悟り」が得られたなら、それが究極のあり方かというと、決してそうではありません。見聞覚知に振りまわされず、何事にも動ずることのない力が得られたとしても、「そこで具体的にどう生きるか」が大切なのです。「悟り」を得て、それを誇り、自由奔放に傍若無人な振る舞いをし、それを〝さとり〟であるとする誤った禅僧もいます。道元禅師が最も嫌う禅僧たちです。それは真の禅僧ではないのです。

「悟り」を得て、そこからどう生きるのか。結論を言えば、仏の教えに随《したが》って、仏の道を生きるということにならなければいけません。そのためには、仏の教えとは何かを学ぶことが必要ですし、仏の道とは何なのかを知っていなければなりません。

そこにおいて、「悟り」ではない、もう一方の「証り」ということがあるのです。「証り」は、「悟り」を得て、その状態を仏の教えに随って、仏の道の中に現し続けていくということです。物事（環境）をありのままに受け取って心を動かされない状態、煩悩や渇愛を起こすことがないあり方を、仏道修行において現していくのです。それを「修証一等《しゅしょういっとう》」（修行と証りは一つである）と言うのです。

「悟り」を得る前でも、仏の教えに随って、仏の道を生きていれば、「修証一等」なのです。「悟り」を得た後も、仏の教えに随い、仏の道を生きて、「修証一等」を実践していかなくてはなりません。

坐禅というのは、まさに「修証一等」の行《ぎょう》であり、「証り」という状態にあるのです。

まずは身体をととのえる

衲子ノ坐禅ハ、直ニ須ク端身正坐ヲ為レ先ト。然後調エルニレ息ヲ致スレ心ヲ。
（『永平広録《えいへいこうろく》』[1]巻五、第三九〇上堂《じょうどう》）

衲子《のっす》の坐禅《ざぜん》は、直《じき》に須《すべか》らく端身正坐《たんしんしょうざ》[2]を先《さき》と為《す》べし。然《しか》る後《のち》、息《いき》を調《ととの》へる[3]に心を致《いた》す。

[1]『永平広録』……道元禅師ご一代の語録（上堂《じょうどう》・小参《しょうさん》・法語《ほうご》・頌古《じゅこ》）を弟子の詮慧《せんね》・懐奘《えじょう》・義演《ぎえん》らが編集したもの。[2] 端身正坐……正身端坐《しょうしんたんざ》ともいう。姿勢をととのえて正しく坐《すわ》ること。[3] 息を調える……呼吸をととのえること。

〈禅僧の坐禅は、必ず姿勢をととのえて正しく坐ることを第一にしなければならない。その後に、息をととのえることに心を向けるのである〉

一番大切であるのが、まず身体をととのえる、姿勢をととのえるということです。その後に呼吸をととのえることに心を用いるのです。そうすると自然に心もととのってきます。よく、「健全なる精神は、健全なる肉体に宿る」などと言いますが、身体と心は、分けられるものではありませんけれども、まずは身体を正しく保つということが、大切なのです。

喩《たと》えが適切かわかりませんが、罪を犯した青少年が、更生のための施設に入り、規則正しい生活の中で、しだいに平静な心を取り戻すということがあります。生活環境が心のあり方と密接にかかわっているからだと思われます。逆に、せっかく更生しても、以前の環境や乱れた生活に戻ってしまうと、また心が乱れ、犯罪を繰り返してしまうということなどもあります。生活のあり方や環境が、よくも悪くも、心に大きく影響を与えているからです。

また、心に病をもった人が、療養施設に入り、規則正しい生活や、適切な食生活の中で、しだいに心の病も改善されていくということもあります。身体と心は密接にかかわり、また私たちと環境とは切り離せないものですので、清く、穏やかな心をもつためにも、身体をととのえ、よりよい環境を保つことが大切であると言えます。

甎《かわら》を磨いて鏡にする

道元禅師の坐禅を語るときに、よく「磨《ま》甎《せん》作鏡《さきょう》」という喩え話をします。ここでいう甎というのは、屋根瓦《やねがわら》ではなく「しきがわら」のことで、敷石などにする平らな石のことをさします。つまり、「磨甎」（甎《かわら》を磨く）というのは、平たい石を磨くことです。そして「作鏡」（鏡と作《な》す）というのは、鏡を作るという意味です。よって「磨甎作鏡」とは、平たい石を磨いて鏡を作ることを言います。

ところで、通常の考えでは、平たい石をいくら磨いても、決して鏡にはなりません。いくら平たい石でも、人間の手で磨いた程度では、姿を映す鏡には到底なりません。しかし、道元禅師は、甎を磨けば鏡になるのだと言います。甎を磨いて鏡にしなければならないと言います。この喩えは、何を意味しているのでしょう。

甎《かわら》のちりあるにはあらず、ただ甎なるを磨《ま》甎《せん》するなり。このところに、作鏡《さきょう》の功《く》徳《どく》の現成《げんじょう》する、すなはち仏祖《ぶっそ》の功夫《くふう》なり。磨甎もし作鏡せずば、磨鏡も作鏡すべからざるなり。たれかはかることあらん、この作《さ》に作仏《さぶつ》あり、作鏡あることを。

（『正法眼蔵』「古鏡《こきょう》」）

〈甎に塵《ちり》がついているのではない。ただ甎を甎のままに磨くのである。ここにこそ鏡が鏡となる功徳が現れる。これが仏祖の精進《しょうじん》である。もし、甎を磨いて鏡にならないというなら、鏡を磨いても鏡にはならない。誰が知っているだろうか、この「作《す》る」（磨く）ということが「仏になる」ことであり、「鏡となる」ということであることを〉

常識的に考えれば、いくら甎を磨いても鏡にはなりません。しかし道元禅師は甎を磨けば鏡になるというのです。それはどういうことかというと、とにかく甎を磨くこと、甎を一所懸命磨いてすばらしい甎にすること、それが甎を磨いて鏡にするということなのであると言われるのです。

甎を磨いて、立派な甎にする、それが、甎が甎のままでありながら、鏡になるということだというのです。道元禅師にとって、甎を磨いてどうするのかということは、むしろ問題ではなく、「磨く」というその行為を重んじたのです。

この甎と鏡の話が、いったい何を喩えているのかというと、修行や坐禅のあり方を示しているのです。修行してどうするのかではなく、修行そのことが重要であったのです。坐禅して何になるのかではなく、坐禅という行為そのものを重んじるのです。

そこに悟りを求めないのです。とはいえ、道元禅師は悟りを否定しているのではありません。悟りを超えたものを説いていると言えましょうか。いかなる目的ももたずに「ただ坐る」、それが道元禅師が人々に勧めた坐禅です。

「私」が「坐禅」をして「仏」になるのではありません。「私」がただ「私」になること、「私」がほんとうの「私」になること、それが坐禅であると言えます。甎は甎でいいのです。鏡は鏡でいいのです。私は私でいいのです。そこに何の優劣もありません。何の優劣もないのが仏の世界であり、そのことを悟ったとき、それが悟りであり、あるがままを行ずること、それが悟りの行であるというのでしょう。人間が人間であることをあるがままに現す行、坐禅とはそのようなものであるということです。

甎を磨くというのは、人間が人間であることをあるがままに表現することであり、磨くということは、エゴを捨てて本来の自分自身に立ち戻ることです。

また、道元禅師は次のように示しています。

坐《ざ》はすなはち仏行《ぶつぎょう》なり。坐は即《すなわ》ち不為《ふい》なり。これ即ち自己の正体《しょうたい》なり、この外《ほか》別に仏法《ぶっぽう》の求むべきなきなり。

(三ノ二十八)

〈坐禅はそのまま仏行である。坐禅は不為（作為《さくい》を離れた行為）であって、何かのためにするのではない。これが自己の正体そのものであり、このほか別に仏法が求めるものはないのである〉

坐禅は仏が行う修行であり、仏になることを目的として行うのではなく、何かを求めてするものではなく、自己の正体（＝仏）をそのまま現す行が坐禅であると言われるのです。仏法においてはそれ以外に別に何か求める必要はないと示されるのです。不為とは、作為を離れた行為ということです。作為を離れた行為である坐禅を、道元禅師は「自己の正体」というのです。

坐禅の仕方

さて、それでは、「自己の正体」をそのまま行ずる坐禅とは具体的にどのように行うものなのか、道元禅師の書かれた『普勧坐禅儀《ふかんざぜんぎ》』によって解説いたしましょう。

夫《そ》れ参禅《さんぜん》は、静室宜《じょうしつよろ》しく、飲食節《おんじきせつ》あり。諸縁《しょえん》を放捨《ほうしゃ》し、万事を休息して、善悪を思はず、是非《ぜひ》を管《かん》すること莫《なか》れ。心意識《しんいしき》[1]の運転《うんてん》を停《や》め、念想観《ねんそうかん》[2]の測量《しきりょう》を止《や》めて、作仏《さぶつ》を図《はか》ること莫《なか》れ。豈坐臥《あにざが》[3]に拘《かか》はらんや。

（『普勧坐禅儀』）

［1］心意識……心の働きのこと。思慮分別の心。唯識説《ゆいしき》では、心は第八阿頼耶《あらや》識《しき》、意は第七末那識《まなしき》、識は前六識として区別する。［2］念想観……心の中で諸種の観念をすること。四念処《しねんじょ》、九想《くそう》、五停心《ごじょうしん》などの精神活動のことをいう。［3］坐臥……日常生活の四種の起居動作である四威儀《いいぎ》（行・住・坐・臥）を略していう。坐は坐ること、臥は横になること。「豈坐臥に拘わらんや」とは、只《し》管打坐《かんたざ》の「坐禅」が日常生活において坐したり臥したりする行為とは同様ではないことを言ったものか。

〈坐禅をするには、静かな部屋がよい。飲食も、食べ過ぎたり、逆に空腹であってもいけない。心を乱すようなかかわり事を投げ出し、すべての事をやめ、善悪を思わず、是非（正邪）を考えてはいけない。心を働かせることをやめ、種々の観念をすることなく、仏になろうと思ってもいけない。そのような坐禅であるからどうして日常の坐臥とかかわろうか〉

坐禅を行う場合のよい環境、その心得を示しています。坐禅のときは、私たちの身体が非常に敏感になります。身体がととのい、息がととのい、心がととのうことによって、身体の感覚作用がより生き生きとはたらくからであると言われます。坐禅はよく独楽《こま》が勢いよく回っている状態に喩えられます。最も勢いよく回転する独楽は、静止して見えますが、止まっているのではありません。坐禅の姿勢が静止しているように見えても、身心は活発にはたらいているのです。おのずと感覚作用も敏感になっています。

だから、静かな部屋でないといけません。明るすぎたり暗すぎたり、強い臭気が漂っていたり、極端に暑いところ寒いところ、風が強いところなどは、坐禅によい環境とはいえません。飲食も節度をもってとるようにしなければなりません。坐禅をするときは、満腹でも空腹でもいけないのです。また、日常生活の是非分別の出来事を坐禅に持ち込んではいけません。すべてから解放されて、ゆったりと坐るのです。

尋常《よのつね》、坐処《ざしょ》には厚《あつ》く坐物《ざもつ》を敷《し》き、上に蒲団《ふとん》を用《もち》ゆ。或《あるい》は結跏趺坐《けっかふざ》、或は半跏《はんか》趺坐。謂《いわ》く、結跏趺坐は、先《ま》づ右の足を以《もっ》て左のももの上に安《あん》じ、左の足を右のももの上に安ず。半跏趺坐は、但《た》だ左の足を以て右のももを圧《お》すなり。寛《ゆる》く衣帯《えたい》を繋《か》けて、斉整《せいせい》ならしむべし。次に右の手を左の足の上に安じ、左の掌《たなごころ》を右の掌の上に安ず、両《りょう》の大拇指《だいぼし》、面《むか》ひて相《あ》ひ拄《ささ》ふ。乃《すなわ》ち正身端坐《しょうしんたんざ》して、左へ側《そばだ》ち右へ傾《かたぶ》き、前に躬《くぐま》り後《うしろ》へ仰《あお》ぐことを得《え》ざれ。耳と肩と対し、鼻と臍《ほぞ》と対せしめんことを要《よう》す。

舌上の齶《がく》に掛《か》けて、唇歯《しんし》相著《あいつ》け、目は須《すべか》らく常に開くべし。鼻息微《かす》かに通ず。

（『普勧坐禅儀』）

〈通常、坐る場所には厚めの座布団を敷き、その上に坐蒲《ざふ》（円形の坐禅用の布団）を用いる。結跏趺坐か半跏趺坐で坐る。結跏趺坐というのは、まず右の足を左のももの上に置き、次に左の足を右のももの上にのせる。半跏趺坐というのは、右足を左のももの下に置いてただ左の足だけ右のももの上にのせる。衣や腰帯などを緩く締めてゆったりとした状態にして、衣類をきちんとととのえる。次に、右の手を左の足の上に手のひらを上にして置き、左の手のひらを右の手のひらの上にのせる。両手の親指が向かい合って支え合うようにつける。上半身をまっすぐに伸ばしてきちんと坐り、左右に傾いたり、前にくぐまったり、後ろに仰いだりしてはいけない。耳と肩をまっすぐにそろえ、鼻と臍《ほぞ》（へそ）がまっすぐになるようにする。舌を上あごにつけて口中に空気を溜《た》めることなく、上下の唇と歯をしっかりとつける。目は普通に開く。鼻から静かに呼吸する〉

坐禅の姿勢について、足の組み方や手の組み方、そして上半身の姿勢が説かれている部分です。坐禅のときに、尻の下に敷く丸い布団を坐蒲《ざふ》と言いますが、この坐蒲の上に背骨が垂直にのり、どっしりと安定している状態にします。家庭などで坐禅をする場合は、座布団を二枚用意して、一枚を下に敷き、もう一枚を二つに折って、お尻の下に敷くとよいでしょう。お尻を少し高くするのです。

そうしましたら、次に足を組みますが、「結跏趺坐」という坐り方と「半跏趺坐」という坐り方の二通りがあります。「結跏趺坐」というのは、まず右の足を左のももの上に置きます。次に左の足を右のももの上にのせます。これが普通はなかなかできませんので、初めは「半跏趺坐」という足の組み方がよいと思われます。この「半跏趺坐」というのは、まず、右足を左のももの下に置いて、左の足を右のももの上にのせるだけです。このときに、両膝《ひざ》が、下に敷いた座布団にきちんとついていることが大切です。左の膝が浮き上がってしまうようであれば、もう少しお尻の下の座布団を高くしてみるか、あるいは足の位置を調節して、とにかく両膝が下につくようにします。片足が浮き上がってしまうと背骨が曲がってしまい、かえって腰を痛めたりしますので注意します。とにかく背骨をまっすぐに伸ばすことが大切ですから、どうしてもうまく足が組めない人は、「あぐら」のような形でもしかたないでしょう。

次に手を組みます。右の手を左の足の上に、手のひらを上にして置き、左の手のひらを右の手のひらの上にのせます。両手の親指が向かい合って支え合うようにつけます。

そして、上半身をまっすぐに伸ばしてきちんと坐り、左右に傾いたり、前にくぐまったり、後ろに仰いだりしないようにします。前後左右に傾いていると、上半身が安定せず、へんなところに力が入って、長続きせず、かえって身体を痛めることになりますので、坐蒲の上に背骨を垂直にのせて、その上に安定よく頭部をのせるのです。頭部は人間の身体の中でも重い部分なので、まっすぐに背骨の上に安定させることが大切です。

顎《あご》をしっかり引くと、背骨の上に頭部がまっすぐにのります。頭部は横にかしげず、きちんと前を向くようにします。口の中に空間をつくらないようにし、上下の唇と歯をしっかりとつけます。目は普通に開きますが、背骨を伸ばして顎を引くと、視線は自然と下に落ちます。呼吸は鼻からします。息がかすかに鼻孔《びくう》（鼻の穴）を通うようにします。

それから大切なのが、ゆったりとした服装で坐ることです。ベルトを緩めたり、身体を締めつけているものを緩めて、ゆったりとします。

そして姿勢の次に、禅定《ぜんじょう》への入り方と心のもち方について示されます。

身相既《しんそうすで》に調《ととの》へて、欠気《かんき》一息《いっそく》し、左右揺振《さゆうようしん》して兀兀《ごつごつ》として坐定《ざじょう》して、箇《こ》の不思量底《ふしりょうてい》を思量《しりよう》せよ。不思量底如何《いかん》が思量せん。非《ひ》思量《しりよう》。此《こ》れ乃《すなわ》ち坐禅《ざぜん》の要術《ようじゅつ》なり。

（『普勧坐禅儀』）

〈このように身《からだ》の相《すがた》をととのえたら、大きく息を吸って吐き出し、左右に身体を揺すって身体を安定させて静止し、山のようにどっしりと坐って、「思考を超えた次元」を「思考する」のである。「思考を超えた次元」をどのように「思考する」のかというと、それが「あるがまま」ということである。これが坐禅の要諦《ようてい》である〉

身体の姿勢がととのったら、欠気一息ということをいたします。いわゆる深呼吸なのですが、欠気というのは、欠伸《あくび》をするように口を開けて大きく息を吸って吐き出すことです。禅定の状態に入るときに必要なことです。新鮮な空気を大きく吸って、しっかり吐き出すこと、これが大切です。これを二、三回繰り返すとよいでしょう。そうすると、身体も心もきちんと落ち着きととのえられます。「兀兀」というのは、山がどっしりと動かない状態を言います。不動の相です。ドカーンと、どっしりと坐るのです。

「箇の不思量底を思量せよ」以下は、中国唐代の薬山惟儼《やくさんいげん》（七四五〜八二八）と僧との問答を踏まえた一節です。「思量」とは思い量ること、考えることです。坐禅のとき、いったい何を考えるのかということですが、……何も考えないのです。何も思ってはいけないのです。さきにありましたように、「心意識の運転をやめる」というのが道元禅師の教えです。

しかし、坐禅をしていると、いろいろなことが次から次へと頭に浮かびます。何も思わないということは、かえって難しいことです。よく、無念夢想と言われますが、決して無念夢想になることが坐禅の目的ではありません。思いが起こるのも、私たちの正常な意識活動の現れですから、「思わない」とか「考えない」というよりも、「そのままの状態にしておく」「とらわれない」というほうが適切かもしれません。ほうっておけば、消えるはずです。何か頭に思い浮かんだことについて、とらわれないようにする。次から次へと思いをめぐらさないようにする。それが「運転をやめる」ということです。

さて、坐禅をすることによって精神を訓練して度胸をつけようと思ったり、はたまた健康になろうと思ったり、なにか特別な問題を取り上げて思索しようと思ったり、それによってよい智慧《ちえ》を得ようと思ったり、逆に、無念夢想の状態になろうと思ったり、精神統一をはかろうと思ったり、瞑想《めいそう》して特殊な心境になろうと思ったり……、こういう「おもわく」をもって坐禅をしないことが大切です。これでは希望・願望・

要求・注文といった「我《が》」の心、煩悩だらけの心となってしまって、坐禅の正しいあり方ではありません。これらの「おもわく」を一切もち込んではいけません。これが坐禅の肝心なところです。

「非思量」を「あるがまま」と訳しましたが、考えることをせず、また考えないように頑張ることもしないことです。考えないように頑張るのも「思量」になってしまいます。通常の頭での「思量」ではなく、「からだ全体で思量する」ことを「非思量」というのです。からだ全体で思量するというのは、姿勢と呼吸に思いをおくということになります。心もからだも「ありのままにしておく」ということです。

坐禅の功徳

さて、「おもわく」をもって坐禅をしない、坐禅を行うことに効果や効能を求めてはいけないというのですが、「求めない」といっても、功徳がまったくないわけではありません。いや、さきに「何れの功徳か来《きた》らざる」とあったように、あらゆる功徳があり、無量の功徳があると、道元禅師は説かれています。

わづかに一人一時《いちにんいちじ》の坐禅《ざぜん》なりといへども、諸法とあひ冥《みよう》し、諸時とまどかに通ずるがゆゑに、無尽法界《むじんほっかい》のなかに、去来現《こらいげん》に、常恒《じょうごう》の仏化《ぶっけ》道事《どうじ》をなすなり。彼彼《ひひ》ともに一等《いっとう》の同修《どうしゅ》なり、同証《どうしょう》なり。ただ坐上《ざじょう》の修《しゅ》のみにあらず、空《くう》をうちてひびきをなすこと[1]、撞《とう》の前後に妙声綿綿《みょうしょうめんめん》たるものなり。このきはのみにかぎらんや、百《ひゃく》頭《とう》[2]みな本面目《ほんめんもく》に本《ほん》修行をそなへて、はかりはかるべきにあらず。

しるべし、たとひ十方無量恒河沙数《じっぽうむりょうごうがしゃしゅ》[3]の諸仏、ともにちからをはげまして、仏智慧《ぶっちえ》をもて、一人坐禅の功徳《くどく》をはかり、しりきはめんとすといふとも、あへてほとりをうることあらじ。（『弁道話《べんどうわ》』[4]）

[1] 空をうちてひびきをなす……無所得の坐禅を表現したもの。坐禅は空（虚《こ》空《くう》・空間）を打つように手応《てごた》えのないものであり、張り合いのないものであって、目に見えた効果や達成感のない行であるが、実はその響き（功徳）は計り知れないことを喩えたもの。[2] 百頭……あらゆる存在、ものごとの一つ一つ。[3] 十方無量恒河沙数……十方は全世界、恒河沙はガンジス川の砂の数ほどたくさんあることをいう。[4]『弁道話』……道元禅師が、寛喜三年（一二三一）に、正伝の仏法における坐禅の意義を、十八の設問自答を通して開示するため選述されたもの。

〈ほんの一人がほんの一時坐禅しただけでも、あらゆる存在と互いに目の見えないところで一体となり、あらゆる時間とひとつながりになるので、限りない宇宙の中で、過去・現在・未来にわたって、永遠に、仏が衆生を救う働きをするのである。どれもこれも仏と同じ修行であり、仏と同じ証《さと》りである。ただ一時の坐るという修行の時だけではない、空間を打ってその響きが起こり、撞木《しゅもく》で一撞《ひと》きした前後にそのすばらしい音の響きが綿々と行き渡るのである。その場所だけに限るのではない。あらゆる存在の一つ一つが本来のあり方において本来具《そな》わっている働きを現すのであり、その功徳の大きさは、測っても測りきれないのである。

知るべきである、たとえ全世界の無量の仏たちが、力を合わせて、その仏の智慧でもって、一人の修行者の坐禅の功徳を測り、知り尽くそうとしても、決してその際限《はて》を知り尽くすことはできないのである〉

この部分は、『弁道話』において、坐禅の功徳が高大であることを、あらゆる言葉を尽くして示している一節の、その末尾の部分にあたります。

坐禅は、大自然と一体となる行であると言えます。いや、大自然そのもの、命そのものとなるのが坐禅です。このとき、あらゆる功徳が具わるのです。ほんの一人がほんの一時坐禅しただけでも、無量の功徳があると言われます。その功徳は、全世界の無量の仏たちが、力を合わせて知り尽くそうとしても、知り尽くすことができないほどであると。

ですから、私たち凡人にはなおさら、その功徳は実感として認識できないということになってしまいますが、坐禅をしていると、なぜだかよくわからないのですが、気持ちがいいのです。それは、自ら体験し、永らく実践し、坐禅に親しんだ者でないとわからない境界であり、状態であると言えるかもしれません。

しかしながら、近年になって、脳波やホルモンの研究、人間のさまざまな肉体的行為と精神状態の関係などが、科学的・医学的立場から研究されるようになり、今まで体験的に、実感としてしか語ることができなかった坐禅や仏教の諸修行の功徳が、論理的に解明されつつあります。坐禅したり、読経《どきょう》したり、声明《しょうみょう》や御詠歌《ごえいか》を唱えたり、写経をしたりすることによって、脳波がβ波《ベータ》からα波《アルファ》に変わる、あるいはそれらの行為によって血液中にセロトニンという物質が増加する、そして、それによって精神が安定する、などという研究も報告されています。実は、私自身も進んで被験者になってそれらの研究に協力したことがありますが、実際にその実験のデータのグラフなどを見せてもらって説明を受けて、納得するとともに、ありがたい時代になったとうれしく思いました。

釈尊《しゃくそん》や道元禅師が説かれた坐禅の功徳が科学的に解明され、私たちの生活に仏教の修行が取り入れられて、人々の心の平安を助ける時代が訪れているのかもしれません。

第七章　霧の中を行けば衣湿る

この章のテーマの「霧の中を行けば衣《ころも》湿る」というのは、霧の中を歩いていくと、自然と衣服が湿るように、善き人に親しみ近づいて生活していると、心に潤いが与えられるというのです。

よくも悪くも、私たちは、私たちをとりまく環境に、自然と影響を受けていきます。だからこそ、よりよい環境に身を置き、善き人と交わることが大切であると言えます。

このことは仏の道においても言えるのです。よい環境の中にいれば自然とよい状態になっていくように、仏の教えに随《したが》って生きていれば、知らず知らずのうちに、自然と仏のあり方が身に具《そな》わっていきます。ですから、第三章「我執《がしゅう》を離れる」でお話ししたように、我執を捨てて、仏の教えに任せて修行していくことが大切なのです。

霧の中を行けば、覚えざるに衣しめる

一日《いちじつ》、示《じ》に云《いわ》く、古人《こじん》云く[1]、霧の中を行けば、覚えざるに衣《ころも》しめる。よき人に近づけば、覚えざるによき人となるなり。

昔、倶胝和尚《ぐていおしょう》[2]に仕へし一人の童子《どうじ》[3]の如《ごと》きは、いつ学《がく》し、いつ修《しゅ》したりとも見えず、覚えざれども、久参《くさん》[4]に近づきしに悟道《ごどう》す。

坐禅《ざぜん》も自然《じねん》に久しくせば、忽然《こつねん》として大事《だいじ》を発明《はつみょう》して、坐禅の正門《しょうもん》なる事を知る時も有《あ》るべし。　（五ノ四）

[1] 古人云く……『大慧普覚禅師書《だいえふかくぜんじしょ》』に「親近善者、如霧露中行。雖不濕衣、時時有潤」とある。[2] 倶胝和尚……中国唐代の禅師。金華《きんか》倶胝（生没年不詳）。大梅法常《だいばいほうじょう》の法嗣《はっす》（法を嗣続《しぞく》した弟子）。天龍《てんりゅう》に参じ、倶胝の問いかけに天龍が一本の指を立てたとき、悟りを開いた。以後、倶胝は何を問われても一指《いっし》を立てて答えたので、「倶胝の一指」「一指頭《とう》の禅」と言われた。[3] 一人の童子……倶胝のところにいた童子が、人から「倶胝はどのような教えを説いているのか」と聞かれ、倶胝のまねをして思わず一指を立てて答えてしまった。これを知った倶胝は、その童子の指を断ってしまうが、童子はそのとき、悟りを開いたという話がある。[4] 久参……久しく禅に参じること、永い間修行を積むこと、また、永い間修行した人。

〈ある日、示して言われた、昔の人が言っている、霧の中を歩いていくと、知らないうちに衣が湿っている。善《よ》い人に近づくと知らないうちに善い人となるのである。

昔、倶胝和尚に仕えていた一人の童子などは、いつ学び、いつ修行したのかわからないけれども、永い間修行した禅師のそばに仕えていたので、道を悟った。坐禅も、自然に永い間続けていると、突然に大切なことに目覚めて、坐禅を行う道が正しい道であることを知るときもあるはずである〉

ここに示されるように、霧の中を歩いていくと、知らないうちに衣が湿っているように、善い人に近づくようにしていると知らないうちに自分も善い人となっているというのです。

これは仏道修行においても言えることで、永年師匠とともに生活していると、いつ教わり、いつ練習したのかわからなくても、だんだんと身についてくるものです。

私も師匠（父）と一緒に生活していて、特別に教わったわけでもないのに、自然といろいろなことを学びました。書を教わるわけではなくても、師匠が書を書いているところを見ているうちに、墨のすり方から、筆の持ち方、運び方まで、自然と似てきましたし、一緒に読経《どきょう》していると、お経の読み方も、木魚の打ち方も、自然と似てくるのです。

接客のときの、お辞儀の仕方から、言葉遣いまで似てきて、実の親子であるからということもありましょうが、「お師匠さんにそっくりだ。書の字も、お経の声もよく似ている」などと言われたりしました。子どもは親の後ろ姿を見て育つといいますが、ほんとうにそういうことがあります。よくも悪くも似るのですね。

この倶胝和尚の話のように、永い間、よき師匠に随って修行していると、まことに、自然と弟子もよき禅者になっているということがあるに違いありません。

ところで、善い人に近づき、善い人々に囲まれると、自然とよくなっていくということが確かにあるわけですが、しかしながら、それまでの先入観に強くとらわれているると、一緒にいてもなかなかよくなってこないということもあります。ですから、第三章の「我執を離れる」でもお話ししたように、己見《こけん》（自分勝手な考え）を捨てて、虚心によく聞き、よく見るという心得が大切になってきます。

虚心に教えを聞く

示《じ》に云《いわ》く、俗《ぞく》の帝道《ていどう》の故実《こじつ》[1]を言《い》ふに云く、「虚襟《きょきん》[2]にあらざれば忠言を入れず」。

言《いうこころ》は、己見《こけん》を存《そん》せずして、忠臣の言《ことば》に随《したが》ひて、道理《どうり》に任せて帝道《ていどう》を行ふなり。衲子《のっす》の学道《がくどう》の故実もまた是《かく》の如《ごと》くなるべし。若《も》し己見を存せば、師の言《ことば》耳に入《い》らざるなり。師の言《ことば》耳に入らざれば、師の法を得ざるなり。又《また》、ただ法門《ほうもん》の異見《いけん》を忘るるのみに非《あら》ず、また世事《せじ》を返して、飢寒等《きかんとう》を忘れて、一向《いっこう》に身心《しんじん》を清めて聞く時、親しく聞くにてあるなり。是の如く聞く時、道理も不審《ふしん》も明《あき》らめらるるなり。真実の得道《とくどう》と云《い》ふも、従来の身心を放下《ほうげ》して、ただ直下《じきげ》に他《た》に随ひ行けば、即《すなわ》ち実《まこと》の道人《どうにん》にてあるなり。これ第一の故実なり。（一ノ十六）

［1］故実……古《いにしえ》の儀式礼法、慣《なら》わし、あり方で、後世の手本となるもの。［2］虚襟……心中が謙虚であること。虚心。素直なこと。

〈示して言われた、俗世の帝王のあり方をいう言葉に「虚心でなければ忠言を入れることはできない」と。その意味は、自分勝手な考えをもたないで、忠臣の言葉に随って、道理に随って帝王の道を行うのである。

禅僧の学道のあり方もまたこのようでなければならない。もし自分勝手な考えをもっていれば、師の言葉が耳に入らないのである。師の言葉が耳に入らなければ、師の法を得ることができないのである。また、ただ法門に師の言葉と異なった見方があることを忘れなければならないばかりでなく、俗世のことを考えずに、飢えや寒さなどを忘れて、ひたすら身心を清めて師の教えを聞くとき、親しく聞くことができるのである。このように聞くとき、師の教えの道理も疑問点も明らかにすることができるのである。ほんとうに道を得るということも、これまでの身も心も忘れて、ただ直《ただ》ちに師に随っていけば、そのまま真実に道を得た人であるのである。これが禅僧の学道の第一のあり方である〉

道元禅師は、よく帝道を例に出します。帝王の政道のあり方にも「虚心でなければ忠言を入れることはできない」という言葉があるように、帝王は素直な心で臣下の意見を聞き、帝王の道を行わなければならない。それと同様に、禅僧のあり方も、己見を捨てて、師匠の言葉を素直に聞くことが大切であるというのです。

でも、なかなかそれができない。自分勝手な考え方を捨てるといっても、それが、「はい、そうですか」と言って、できる人はいないのです。でも、それも無理はありません。それが凡夫《ぼんぷ》なのですから。

次に、道元禅師は、仏や祖師《そし》たちも、もとは皆そうであり、同じ凡夫であったと言います。そのような自分を強いて改めて、師の教えに随って修行して、仏や祖師になったのだと言われます。

仏仏祖祖、皆もとは凡夫なり

示《じ》に云《いわ》く、仏仏祖祖《ぶつぶつそそ》、皆本《もと》は凡夫《ぼんぷ》なり。凡夫の時は、必ず悪業《あくごう》もあり、悪心《あくしん》もあり、鈍《どん》もあり、癡《ち》もあり。然《しか》れども皆改めて、知識[1]に従《したが》ひ、教行《きょうぎょう》に依《よ》りしかば、皆仏祖《ぶつそ》と成《な》りしなり。今の人も然るべし。我《わ》が身おろかなれば、鈍なればと、卑下《ひげ》することなかれ。今生《こんじょう》に発心《ほっしん》[2]せずんば、何《いずれ》の時をか待つべき。好むには必ず得《う》べきなり。（一ノ十五）

[1] 知識……人の師範となるべき人。指導者。[2] 発心……発菩提心《ほつぼだいしん》の略。仏道を求める心を発《おこ》すこと。

〈示して言われた。仏たちや祖師たちも皆、もとは凡夫であった。凡夫のときは必ず悪い行いもあり、悪い心を抱いたこともあり、鈍くもあり、愚かでもあった。しかしながら皆、それらを改めて、指導者に従い、仏教の教えや実践に従ったので、皆仏祖となったのである。

今の私たちも同じである。自分は愚かであるから、鈍いからと卑下することはない。この人生で、仏道を求める心を発《おこ》さなかったら、いったいいつまで待ってこの心を発すのであろう。仏の道を好んだならば、必ず悟りを得ることができるはずである〉

この道元禅師の教えには、まことに気が楽になります。偉大な仏たちも、もとは迷える凡夫であったというのですから、なにやらほっとします。あのお釈迦《しゃか》様も道元禅師も、凡夫のときは悪い心を持っていたこともあり、悪いことをしたこともあり、最初は皆愚かでもあったというのですから、ちょっと信じがたい気もしますが、もしそうなら、この未熟な私も卑下することはないと、気が楽になります。

と同時に、だからこそ、このままでいいのではなく、過去の仏祖方のように、発心しなければならない、熱い心を発さなければならないとも反省させられるのですが、発心したならば、次にどうしたらよいのか。僧侶《そうりょ》であるならば、ちゃんと仏の道に足を踏み入れなければなりません。それには、仏祖の教えに従って、まずは「かたち」（からだ）をととのえることであると道元禅師は示しています。

身体をととのえる

身躰血肉《しんたいけつにく》だにもよくもてば、心も随《したが》ひて好《よ》くなると、医法等《いほうとう》に見ること多し。況《いわ》んや学道《がくどう》の人、持戒梵行《じかいぼんぎょう》[1]にして、仏祖《ぶっそ》の行履《あんり》[2]にまかせて身儀《しんぎ》[3]をおさむれば、心地《しんち》[4]も随ひて整ふなり。（一ノ三）

[1] 梵行……梵は清浄の意。清らかな戒を保った行いのこと。[2] 行履……行いの意。[3] 身儀……身体の威儀《いぎ》。身体的な行動。[4] 心地……心のこと。心はあらゆる思いを生じさせることから、心を、あらゆる草木《そうもく》を生じさせる大地に喩《たと》えて、心地という。

〈身体や血肉さえよく保っていれば、心も随ってよくなると、医学の書物などに見ることが多い。まして学道の人は、戒をたもち浄《きよ》い行いをして、仏や祖師たちの行いに習って身体的な行いを修めていけば、心もそれに随って整うのである〉

学道《がくどう》の用心、本執《ほんしゅう》[1]を放下《ほうげ》すべし。身《からだ》の威儀《いいぎ》[2]を改むれば、心《こころ》も随《したが》ひて転ずるなり。

先《ま》づ律儀《りつぎ》の戒行《かいぎょう》[3]を守らば、心も随ひて改まるべきなり。（一ノ六）

[1]本執……もとからもっている離れがたい執著。先入観。[2]身の威儀……身体的な行動。身儀。[3]律儀の戒行……戒律（生活規則）を守って修行すること。

〈学道の心得は、先入観を放ち捨てることである。身体的な行動を改めていけば、心もそれに随って変わるものである。まず戒律を守って修行すれば、心もそれに随って改まっていくのである〉

身体をととのえることと、心をととのえることは、いったいどちらが大切なのか。そもそも、身体と心は一体のもので、どちらか一方だけ分けてとらえることはできないのですが、あえて、どちらが大切なのかといえば、道元禅師は、身体をととのえることがまず大切であるといいます。

禅の教えというと、自由な生き方であり、形式にとらわれない自在の境界であると思っている人も多いですし、そういう面も確かにあると言えます。しかし、臨済宗《りんざいしゅう》の栄西《えいさい》禅師は持戒《じかい》（戒律を守ること）を非常に重んじられ、道元禅師も同様であり、形式を大切にしているのです。

道元禅師は、「さとりと云《いう》は」で始まる法語で、

さとりと云《いう》は、別事《べつじ》にあらず、形式戒法立《けいしきかいほうたち》てのちの事なり。

（「証悟《しょうご》戒行法語」）

〈さとりというのは、ほかならない、形式・戒法が確立してから後のことである〉

と示しています。仏教では〃さとり〃を大切にしますが、その基本には形式や戒法（戒律）があって、それが確立してから、その後に〃さとり〃がある、と言われています。

道元禅師からすれば、悟った人で戒律を守っていない人はいないのです。悟りを開いたと自称していても、戒律を守れていないような人は、ほんとうに悟ってはいないのです。

さとれるものは、戒法《かいほう》正しく、物我《もつが》なく、[1]大慈《だいじ》円満にして、もろもろをすくへり。

（「証悟戒行法語」）

［1］物我なく……物我は、物と我、法と人。客観の境と主観の人をいう。「物我なく」とは、自分と他人、自分と環境という対立的な見方がなく、自他《じた》一如《いちによ》、人境不二《にんきようふに》の境涯をいう。

〈さとっている者は、戒法を正しく保っており、物我なく、大いなる慈悲の心が円満に具《そな》わっていて、多くの人々を救っている〉

形式が具わり、戒法が守られていること、それがまず大切であり、そのような状態の中で悟りがあるのです。悟った人は、戒律をきちんと守っており、自分と他人の分け隔てなく、大いなる慈悲の心が円満に具わっていて、多くの人々を救っている。それが、ほんとうに悟りを得た人であるといいます。

龍門を通過することができれば龍になる

示《じ》に云《いわ》く、海中に龍門《りゆうもん》［1］と云《い》ふ処《ところ》あり。浪頻《なみしき》りに作《うつ》なり。諸《もろもろ》の魚《うお》、波の処を過ぐれば、必ず龍と成《な》るなり。故《ゆえ》に龍門と云ふなり。今は云く、彼《か》の処、浪《なみ》も他処《たしよ》に異ならず、水も同じくしははゆき[2]水なり。然《しか》れども定まれる不思議にて、魚この処を渡れば、必ず龍と成るなり。魚の鱗《いろこ》も改まらず、身も同じ身ながら、忽《たちま》ちに龍と成るなり。衲子《のっす》の儀式も是《こ》れをもて知るべし。処も他所に似たれども、叢林《そうりん》[3]に入《い》れば、必ず仏となり祖となるなり。食《じき》も人と同じく喫し、衣《え》も同じく服し、飢を除き寒さを禦《ふせ》ぐことも同じけれども、ただ頭《かしら》を円《まろ》にし、衣を方《けた》にして[4]斎《さい》粥《しゅく》[5]等《とう》にすれば、忽ちに衲子となるなり。成仏作祖《じょうぶつさそ》も遠く求むべからず。ただ叢林に入ると入らざるとなり。龍門を過ぎると過ぎざるとなり。（一ノ八）

[1] 龍門……黄河《こうが》中流の急流の滝がある所。この滝を上った魚は龍になるという伝説がある。海中にも黄河の龍門のような所があるとする。[2] しははゆき……塩辛い。[3] 叢林……修行道場のこと。さまざまな修行者が集まる修行道場を、叢（草むら。さまざまな草が生い茂っている所）と林（さまざまな樹木が生えているところ）に喩えて、叢林という。[4] 衣を方にして……衣は、袈裟《けさ》のこと。袈裟は方（四角形、長方形）の形をしている。長方形の形をした袈裟を身にまとって、という意。[5] 斎粥……粥は朝のお粥《かゆ》のこと、斎は昼ご飯のこと。当時は、仏教の古式に則《のっと》て夕食は食べなかった。現在でも上座部《じょうざぶ》仏教では、正午を過ぎると食事をとらない。

〈示して言われた。海中に龍門という所がある。波が絶え間なく打ち寄せる。もろもろの魚は、この波の所を通り過ぎることができると龍になるという。だから龍門というのである。ここにいう龍門という所は、波も他の場所と異なることはなく、水も同じように塩辛い水である。しかし、定まっている不思議なことがあって、魚がこの所を渡ると、必ず龍になるのである。魚のうろこも変わらず、からだも同じからだでありながら、たちまちに龍となるのである。禅僧の生活のあり方も、この話から理解するとよい。場所も他の所と似ているけれども、修行道場に入れば、必ず仏となり祖となるのである。食べ物も一般の人と同じように食べ、着る物も同じように着ており、飢えを除き、寒さを防ぐ生活をしていることは一般の人と同じであるが、ただ頭を丸めて、袈裟を身にまとって、朝には粥を食べ、昼食の後は食事をしないなどしていれば、たちまちに禅僧となるのである。仏となり祖となるということも、遠くに求めてはいけない。ただ、修行道場に入るか入らないかによるのである。龍門を過ぎるか過ぎないかによるのである〉

修行道場を海中にある龍門に喩えて、修行とは何か、仏となるということはどういうことかを説明している部分です。道元禅師の教えの核心を示している重要な説示であると私は思います。

第六章の「坐禅これ第一なり」において、やはり喩え話ですが「磨《ま》甎《せんさきょう》作鏡」（甎《かわら》を磨いて鏡と作《な》す）という話をいたしました。甎というのは、屋根瓦ではなく「しきがわら」のことで、敷石などにする平らな石のことですが、「磨甎」（甎を磨く）、つまり平たい石を磨いて、「作鏡」（鏡と作す）、つまり鏡を作るという意味です。

通常の考えでは、平たい石をいくら磨いても、決して鏡にはなりません。いくら平たい石でも、人間の手で磨いた程度では、姿を映す鏡には到底なりません。しかし、道元禅師は、甎を磨けば鏡になると説かれ、甎を磨いて鏡にしなければならないというのです。

この喩えは、何を意味しているのかというと、甎を一所懸命磨いてすばらしい甎にすることが、甎を磨いて鏡にするということであるというのです。甎を磨いて、立派な美しい甎にする、それが、甎が甎のままでありながら、美しい鏡になるということだというのです。平たい石が、鏡に変化するのではないのです。

同様に、修行者も、修行すれば仏に〝変身〟するのではないのです。一般の人と同じ人間ですが、修行道場に入って他の修行者と一緒に修行すれば、仏になっているということです。仏になるかどうかは、修行道場に入るかどうか、修行を始めるかどうかによるのであって、修行道場に入って修行を始めれば、もうすでに仏であるのだと示されています。

修行ということは、仏の教えに随って、戒律を守って、仏教の定めた生活規則に則って生活をすることです。平たく言えば、仏のまねをして、仏のように生活するのです。だから、たちまちに仏のようになるのです。最初は「かたち」だけで、必ずしも内面がととのっていないかもしれませんし、〝はたして、ただ皆と同じように、まねのようなことをしているだけでいいのか〟と迷うような状態ですが、道元禅師は、次に示されるように、最初のうちはそれでいいのだと説かれています。

初心《しょしん》の学道《がくどう》の人は、ただ衆《しゅ》に随《したが》ひて行道《ぎょうどう》すべきなり。（中略）衆に随ひて行《ぎょう》ぜば、道《みち》を得《う》べきなり。譬《たと》へば舟に乗りて行くには、故実《こじつ》を知らず、ゆくやうを知らざれども、よき船師《せんし》にまかせて行けば、知りたるも知らざるも彼岸《ひがん》に到《いた》るがごとし。善知識《ぜんちしき》に随ひて、衆と共に行じて私《わたくし》なければ、自然《じねん》に道人《どうにん》なり。（一ノ六）

〈学道の初心者は、ただ他の修行者に随って同じように修行するべきである。（中略）他の修行者に随って同じように修行していれば、道を得ることができるのである。喩えれば舟に乗っていくときには、舟の運行のことなどについていろいろと知らなくても、行く先を知らなくても、よい船頭に任せて行けば、知っていても知らなくても向こう岸に到着することができるのと同じである。よき指導者に随って、他の修行者と一緒に修行し、自分勝手な思いや計らいを捨てて修行すれば、自然と仏道を歩む人となっているのである〉

とにかく、指導者に従って、皆が行うように、まねをして行っていく。そうしていくうちに、しだいに身についていくということがあります。この「舟に乗る」という喩え話は、皆と一緒に同じ修行をするということ、「船師に任せる」ということは、善知識（指導者）に従って修行するということを喩えているのですが、仏の道に限らず、一般社会でもそうではないでしょうか。

農業を身につけるということも、最初は指導者の指導のとおりに行う、皆と一緒に同じように作業をする。指導者は経験によってあらゆる知識や技術をもっているので、その知識や技術を教える。そして初心者は、よくわからなくても、その永年培われてきた知識や技術を教わり、それに従い、そのとおりに作業を行うわけです。それは違うのではないかとか、こうしたほうがいいのではないかということを言っていてはいけないわけです。

指導者に従って、皆と一緒に作業をする。どうしてそうなるかはわからなくても、時が来れば、確かな実りがあるわけです。何年かすれば、さまざまな知識や技術が身について、自然と農業家になっているのです。

もちろん、あらゆる職種において創造性は必要であり、新しいことを取り入れていくことは大切なことですが、それは、いったんは、指導者の知識なり技術なりをひととおり身につけたうえで、そこから積み上げた創造や革新であるべきです。

会社でもそうだと思います。先輩たちが作り上げてきたマニュアルがあり、こうするのが一番よいのだというノウハウがあるのだと思います。会社の個性や理念もあるはずです。まずは一応、それを教わり、それに従い、それを実行できるようになることが大切でしょう。新入社員が自分勝手な計らいで、勝手気ままに仕事をすれば、たちまち会社は立ちゆかなくなるに違いありません。

仏の道も同じです。これまで師から弟子へと代々受け継がれてきた教えや実践には、さまざまな智慧《ちえ》や功徳《くどく》が具《そな》わっていて、最初はよくわからなくても、師の教えに随って、他の修行者と一緒に行じていれば、しだいに僧侶らしくなり、仏道を歩む人となっているのです。

善悪は縁に随っておこる

一日雑話《いちじつぞうわ》の次《ついで》に云《いわ》く、人の心、もとより善悪《ぜんなく》なし。善悪は縁《えん》に随《したが》ひておこる。仮令《たとい》、人、発心《ほっしん》して山林に入《い》る時は、林下《りんげ》はよし、人間《じんかん》はわるしと覚ゆ。また退《たい》心《しん》して山林を出《い》づる時は、山林はわるしと覚ゆ。これ即《すなわ》ち決定《けつじょう》して心に定相《じょうそう》なくして、縁にひかれてともかくもなるなり。故《ゆえ》に善縁《ぜんねん》にあへばよくなり、悪縁《あくえん》に近づけばわるくなるなり。我《わ》が心、もとよりわるしと思ふことなかれ。ただ善縁に随ふべきなり。　（六ノ十七）

〈ある日、いろいろのお話のあったとき、言われた。人の心には、もともと善や悪などはない。善や悪は、縁に随って起きる。例えば、ある人が道を求める心を発《おこ》して、山林に入るときは、山林の中での暮らしはよい、世の中は悪いとする。また、道を求める心が弱くなって山林を出るときは、山林は悪いとする。これは、つまり、決まって心に一定のすがたはなく、縁に引かれてどのようにもなるものだというわけである。だから、善い縁に出会えばよくなり、悪い縁に近づけば悪くなるのである。わが心は、もともと悪いなどと思ってはならない。ただ、善い縁に随わなければならない〉

善と悪についても同様なことが言えます。人の心には、もともと善悪はなく、縁に随って、つまり環境や条件に随って善悪が生じてくるというのです。もともと悪人という人もいなければ、もともと善人という人もいません。植物の種子が、土や栄養や日光や気温や風などの縁（条件）を得て成長し、果を結ぶように、人は生まれ育った環境の中で、人格を形成していきます。

不幸にして罪を犯してしまう人間も、生まれながらに悪人なのではなく、幼少年期や青年期の家庭環境や、その後の生活環境や社会環境の中で、さまざまな影響を受けて、それらが積み重なっていって悪縁となり、ついには悪心を生じ、罪を犯すことがあるのであろうと思います。それを社会や環境のせいにすることは誤りであるにしても、本人だけの責任であるとも言えないのです。

一方、人々から善人と言われている人も、本人の努力のみで善人になったとは言えないでしょう。善縁に会うことができたおかげであるとも言えるのです。

だからこそ、よりよい環境に身を置き、善縁に随い、よりよい指導者につくことが必要だと思われます。

正しい師匠に随う

古人《こじん》云《いわ》く、発心《ほっしん》正しからざれば、万行《まんぎょう》空《むな》しく施すと。[1] 誠《まこと》なる哉《かな》この言《ことば》。行道《ぎょうどう》は導《どう》師《し》の正《しょう》と邪《じゃ》とに依《よ》るべきか。機は良材の如《ごと》く、[2] 師は工匠《こうしょう》に似たり。[3] 縦《たと》ひ良材たりと雖《いえど》も、良工を得ざれば奇麗《きれい》未《いま》だ彰《あら》はれず。縦ひ曲木《きょくぼく》と雖も、若《も》し好手に遇《あ》はば妙功《みょうこう》忽《たちま》ち現はる。師の正邪に随《したが》って悟《さとり》の偽《ぎ》と真《しん》とあること、これを以《も》て暁《あきら》かなるべし。

（『学道用心集《がくどうようじんしゅう》』[4] 第五「参禅学道《さんぜんがくどう》は正師《しょうし》を求むべき事」、原文は漢文）

[1] 発心正しからざれば、万行空しく施す……中国天台宗の荊渓湛然《けいけいたんねん》（七一一〜七八二）の『摩訶止観輔行伝弘決《まかしかんぶぎょうでんぐけつ》』一ノ四に「発心僻越《へきえつ》なれば万行徒《いたず》らに施す」とあるによる。[2] 機は良材の如く……機は学人・修行者の機根で、りっぱな材料に比す。[3] 師は工匠に似たり……師は正師・指導者で、巧みな大工に比す。[4]『学道用心集』……道元禅師が学人に対して学道の心得十か条を示されたもの。天福二年（一二三四）ごろの成立。

〈古人が「発心が正しくないと、すべての修行が空しいものとなってしまう」と言っている。この言葉はまことである。修行の道も、導く師匠の正と邪とによるであろう。機（学人・修行者）はよい材料と同様であり、師は優れた大工のようなものである。たとえ、よい材料であっても、よい大工の手にかからなければ、すばらしさが彰われてこない。たとえ曲がった木であっても、もし優れた手腕に出会ったならば、すばらしい持ち味がたちどころに現れる。師の正邪に随って、その悟りに偽と真があることは、この喩えからも明白であろう〉

これは、道元禅師が修行者に対して、修行するうえでの心得を十か条に分けて書き示した『学道用心集』の第五「参禅学道は正師を求むべき事」に説かれている一節です。

正しい師匠を優れた大工に喩え、弟子を木材に喩えて、優れた大工の手にかかれば、良材はその材料のよさが見事に現れ、曲木であってもそのすばらしい持ち味が現れるように、仏道においても師匠の正邪によって、弟子の悟りの真偽も変わってくるのです。だからこそ正しい師匠に師事しなくてはならないのですが、次に示されるように、もし正しい師匠に出会うことができないくらいなら、むしろ修行しないほうがましだとも言われるのです。

正師を得ざれば学ばざるに如かず

正師《しょうし》を得ざれば学ばざるに如《し》かず。夫《そ》れ正師とは、年老耆宿《ねんろうぎしゅく》を問はず、唯《た》だ正法《しょうぼう》を明《あき》らめ、正師の印証《いんしょう》を得たるなり。文字を先とせず、解会《げえ》を先とせず、格外の力量あり、過節の志気《しいき》ありて、我見《がけん》に拘《かか》はらず、情識《じょうしき》に滞《とどこお》らず、行解相応《ぎょうげそうおう》する、これ乃《すなわ》ち正師なり。

(『学道用心集』第五「参禅学道は正師を求むべき事」、原文は漢文)

〈正師を得られなかったら、かえって学ばないほうがよい。そもそも正師とは、年老いているかどうかは関係なく、とにかく正しい仏法を明らかにして、正師から悟りの証明を得ている者である。経典や語録に書かれている文字を先とせず、知的理解を先とせず、世間の尺度を超えた力量があり、世間の常識を超えた志気があって、我見にかかわらず、世情に滞らず、修行と学識が一致しているのが、まさに正師である〉

「正師を得られなかったら、かえって学ばないほうがよい」というのは、実に厳しい言葉です。

しかし、道元禅師は、己見《こけん》を捨てて師匠に随って修行しなさいというのですから、その師匠が正しい師匠か否かは大問題です。もし正しい師匠でなかったら、かえって道を誤ることになるので、初めから修行などしないほうがよいのです。

だからこそ、正しい師匠とはどのような師匠をいうのか、道元禅師はここに明確に示しています。

正しい師匠とは、年齢は関係ありません。若いから未熟であるとか、年老いているから優れているのではないのです。そして、正しい教えとは何かを明らかにしていて、それがほんとうに正しいということを、正しい師匠から証明を受けていること。さらに大切であるのは、「行解相応《ぎょうげそうおう》」ということです。教えていることと、行っていることが一致していることです。どんなにすばらしいことを言っていても、知識だけ、口だけではだめであり、それが実践できていなければ、正しい師匠とは言えないのです。

そして私はさらに、「名利《みょうり》を求めない」（名誉や利益を求めない）人ということと、自ら厳しい修行を行っている人であることを、正しい師匠の条件として加えておくべきだと思っております。

道元禅師が正師として仰いだのは、中国（宋）の天童山景徳寺《てんどうざんけいとくじ》にて参じた如浄禅師《にょじょう》ですが、如浄禅師は、まさに名利の心を離れた人でした。そして、誰よりも厳しい修行を行っていた指導者であったのです。

このような師匠のもとで、その教えに随って修行ができたら理想的でありますが、このような師匠に出会うことは、今日ではなかなか難しいかもしれませんね。

仏の道に限らず、一般においても、正しい師、よき先生に巡り会うことができれば意義あることです。

農業家であれば農業の師を、芸術家であれば芸術の師を、教育者であれば教育の師を、学者であれば学問の師を、政治家であれば治世の師を、会社員であれば模範とすべき先輩を、技術者であれば技術の師を、それぞれの職業、それぞれの道において、慕うことのできる師や、目標とする先輩や先生に出会えたなら幸せなことです。

私には幸い、多くの優れた師や、友人がいます。ありがたいことです。「霧の中を行けば、覚えざるに衣しめる。よき人に近づけば、覚えざるによき人となるなり」という言葉は、まことに、そのとおりであると思います。私自身、善き人に近づいているうちに、少しずつ、知らず知らず、よくなってきたように思います。

そして、実際に出会ったわけではないのですが、釈尊《しゃくそん》や道元禅師との出会いは、最もすばらしい正師との出会いでした。特に、この『正法眼蔵随聞記《しょうぼうげんぞうずいもんき》』に示されている道元禅師の教えは、私の人生の道標となっています。

最後に、『正法眼蔵』「生死《しょうじ》」の巻に示されている道元禅師の言葉を挙げておきます。

この章の結論とも言える言葉でしょうか。

ただわが身をも心をもはなちわすれて、仏のいへになげいれて、仏のかたよりおこなはれて、これにしたがひもてゆくとき、ちからをもいれず、こころをもつひやさずして、生死《しょうじ》をはなれ、仏となる。

（『正法眼蔵』「生死」）

〈ただ、自分の身体も心も放ち忘れて、自分の身心を仏の世界に投げ入れて、仏のほうから自然と修行に導かれて、これに任せて随っていくとき、努力することもなく、心を労することもなく、生死輪廻《りんね》の迷いの世界を離れて、仏となることができるのである〉

一般的に、禅宗《ぜんしゅう》（臨済宗《りんざい》・曹洞宗《そうとう》・黄檗宗《おうばく》）は「自力宗《じりき》」であり、浄土宗《じょうど》・浄土真宗《じょうどしん》などは「他力宗《たりき》」であると言われます。一般の人の中には、そのように理解している人が多くいると思いますが、必ずしもそうではありません。

ここに道元禅師が示されているように、ただ仏に任せて、仏に随って行っていくのです。修行するのは確かに自分ですし、悟りを得るのも自分でですが、自分のエゴの心を投げ捨てて、この身体を仏の教えに随わせていくのですから、決して、自分の力で修行し、自分の力で悟りを得るのではありません。仏によって行わされ、仏に悟りを与えられるのです。「仏」の力を「他」（自分以外）の力とすれば、それは「他力」であるとも言えるでしょう。

ここでいう「生死」というのは、「生死輪廻《りんね》」を略したものです。迷いの世界を堂々巡りしてしまうことを言います。自分の私利私欲の思いや計らいで、名誉や利益を求めて修行していると、いつまで経っても迷いの世界から離れることはできません。ただ、自分の身体も心も放ち忘れて、自分の身心を仏の世界に投げ入れる、これが仏の世界への近道であり、もうすでに仏の世界の中にいるとも言えるのです。

第八章　光陰を惜しむ

「光陰」というのは、歳月、月日、時間のことですが、時間を惜しんで大切にすることが「光陰を惜しむ」ということです。もちろんこのことは一般においても大切なことであり、「時は金なり」と言われるように、時間は貴重なものであり無駄に費やしてはならないことは、誰もが思い、感じていることであると思います。

しかし、わかっていてもなかなかできないのが私たちであり、時間を惜しんで大切にしなければならないと思っていても、つい怠惰になって、むなしく時間を過ごしてしまっていることも多いのです。

ところで、仏教では、特に厳しく時間の大切さを説き、寸暇を惜しんで一所懸命に生きることを教えています。それは、人間として生まれてくることはきわめて稀《まれ》なことであり、さらに仏法と巡り会えたことは難値難遇のことであり、そして、その人間としての一生は、またたく間に過ぎ去ってしまうからです。

人間として生まれることの難しさ

『雑阿含経《ぞうあごんぎょう》』巻十五に、盲亀浮木《もうきふぼく》の喩《たと》え話が出てきます。

人間として生まれ、仏法に出会うことのきわめて稀なことを喩えたものです。大海の底に人間として生まれることを願う一匹の盲目の亀がいて、百年に一度だけ海面に浮き上がってくるのです。そして大海原に一本の浮木が漂流していて、その浮木に到達することができたとき、人間に生まれ、延いては仏法に出会うことができるというのです。チャンスは、百年にたった一度、大海原にはたった一つしか浮木はありません。それも盲目の亀ですから、浮木を探すことはできません。まったく不可能としか思えませんが、百年に一度の機会を、何千回何万回と繰り返して、そして見事に浮木にたどり着けたとき、人間となって生まれることができるのです。

それには「恒沙劫《ごうしゃこう》」といわれる永い時間がかかると言われます。恒沙とは恒河沙《ごうがしゃ》の略で、ガンジス川の砂という意味ですが、無数にあるものの喩えです。ですから恒沙劫とは、無量の劫ということになります。その「劫《こう》」という時間の永さについて、次のような喩え話があります。

芥子劫《けしこう》……長さ一由旬《ゆじゅん》（約七キロメートル）四方の大きな立方体に芥子の粒が満た

されていて、それを百年に一粒ずつ取り除いていって、それがすべてなくなっても一劫は終わらない。

盤石劫《ばんじゃくこう》……長さ一由旬（約七キロメートル）四方の大きな硬い石（大理石）があり、百年に一度、絹のようななめらかな布で、サッとひとなでして、その石が摩滅してなくなっても、まだ一劫は経過していない。

これらは、なんという永い時間でしょうか。私が人間として生まれくるまでには、何百万年、何億年、いやそれ以上の時間を費やしてきたと言われるのです。なんという途方もなく永い時間、人間として生まれてくることを願い続けてきたのでしょうか。そして、やっと人間として生まれてきて、たった百年ほどしか生きられないのです。「劫」という時間に比べれば、人間の一生は、ほんの一瞬です。そう思うと、一瞬一瞬が、なんとかけがえのない大切な時間として受け止められるでしょうか。

そうであるのに、いたずらに虚《むな》しく、今生《こんじょう》を過ごしてしまったら、悲しいことです。「生まれてこなければよかった」という言葉を聞くことがあります。しかし、仏教的に言えば、私たちは永遠に近い期間、願いに願って、この世に生まれてきたのです。どうしても生まれてきたかったのです。

「どうして私を産んだの」と親に不平を言う人がいます。確かに私を産んだのは親ですが、仏教的に言えば、自分自身が生まれることを願って母親の胎内に託胎し、人間としての命をいただいたのです。自分が願って生まれてきたのです。親に感謝こそすれ、親を恨むことなど的はずれなのです。

人間に生まれてきたからには

夜話《やわ》に云《いわ》く、古人《こじん》云く、「朝《あした》に道を聞かば、夕《ゆうべ》に死すとも可《か》なり」と。今学道《がくどう》の人、この心あるべきなり。広劫多生《こうごうたしょう》の間《あいだ》、幾回《いくたび》か徒《いたず》らに生じ、徒らに死せん。まれに人界《にんがい》に生まれて、たまたま仏法《ぶっぽう》に逢《あ》ふ時、何《いか》にしても死に行くべき身を、心ばかりに惜しみ持《たも》つとも叶《かな》ふべからず。遂《つい》に捨て行く命を、一日片時《いちじつへんじ》なりとも仏法のために捨てたらば、永劫《ようごう》の楽因《らくいん》なるべし。（三ノ二十二）

〈夜話に言われた、昔の人が言っている「朝、道を聞いて悟ることができたならば、夕刻に死んでもかまわない」と。今、道を学ぶ者も、この心を持つべきである。永遠に輪廻転生《りんねてんしょう》を繰り返す間に、何度いたずらに虚しく生き、虚しく死んでいっただろう。稀に人間の世界に生まれることができて、たまたま仏の教えに出会うことができたとき、いずれは必ず死ぬこの身体を、心でばかり惜しんで保とうとしても、できることではない。ついには捨てていかなければならない命を、一日でも片時《かたとき》であっても、仏法のために捨てることができたならば、永遠の安楽の種を蒔《ま》くことになるはずである〉

ここにも、私たちは稀に人間世界に生まれ、幸い仏の教えに出会えたことが説かれています。そして、いずれは必ず死ななければならないので、その短く大切な命を仏法のために生きるべきことが説かれています。それがまさに永遠の安楽の種を未来に蒔くことになると言われます。

かけがえのない命を仏道のために生きる

夜話《やわ》に云《いわ》く、学人《がくにん》は必ず死ぬべきことを思ふべし。道理《どうり》は勿論《もちろん》なれども、たとへばその言《ことば》は思はずとも、しばらく先《ま》づ光陰《こういん》を徒《いたず》らにすぐさじと思うて、無用《むよう》の事をなして徒らに時をすぐさで、詮《せん》あることをなして時をすぐすべきなり。そのなすべき事の中に、また一切の事、いづれか大切なると云《い》ふに、仏祖《ぶっそ》の行履《あんり》の外《ほか》は皆無用なりと知るべし。

（三ノ二十三）

〈夜話に言われた、修行者は〝必ず死ぬのだ〟ということを思わなければならない。その道理はもちろんであるけれども、例えばその〝必ず死ぬのだ〟という言葉を思わなくても、まずは時間をいいかげんに過ごすまいと思って、無用のことを行って無駄に時を過ごさないで、有益なことを行って時を過ごすべきである。その行うべきことの中で、またあらゆる行いの中で、何が大切であるかというと、僧侶《そうりょ》にとっては仏祖が教えられている行い以外は無用であると知らなければならない〉

示《じ》に云《いわ》く、古人《こじん》多くは云く、「光陰虚《こういんむな》しく度《わた》ることなかれ」と。あるいは云く、「時光徒《じこういたず》らに過ごすことなかれ」と。

学道《がくどう》の人、すべからく寸陰《すんいん》を惜しむべし。露命《ろめい》消えやすし、時光すみやかに移る。暫《しばら》く存《そん》する間に、余事《よじ》を管《かん》することなく、ただすべからく道《みち》を学《がく》すべし。

今の時の人、あるいは父母《ぶも》の恩すてがたしと云《い》ひ、あるいは主君の命《めい》そむきがたしと云ひ、あるいは妻子の情愛離れがたしと云ひ、あるいは眷属等《けんぞくとう》の活命存《かつみようそん》しがたしと云ひ、あるいは世人誹《せじんそし》りつべしと云ひ、あるいは貧《ひん》にして道具調《ととの》へがたしと云ひ、あるいは非器《ひき》にして学道にたへじと云ふ。是《かく》の如《ごと》き等《とう》の世情《せじよう》をめぐらして、主君・父母をもはなれず、妻子・眷属をもすてず、世情にしたがひ、財色《ざいしき》を貪《むさぼ》るほどに、一生虚しく過ぎて、まさしく命の尽くる時にあたりて後悔すべし。須く閑《しずか》に坐《ざ》して道理《どうり》を案じて、終《つい》にうち立てん道を思ひ定むべし。主君・父母も我《わ》れに悟りを与ふべきにあらず。恩愛《おんない》・妻子も我がくるしみをすくふべからず。財宝も死をすくはず。世人終に我れをたすくることなし。非器なりと云ひて修《しゅ》せずば、何《いず》れの劫《こう》にか得道《とくどう》せん。ただ須く万事《ばんじ》を放下《ほうげ》して、一向《いっこう》に学道すべし。後時《ごじ》を存することなかるべし。（六ノ十二）

〈示して言われた、昔の人の多くが言っている、「光陰虚《むな》しく度《わた》ることなかれ」と。あるいは「時光徒《じこういたず》らに過ごすことなかれ」と言っている。

学道の人は、必ず寸暇を惜しまなくてはいけない。露のような命は消えやすく、時間は速やかに移っていく。この世にしばらくの間、生きているうちに、他のことにかかわらず、ただ必ず仏道を学ぶべきである。

このごろの人は、あるいは「父母の恩は捨てることは難しい」と言い、あるいは「君主の命令に背くことは難しい」と言い、あるいは「妻子の情愛から離れることは難しい」と言い、あるいは「私が出家してしまったら一族等が生活していけない」と言い、あるいは「世の中の人が非難するだろう」と言い、あるいは「貧しくて修行の道具を揃えることが難しい」と言い、あるいは「能力がないので修行に耐えられない」と言う。これらのような世情をあれこれと思って、主君や父母からも離れず、妻子や一族も捨てず、世情に従ってお金や物を貪るので、一生が虚しく過ぎてしまって、まさに命が尽きる時にあたって後悔するのである。

必ず静かに坐《すわ》って、このような道理を考えて、最終的にうち立てる道を思い定めるべきである。主君も父母も決して私に悟りを与えてくれない。恩愛や妻子も決して私の苦しみを救ってくれない。財宝も死から助けてはくれない。世の中の人もついには私を助けてくれることはない。能力がないからと言って修行しなかったら、無限の時間を費やしても道を得ることはできない。ただ必ず万事を放り出して、ひたすら修行すべきである。将来のことをあてにして思ってはいけない〉

ただ好《よ》き事を行《ぎよう》じ、人の為《ため》にやすき事をなして、代はりを思ふに、我《わ》がよき名を留《とど》めんと思はずして、真実無所得《むしよとく》にて、利生《りしよう》の事をなす、即《すなわ》ち吾我《ごが》を離るる第一の用心《ようじん》なり。

この心を存《そん》せんと欲《おも》はば、先《ま》づ須《すべから》く無常を念《おも》ふべし。一期《いちご》は夢の如《ごと》し、光陰《こういん》移り易《やす》く、露の命は待ちがたうして、明《あ》くるを知らぬならひなれば、ただ暫《しばら》くも存《そん》し

たる程、聊《いささ》かの事につけても、人の為によく、仏意《ぶつい》に順《したが》はんと思ふべきなり。（四ノ三）

〈ただ、人のために善《よ》いことを行い、その代償を求めたり、名声を残そうと思わずに、まったく自分の利益を考えず、人々に利益のあることをするのが、吾我（エゴ）を離れる第一の心得である。この心を得ようと思うなら、まず世の無常を思うべきである。一生は夢のようなものである。光陰矢のごとしである。命は露のようにはかなく消えてしまい、明日があるかもわからない。そういう定めであるならば、ただ、しばらくの間生きているうちに、些細《ささい》なことであっても、人のために善いことをして、仏の意に順《したが》おうと思うべきである〉

時間を無駄に過ごさない、有益なことを行って時を過ごす、それは僧侶にとっては、仏の教えに随って生きることであるということになります。ここに挙げた説示は、みな、世の無常を語り、時間の大切さを説き、そのかけがえのない時間を、仏道のために生きることを教えられたものです。

仏法のために生きるとは

次に挙げたのは、『正法眼蔵《しょうぼうげんぞう》』「発菩提心《ほつぼだいしん》」の巻に示された、衆生《しゅじょう》の寿命が速やかに過ぎ去っていることの喩え話です。そして末尾に、重要な言葉が示されています。

衆生《しゅじょう》の寿行《じゅぎょう》、生滅《しょうめつ》してとどまらず、すみやかなること、
世尊在世、有二一比丘一、来二詣仏所一、頂二礼双足一、却住二一面一、白二世尊一言、衆生寿行、云何速疾生滅。仏言、我能宣説、汝不レ能レ知。比丘言、頗有二譬喩能顕示一不。仏言、有、今為レ汝説。譬如下四善射夫、各執二弓箭一、相背攢立、欲レ射二四方一、有二一捷夫一、来語レ之、曰中汝等今可二一時放一レ箭、我能遍接、倶令上レ不レ堕。於レ意云何、此捷疾不。比丘白レ仏言、甚疾、世尊。仏言、彼人捷疾、不レ及二地行夜叉一。地行夜叉捷疾、不レ及二空行夜叉一。空行夜叉捷疾、不レ及二四天王天捷疾一。彼天捷疾、不レ及二日月二輪捷疾一。日月二輪捷疾、不レ及二堅行天子捷疾一。此是導二引日月輪車一者、此等諸天、展転捷疾。寿行生滅、捷二疾於彼一。刹那流転、無レ有二暫停一。

世尊《せそん》の在世《ざいせ》に、一比丘《びく》[1]有《あ》り、仏の所《みもと》に来詣《らいけい》して、双足《そうそく》を頂礼《ちょうらい》して、却《かえ》って一面に住《じゅう》して、世尊に白《もう》して言《いわ》く、「衆生の寿行[2]、云何《いかん》が速疾《すみやか》に生滅す」。仏言《のたまわ》く、

「我《わ》れ能《よ》く宣説《せんぜつ》すれども、汝《なんじ》知ること能《あた》はじ」。比丘言く、「頗《すこぶ》る譬喩《ひゆ》の能く顕示《けんじ》すべき有《あ》りや不《いな》や」。仏言く、「有り、今汝が為《ため》に説かん。譬《たと》へば四《よたり》の善射夫《ぜんしやふ》、各《おのおの》弓箭《ゆみや》を執《と》り、相《あ》ひ背き攢《あつま》り立ちて、四方を射んと欲《せ》んに、一《ひとり》の捷夫《しようふ》有りて、来《きた》りて之《こ》れに語《つ》げて、『汝等、今一時に箭を放つ可《べ》し、我れ能く遍《あまね》く接《と》りて、倶《とも》に堕《お》ちざらしめん』と曰《い》はんがごとし。意に於《お》いて云何《いかん》、此《こ》れ捷疾《しようしつ》なりや不《いな》や」。比丘、仏に白《もう》して言く、「甚《はなは》だ疾《はや》し、世尊よ」。仏言く、「彼《か》の人の捷疾なること、地行夜叉《ちぎようやしや》[3][4]に及ばず。地行夜叉の捷疾なること、空行《くうぎよう》夜叉[5]に及ばず。空行夜叉の捷疾なること、四天王天《してんのうてん》[6]の捷疾なるに及ばず。彼の天の捷疾なること、日月二輪《にちげつにりん》[7]の捷疾なるに及ばず。日月二輪の捷疾なること、堅行天子《けんぎようてんし》[8]の捷疾なるに及ばず。此れは是《こ》れ日月輪の車を導引する者にして、此れ等《ら》の諸天、展転《てんでん》して捷疾なるも、寿行の生滅は、彼よりも捷疾なり。刹那《せつな》[9]に流転《るでん》して、暫《しばら》くも停《とどま》ることあることなし」と。

われらが寿行、生滅刹那、流転捷疾なること、かくのごとし。念念のあひだ、行者この道理をわするることなかれ。この刹那生滅、流転捷疾にありながら、もし自未得度先度他《じみとくどせんどた》[10]の一念をおこすがごときは、久遠《くおん》の寿量たちまちに現在前するなり。

(『正法眼蔵』「発菩提心」)

［1］比丘……出家して戒を受けた男子の通称。男性僧侶。［2］寿行……寿命のこと。命のいとなみ。［3］夜叉……『観音経《かんのんぎょう》』などに出てくるインドの神。仏教に取り入れられ、夜叉は仏教の神の八部衆《はちぶしゅ》の一つに数えられて仏教を守護するとされる。須弥山《しゅみせん》の北方を守護する毘沙門天《びしゃもんてん》（夜叉の王、非常に足が速い神）の眷属《けんぞく》（従者）の夜叉など、俊足の神とされる。［4］地行夜叉……地上を疾走する夜叉。［5］空行夜叉……空を飛ぶ夜叉。［6］四天王天……須弥山の頂上に住んでいる帝釈天《たいしゃくてん》の部下。須弥山の頂に帝釈天の宮殿があり、その東西南北の四つの門を護《まも》り、多数の部下をもっている。夜叉よりも足が速いとされる。［7］日月二輪……太陽と月。［8］堅行天子……日月二輪の車を引いている天子で、日月二輪より、さらに足が速い天子。結局、ここで一番速いのは堅行天子ということになるが、それよりも、私たちの命・寿命の移り変わりのほうが速やかであるとする。［9］刹那……仏教の時間で一番最小の単位。七十五分の一秒ほどの時間をいう。この短い時間の間に私たちは生滅（生死）を繰り返しているという。［10］自未得度先度他……「自ら度《わた》ることを得ざるに先《ま》ず他を度《わた》す」。自分が悟りの世界に入る前に、一切の人々を悟りの世界に入らせること。

『阿毘達磨大毘婆沙論《あびだるまだいびばしゃろん》』（第百三十六）というお経に出てくる話です。道元禅師がこの話を『正法眼蔵』「発菩提心」の巻で引用しています。私たちの寿命が、非常に速やかであることの喩えとして引用したものです。

世尊（お釈迦様）の在世に一人の比丘がいて、世尊のところにやって来て両足を礼拝して、少し退いて立ち、世尊に向かって質問したのです。

比丘「衆生の寿命が移り変わっていくということはどのくらい速いのでしょうか」

世尊「私がよく宣説（解説）したとしても、あなたはそれを知ることができないだろう」

つまり、〝そういうものなのか〟となんとなくわかっても、ほんとうにそれを実際に理解することは難しいわけです。だから、いくら懇切丁寧に説明しても、理解してもらえないだろうということです。そこで比丘がさらに質問します。

比丘「そこをなんとか譬喩《ひゆ》（喩え話）でもってお話ししてもらえないでしょうか」

そこで世尊は、喩え話ならできるので、してあげましょうと、次のような譬喩を説かれます。

世尊「四人の弓の名人が、弓と矢をとって背中を合わせて四方を向いて矢を放ったとしよう。そして、一人の非常に足の速い者が、その四人の弓の名人が同時に放った矢を、地に落ちる前にすべて受け取ってしまおうと言った。この話を聞いてどう思うか？　この者は足が速いかどうか？」

比丘「それはたいへん速いですね、お釈迦様」
世尊「しかし、その足の速い人も地行夜叉には及ばないのだ。そして、地行夜叉は、空行夜叉には及ばず、空行夜叉は四天王天に及ばない。この四天王天も、太陽と月の速さには及ばず、太陽と月が乗る車を引いている堅行天子は、もっと足が速いのであるが、それよりもさらに、命（寿命）の移り変わりは非常に速やかであり、刹那に生滅を繰り返してとどまることがないのである」

お釈迦様は、仏教を守護してくれる種々の神々は、非常に足が速いことを話され、それらの神々のうちで、一番足が速いのは堅行天子であると言われるのですが、私たちの命は、それ以上に速やかに移り変わっていくということを説かれています。

私たちの寿命が刹那《せつな》という非常に短い時間に生滅を繰り返していることは、この譬喩のようであり、そのことを修行者は、一念一念一瞬一瞬に忘れてはいけないというのです。そして、そのような中で、もし一瞬でも「自未得度先度他」の心を発したならば、永遠の寿命がたちまちに目の前に現れるのであると示されています。

命の移り変わりの速さということは、時間の移り行きの速さということでもありますが、時間が移り行く速さを、諸天の足の速さの話を喻えにして、示しているのです。空間的移動の速さと、時間的経過の速さは、一見、別物であるように感じますが、とにかく非常に速いのだということは、わかるような気もします。

道元禅師は、『正法眼蔵』「有時」の巻で、空間的存在と時間的経過は一体であることを示されていますが、興味のある方は、勉強してみてください。

ところで、ここで大切なのは、この時間の移り行きの速い、かけがえのない命を、どう生きたらよいのか、最後に説かれる「自未得度先度他の一念をおこす」ということが重要です。

さきに挙げたように、貴重な時間を仏道のために生きることの大切さが、繰り返し説かれていますが、その仏道とはどのような道であるかと言えば、自未得度先度他の心を発し、それを実践すること、と考えられます。自未得度先度他とは、読み下せば、「自ら度《わた》ることを得ざるに先づ他を度す」となりますが、自分が悟りの世界に入る前に、一切の人々を悟りの世界に入らせること、自分より先に他人を救うことです。

もちろん、仏法のために生きるということは、仏の教えに随って生きることであり、その仏の道の生き方は、坐禅をつとめることや、戒を保つこと、そのほかいろいろな修行法がありますが、その基本が、実はこの「自未得度先度他」の誓願と実践なのです。

念念《ねんねん》に留《とど》まらず、日日《ひび》に遷流《せんる》して、無常迅速《むじょうじんそく》なること、眼前《げんぜん》の道理《どうり》なり。知識《ちしき》経《きょう》

巻《かん》の教《おしえ》を待つべからず。念念に明日《みようにち》を期することなかれ。当日当時許《とうじつとうじばかり》と思うて、後日《ごじつ》は甚《はなは》だ不定《ふじよう》なり、知り難ければ、ただ今日《こんにち》ばかりも、身命《しんみよう》の在《あ》らん程、仏道《ぶつどう》に順《したが》はんと思ふべきなり。仏道に順はん者は、興法利生《こうぼうりしよう》のために、身命を捨てて諸事を行《ぎよう》じて去《ゆ》くなり。（二ノ二十五）

〈一念一念にとどまることなく、日々に移り変わって、時の流れの速いことは、目の前の道理である。指導者や経巻の教えを待つまでもない。一念一念に明日という日があることを期待してはいけない。今日この時とだけ思って、後日はまったく不確かなものであって、何が起こるかわからないので、ただ今日だけでも、命のある間に、仏道に順おうと思うべきである。仏道に順おうとする者は、仏法を興隆し、衆生に利益を与えるために、命を捨ててあらゆる事を行っていくのである〉

ここにも示されるように、時の流れは迅速であり、また「一寸先は闇」であって、ちょっと先のことであってもいったい何が起こるかわからないので、ただ今日だけでも、今だけでも、命があるうちに「仏道に順おう」と思うことが大切だというのです。そして、その「仏道に順う」ということは、興法利生のために命を捨ててあらゆることを行うことであるとされます。利生とは、さきの「自未得度先度他」の実践のことです。

このことから、一般の皆さんにも、かけがえのない命を仏道に生きるということの大切さを、理解していただけるのではないかと思います。仏道に生きるということは、「自未得度先度他」を実践するということなのですから。

さて、また話を「光陰を惜しむ」ということに戻しましょう。

無常は理屈ではない、眼前の道理

志《こころざし》を発《おこ》さば、ただ世間《せけん》の無常《むじょう》を思ふべきなり。この言《ことば》またただ仮令《けりょう》に観法《かんぼう》なんどにすべき事にあらず。また無き事を造りて思ふべき事にもあらず。真実に眼前《げんぜん》の道理なり。人のをしへ、聖教《しょうぎょう》の文証《もんしょう》・道理を待つべからず。朝《あした》に生じて夕《ゆうべ》に死し、昨日《きのう》見し人今日《きょう》無きこと、眼《め》に遮《さえぎ》り耳に近し。是《こ》れは他《た》の上にて見聞《みき》きする事なり、我が身にひきあてて道理を思ふ事を。（中略）世間の事をも仏道の事をも思へ、明日《みょうにち》、次の時よりも、何《いか》なる重病をも受けて、東西も弁《わきま》へず、重苦《じゅうく》のみかさなり、また何《いか》なる鬼神《きじん》の怨害《おんがい》をも受けて頓死《とんし》をもし、何《いか》なる賊難《ぞくなん》にも逢《あ》ひ、怨敵《おんてき》も出《い》で来たりて殺害奪命《せつがいだつみょう》せらるる事もや有《あ》らん、真実に不定《ふじょう》なり。

然《しか》れば、これ程にあだなる世に、極めて不定《ふじょう》なる死期《しご》を、いつまで生きたるべしとて、種々《しゅじゅ》の活計《かっけい》を案じ、剰《あまつさ》へ他人《ひと》のために悪をたくみ思うて、徒《いたず》らに時光《じこう》を過ごすこと、極めて愚《おろ》かなることなり。　（三ノ二十）

〈志を発したならば、ただ世間が無常であることを思うべきである。この言葉もまた、ただ、仮想して心で観察するようなことではない。また、実際にないことを造作して思念することでもない。まことに目の前の道理である。他人の教えや、聖教の文句の証明や道理を待つまでもない。朝生まれた人が夕方死に、昨日会った人が今日はいないことは、目の前に溢《あふ》れ、よく耳にする。これは他人のこととして見聞きすることであるが、我が身に引き当てて道理を思うことである。（中略）

世間のことも仏道のことも思ってみなさい、明日、いや次の瞬間から、どのような重い病気が起こって、東西もわからなくなるような重い苦しみが続き、またいかなる鬼神の怨《うら》みを受けて急死し、どんな賊の災難に出遭い、怨敵が出現して殺害されて命を奪われることもあるかもしれず、ほんとうに先のことはわからないのである。だから、これほどはかない世にあって、死ぬ時期はいつなのかまったくわからないのに、いつまでは生きているに違いないと思って、いろいろな生活設計を考え、そればかりか他人に対して悪事をたくらんで、無駄に時間を過ごすことは、まったく愚かなことである〉

さて、「無常」とは〝常住不変でないこと〟を言い、〝物事が変化して一定不変ではないこと〟を言います。「諸行無常」という言葉は、仏教の「四法印《しほういん》（三法印）」や「無常偈《むじょうげ》」に見られる代表的な教義、いや真理であり、日本の古典文学にも、しばしば見いだされます。もっとも有名なのは『平家物語』の冒頭の句でしょうか。

祇園精舎《ぎおんしょうじゃ》の鐘の声、諸行無常《しょぎょうむじょう》の響きあり。
娑羅双樹《さらそうじゅ》の花の色、盛者必衰《じょうしゃひっすい》の理《ことわり》をあらはす。
おごれる人も久しからず、唯《ただ》春の夜《よ》の夢のごとし。
たけき者も遂《つい》にはほろびぬ、偏《ひとえ》に風の前の塵《ちり》に同じ。

また、鴨長明《かものちょうめい》（一一五五～一二一六）の『方丈記《ほうじょうき》』の冒頭の一節も、まさに世の無常を示しています。

行く川のながれは絶えずして、しかももとの水にあらず。よどみに浮かぶうたかたは、かつ消えかつ結びて久しくとどまることなし。世の中にある人とすみかと、またかくのごとし。

この無常ということが、多くの日本人のこころの奥底に息づいていて、時に感傷的に、時に情緒や哀愁を漂わせ、盛者必滅《ひつめつ》、会者定離《えしゃじょうり》、あるいは栄枯盛衰《えいこせいすい》という言葉を連想させて、人生を何やらしみじみと思わせるのであります。

しかし、道元禅師が説かれる無常は、ちょっと趣を異にしているように思われます。「無常」ということの意味は、確かにそのとおりなのですが、道元禅師はここで、無常ということは、そのように頭の中で考え、観念をすることではなく、まさに理屈ではなく、眼の前に現れている道理であるとされます。観念的な無常観ではなく、現実的な危機的な無常観です。

明日、いや次の瞬間から、どのような重い病気が起こるかわからない。東西もわからなくなるような重い苦しみが続くかもしれない。あるいは急死するかもしれない。どんな災難に出遭うかもしれない。凶悪な事件に巻き込まれて負傷したり、殺害されることもあるかもしれません。

災難は突然起こります。ここに道元禅師が説かれているとおりです。道元禅師の時代も現代社会も同様であって、ほんとうに、いつ、何が起こるかわからないのが、私たちの人生の現実です。「しまった！」と思ったときは、もうそれが現実となっていて、取り返しがつかないのです。時間は戻らないのです。

私自身、今こうして平穏に暮らしているのはありがたいことです。あたりまえではありません。そして、今、命があるのもありがたいことです。

ひとの生《しよう》をうくるはかたく、
やがて死すべきものの
いま生命《いのち》あるはありがたし

『法句経《ほつくきよう》』にある有名な言葉です。人間として生まれてくることは、非常に難しい。それは、さきの盲亀浮木の喩えに言われるとおりです。そして、いずれは必ず死んでしまう私が、今こうして生きていることは、ありがたいことです。まことにそのとおりです。

しかし私は、「やがて死す」というよりも、「すでに死す」と言葉を変えて受け取ってみたいと思います。もしかすると、すでに死んでしまっていたかもしれない私が、今こうして生きていることのありがたさを感じるのです。

私がまだ歩けるか歩けないかの幼少のころ、私は寺の境内を流れる小さな川に落ちて流され、師匠（父）の叔母に助けられたことがあると聞きました。叔母がそこにいなければ、私は死んでいただろうと言われました。もの心ついてからも、何回か〝あのとき、一歩間違えば死んでいたかもしれない〟と思うような経験もあります。まさに「いま生命《いのち》あるはありがたし」です。多かれ少なかれ、皆そのような体験があると思います。

死が突然やって来たときには

おほよそ無常《むじょう》たちまちにいたるときは、国王・大臣、親昵《しんじつ》・従僕《じゅうぼく》、妻子《さいし》・珍宝《ちんぽう》たすくるなし、ただひとり黄泉《こうせん》におもむくのみなり。おのれにしたがひゆくは、ただこれ善悪業等《ぜんなくごっとう》のみなり。（『正法眼蔵』「出家功徳《しゅっけくどく》」）

〈だいたい、死が突然にやってきたときは、国王や大臣など権力ある者も、親《しん》戚《せき》や従者などの縁者も、妻や子供も、財宝も、死ということから助けてはくれない。ただ一人であの世に行くだけである。自分に従っていくものは、ただ自分がこの世で行った善行とか悪行などの行為だけなのである〉

　ここでいう「無常」は、死のことを意味しています。「無常たちまちにいたるときは」というのは、〝死が突然やってきたときには〟ということです。そのときは、いかなる権力ある者も、親戚一族も、妻や夫や子どもも、助けてはくれませんし、いくら財宝を積んでも、死から逃れさせてはもらえません。いや、それらをすべて捨てて、ひとり死んでいかなければなりません。そして、死後も自分に従っていくのは、自分がこの世で行った善行とか悪行などの行為だけだというのです。

　ある人から、「私は、死ぬときに、〝立派な人だった〟と言われなくてもいいが、〝善い人だった〟と言われるような人生を送りたい」と聞いたことがあります。社会的に高い地位につけなくてもいい、善い人であったと言ってくれる人がいればそれでいい、というのです。私も同感しました。

　いくら社会的に高い地位につき、名誉を得ても、いくら財産を誇っても、ひとたび事件を起こし、あるいは不祥事が明るみに出れば、地位や名誉や財産は、打って変わって批判され、悪行ばかりが強調されて、人々の記憶の中に残っていきます。逆に、地位や名誉や財産を築かなくとも、世のため人のために行った優れた善行は、何十年、何百年と、人々に語り継がれていくものです。まことに「おのれにしたがひゆくは、ただこれ善悪業等のみなり」です。

無常を観じたときの生き方

誠夫観ニ無常一時、吾我之心不レ生、名利念不レ起。恐ニ怖時光之太速一、所以行道救ニ頭燃一、顧ニ眄身命不レ牢、所以精進慣ニ翹足一。

（『学道用心集』第一「菩提心《ぼだいしん》を発《おこ》すべき事」）

誠に夫《そ》れ無常を観《かん》ずる時、吾我《ごが》の心《しん》生ぜず、名利《みようり》[1]の念《ねん》起こらず。時光《じこう》の太《はなは》だ速《すみや》かなることを恐怖《くふ》し、所以《ゆえ》に行道《ぎようどう》は頭燃《ずねん》を救《はら》ひ[2]、身命《しんみよう》の牢《かた》からざることを顧眄《こめん》[3]し、所以《ゆえ》に精進《しようじん》は翹足《ぎようそく》[4]に慣《なら》ふ。

［1］名利……名聞利養《みようもんりよう》の略語。名誉と利益のこと。［2］頭燃を救い……頭髪に火がついたのを払い落とすようにして消すこと。頭髪に火がつけばあっという間に燃えてしまうので、一刻の猶予もなく消さなければならないように、時を惜しんで修行に励むことをいう。［3］顧眄……振り返り見ること。顧みること。

［4］翹足……翹は、あげる意。足をつまだてることで精進の意に用いる。釈尊が、過去世において弗沙仏《ふつしやぶつ》が火定三昧《かじようざんまい》に入っているのをみて、心中に歓喜の念を

生じ、合掌して片足をつまだてたまま、七日七夜を過ごしたという故事に基づく。

〈まことに、無常を観ずる時、吾我（エゴ）の心は生じることなく、名誉や利益を求める念《おも》いは起こらない。時の過ぎるのが非常に速いことを恐怖に思って、頭髪に降りかかった火の粉を振り払うように、時を惜しんで修行に励み、身体や命が堅固ではなく不定であることを顧みて、釈尊が足を翹《つまだ》て精進されたことにならって精進するものである〉

まことに、世の中の無常をつくづくと思ったときには、吾我の心は消えうせてしまうのかもしれませんが、なかなか私たちには、世の中の無常を真に観じることは難しいかもしれません。そして、吾我の心をなくすことも、名誉や利益を求めずに生きることも容易《たやす》いことではないと思われますが、今回の道元禅師の説示をしっかりと受け止めて、とにかく無常を観じ、一瞬一瞬を大切に、善いことを行うようにつとめて生きていきたいものです。

第九章　玉、磨かざれば光らず

ともに修行する仲間がいる

人人《にんにん》皆、道《みち》を得《う》ることは衆縁《しゅえん》[1]による。人人自《おのずか》ら利《り》なれども、道を行《ぎょう》ずることは衆力《しゅりき》[1]を以《も》てするが故《ゆえ》に、今心を一つにして参究尋覓《さんきゅうじんみゃく》すべし。玉《たま》は琢磨《たくま》によりて器《うつわ》となる、[2]人《ひと》は練磨《れんま》によりて仁《じん》となる。何《いずれ》の玉かはじめより光有《あ》る。誰人《たれびと》か初心より利なる。必ずみがくべし、すべからく練るべし。自ら卑下《ひげ》して学道《がくどう》をゆるくする事なかれ。（五ノ五）

［1］衆縁・衆力……衆は〝多くの〟〝いろいろな〟という意味があり、衆縁を〝多くの条件〟、衆力を〝多くの力〟と解釈できるが、ここでは衆を〝大衆〟（同行の修行者）の意ととって、衆縁＝大衆とのかかわり、衆力＝大衆の力と解釈した。［2］玉は琢磨によりて器となる……「玉不琢不成器、人不学不知道」（『礼《らい》

記《き》』）を踏まえた言葉。

〈一人一人皆、仏の道を得ることは、一緒に修行する者たちとの縁による。一人一人皆、もともと能力をもっているけれども、仏の道を実践することは、一緒に修行する者たちの力によってできるのであるから、今は皆が心を一つにして道を参じ究め、尋ね覓《もと》めるべきである。玉（宝石）は磨くことによって器（立派な器物）となる。人間は鍛えることによって仁（徳を具《そな》えた人間）となる。初めから光っている宝石があるだろうか。初心のときから優れている人間がいるだろうか。必ず磨かなければならない、必ず練らなければならない。自ら卑下して修行を緩くしてはならない〉

さてこの章では、修行ということについてお話しいたします。

修行と言えば、やはり自分を磨くことです。最初から立派な人はいるものではありません。

私たちは、この世に生まれ、幼少期から青年期は、例外を除いて両親や親族などに育てられ、しだいに言葉や動作、そしてさまざまな知識や生活習慣などを身につけていきます。

家族と一緒に生活しながら、いろいろなことを習い、学び、教えられて、成長していきます。

僧侶《そうりょ》にとっての修行も同じことです。他の修行者と一緒に修行する中で、自然といろいろなことを学び、身につけていくのです。

ある程度、年をとり、修行の道理がわかってくれば、たった一人でも修行を行うことは可能です。山にこもって、たった一人で坐禅《ざぜん》修行をしたという禅の修行者もいます。しかしながら、大抵の人は、なかなかそれができません。仲間と一緒に修行することによって、仲間に励まされて、何とか修行ができるということがあります。

毎朝、早朝に起床して、坐禅して、勤行《ごんぎょう》を行うということも、一人で生活していると、つい怠け心が出て、休んでしまうことがあります。一日、二日と怠けているうちに、しだいに怠惰になって、修行をしなくなってしまいます。

心ある修行者は、たった一人でも坐禅をしますが、大方の修行者は、たった一人で黙々と坐《すわ》ることは難しいのです。仲間がいるからできるのです。仲間がいて、一緒に修行するとなると、皆に励まされて、怠らずつとめることができるのです。皆が心を一つにして、同じことを志して行う、これが大切なことです。

「僧」という言葉は「僧伽《そうぎゃ》」の略語ですが、もともと複数の修行者の集まりを「僧」といったのです。古くは、「僧」の最低単位は四人であり、三人以下は「僧」とは言いませんでした。複数の修行者が集まって修行するあり方、それを「僧」と言ったのです。

一般社会においても、志を同じくする仲間がいて、同じ目標に向かって一緒に努力するなら、つらいことにも耐えられますし、志を遂げたときの喜びは、より大きなものではないでしょうか。

玉は琢磨によりて器となる

ここで道元禅師が示されている「玉は琢磨《たくま》によりて器《うつわ》となる、人は練磨によりて仁《じん》となる」という言葉は、『礼記』の「玉不レ琢不レ成レ器、人不レ学不レ知レ道」（玉、琢《みが》かざれば器に成らず、人、学ばざれば道を知らず）を踏まえた言葉であると思われます。宝石も、もともと光り輝いているのではなく、磨くことによって輝くようになります。もちろん、宝石の原石でなければ磨いても輝きませんから、人間も「人人自《おのずか》ら利」（私たちは本来、皆すばらしい能力をもっている）であるからこそ輝くのですが、宝石の原石であっても、磨かなければ光らないように、人間も鍛錬することによって、仁（徳を具えた人間）となるのです。

初めから輝いている人はいないのです。だから「必ずみがくべし」と道元禅師は言われるのです。

大学の教え子たちが、卒業して、永平寺《えいへいじ》（福井県）や總持寺《そうじじ》などの曹洞宗《そうとうしゅう》の修行道場に修行に行くことがあります。何年後かに、どこかのお寺の行事などでひょっこり会いますと、見違えるようになっていて驚くことがあります。皆「玉」なのだ、そして「琢磨によりて器となる」というのは、ほんとうだなあと実感します。

精進と懈怠とによりて、得道の遅速あり

俗《ぞく》の云《いわ》く、「我《わ》れ金《こがね》を売れども、人の買ふこと無ければなり」。仏祖《ぶっそ》の道《どう》も是《かく》の如《ごと》し。道を惜しむにあらず、常に与ふれども人の得《え》ざるなり。道を得《う》ることは、根《こん》の利鈍《りどん》には依《よ》らず、人々《にんにん》皆法《ほう》を悟るべきなり。ただ精進《しょうじん》と懈怠《けだい》とによりて、得道《とくどう》の遅速《ちそく》あり。進怠《しんだい》の不同《ふどう》は志の到《いた》ると到らざるとなり。　（一ノ八）

〈世間の人がいう、「私は金物を売っているけれども、人が買ってくれないのだ」と。仏祖の教えも同じである。仏祖は、教えを説くことを惜しんでいるのではない。常に教えを説いているのだけれども、人々が受け取ってくれないのである。悟りを得るということは、能力が利発であるとか愚鈍であるとかによるのではない。人は皆、仏法を悟るはずのものである。ただ、努力するか怠け

ているかによって、悟りを得るのに速い遅いがある。努力するか怠けるかの違いは、志が切実であるかどうかによるのである〉

厳しい言葉です。私たちは、なかなか事がうまく進まないと、自分に能力がないからだと思います。道元禅師は、そうではないと言われます。道を得ることができるかどうかは、能力や素質によるものではなく、「精進《しょうじん》と懈怠《けだい》とによる」、つまり、努力するか、怠けるかによるものであると。そして、「志の到《いた》ると到らざる」、つまり、志が切実であるか、切実でないか、その志の強さによるのであると。

努力することが大切であり、切実な志を持つことが大切です。

古人も皆金骨にあらず

一日示《いちじつじ》に云《いわ》く、俗人《ぞくにん》の云く、「何人《なにびと》か厚衣《こうえ》を欲《ほっ》せざらん、誰人《たれびと》か重味《じゅうみ》を貪《むさぼ》らざらん。然《しか》れども、みちを存《そん》せんと思ふ人[1]は、山に入《い》り、水にあき[2]、さむきを忍び、餓《うえ》をも忍ぶ。先人《せんじん》くるしみ無きにあらず。是《こ》れを忍びてみちを守れば、後人《こうじん》これを聞きてみちをしたひ[3]、徳をこふるなり」。

俗《ぞく》の賢《けん》なる、猶《な》ほ是《かく》の如《ごと》し。仏道豈《ぶつどうあ》に然らざらんや。古人《こじん》も皆金骨《きんこつ》にあらず、在《ざい》世《せ》もことごとく上器《じょうき》にあらず。大小の律蔵《りつぞう》[4]によりて諸比丘《びく》をかんがふるに、不可思議の不当の心を起こすも有りき。然れども、後《のち》に皆得道《とくどう》し、羅漢《らかん》[5]となれり。しかあれば、我等《われら》も悪くつたなしと云《い》へども、発心《ほっしん》[6]修行せば得道すべしと知りて、即《すなわ》ち発心するなり。古《いにしへ》も皆《み》な苦をしのび、寒《さむき》をたへて、愁《うれ》へながら修道せしなり。今の学者、くるしく愁ふるとも、ただ強《しい》て学道《がくどう》すべきなり。（五ノ六）

[1] みちを存せんと思ふ人……みち（道）とは、儒教《じゅきょう》・道《どう》教・仏教などで説く道で、それぞれの教えで説く生き方のこと。そのような生き方をしようとする人をいうものか。[2] 水にあき……〝あき〟とは厭（＝いとい、疲れる）という意か。谷川の水を汲《く》み運ぶのに疲れる（苦労する）意と思われる。[3] 徳をこふる……徳を恋《こ》ふる。徳を慕い思うこと。[4] 律蔵……戒（自発的ないましめ）や律（他律的な生活規則）について説かれた教えの集まり、総称。[5] 羅漢……阿羅漢。仏弟子（声聞《しょうもん》）の最高の聖者。[6] 発心……発菩提心《ほつぼだいしん》の略。仏道を歩みたいという心を発《おこ》すこと。

〈ある日、示して言われた、世間の人が言っている、「厚く織った衣服を欲しがらない人があろうか、贅沢《ぜいたく》な食べ物を貪らない人があろうか。しかしながら、道に生きようと思う人は、それらを欲しがることなく山に入り、水を汲み、寒さに耐え、飢えを忍ぶのである。先人も苦しみがなかったのではない。これを忍んで道を守ったので、後の人がこれを聞いて道を慕い、徳を慕ったのである」。

世間の賢い人も、やはりこのように言っている。仏道もどうしてそのようでないことがあろうか。昔の人も、皆が金骨（優れた気骨）をもっていたのではない。釈尊《しゃくそん》の在世にも、弟子たちすべてが優れた能力をもっていたのではない。大乗《だいじょう》・小乗《しょうじょう》の律蔵によって諸比丘のことを考えてみると、思いもよらない間違った心を起こすものもあったようである。しかしながら、のちに皆、得道して阿羅漢となったのである。そうであるから、私たちも、悪く劣っているといっても、道を求める心を発して修行すれば、悟りを得ることができると考えて、発心するのである。昔も皆、苦しみを忍び、寒さに耐えて、悩み嘆きながら修行したのである。今の修行者も、苦しみ悩みながらも、ただ強いて修行すべきである〉

昔の偉人の話を学びますと、皆、すばらしい気概をもった人たちで、今の私たちがかなうはずがない、到底及ばないと思ってしまいます。

しかし、この説示で励まされるのは、「古人《こじん》も皆金骨《きんこつ》にあらず、在世もことごとく上器にあらず」ということです。たしかにそうかもしれません。皆が皆、身体も精神も頑健であったのではないと思います。初めから金骨（優れた気骨）がなくても、上器（優れた能力）がなくても、強いて修行すれば、道が得られるのです。昔の修行者も、苦しみを忍び、寒さ暑さに耐えて、悩み嘆きながら修行したのですから、今の修行者も、それを慣《なら》わなければなりません。

それにしても、修行というのはなかなか厳しそうです。なまやさしいものではありません。道元禅師は、『学道用心集《がくどうようじんしゅう》』第六「参禅《さんぜん》に知るべき事」の中で、

好レ易之人、自知レ非二道器一矣。

易《やす》きを好む人、自《みずか》ら道器《どうき》にあらずと知れ。

とも示されています。「易行《いぎょう》を好む人よ、自分が道器ではないことを知りなさい」というのです。楽な修行を好んで、つらい修行を行わない者は、自分が仏道を歩むことができる器ではないということになります。厳しいですね。

学ばないで禄を得る者はいない

俗《ぞく》に曰《いわ》く、学べば乃《すなわ》ち禄《ろく》その中に在《あ》りと[1]。仏の言《のたま》はく、行《ぎょう》ずれば乃《すなわ》ち証《さとり》その中に在りと。未《いま》だ嘗《かつ》て学ばずして禄を得る者、行ぜずして証を得る者を聞くことを得ず。縦《たと》ひ行に信法頓漸《しんぽうとんぜん》[2]の異《い》ありとも、必ず行を待つて証を超ゆ。縦ひ学に浅深利《せんしんり》鈍《どん》の科《か》ありとも、必ず学を積んで禄に預《あずか》る。

（『学道用心集』第三「仏道は必ず行《ぎょう》に依《よ》りて証入《しょうにゅう》すべき事」、原文は漢文）

[1] 学べば乃ち禄その中に在り……人才登庸《じんさいとうよう》を得て俸禄《ほうろく》を得るか否かは修学にある、の意。出典は『論語《ろんご》』「衛霊公篇《えいれいこうへん》」。[2] 信法頓漸……仏道修行の四つの方途。信は随信行《ずいしんぎょう》（鈍根《どんこん》の者が他人の説に随《したが》って信仰を生じ、その信仰によって修行すること）、法は随法行《ずいほう》（利根《りこん》の者が自己の智力をもって仏法を知り妄念を除くこと）、頓は頓悟《とんご》（利根の者が頓速《とんそく》に仏法の真意を悟ること）、漸は漸修《ぜんしゅう》（鈍根の者が次第順序を追って漸次《ぜんじ》に修行を進めること）。

〈世間では「学べば、禄はその中にある」と言う。仏は「修行すれば、証《さと》りはその中にある」とおっしゃっている。いまだかつて、学ばないで禄（俸禄）を得る者や、修行しないで証《さと》りを得る者があると聞いたことがない。たとえ行に信・法・頓・漸の違いがあっても、必ず修行をして証果《しょうか》を超えていく。たとえ学に浅・深・利・鈍の科（程度）があっても、必ず学を積んで禄に預るのである〉

「学べば乃《すなわ》ち禄《ろく》その中に在《あ》り」というのは、『論語』の言葉（「学也禄在其中矣」）で、「俸禄を得るか否かは修学、学問を積むことにある」という意味です。学問をしっかり積めば、人才登庸（人材登用）を得ることができます。当時の中国には、科挙《かきょ》と言われる官吏《かんり》（役人・官員）の登用試験があったわけですが、この試験にパスすれば、官吏として安定した地位と俸禄を得ることができたわけです。そして、人才登庸を得て俸禄を得ることができるかどうかは修学（学問を積むこと）にある、というのが、この「学べば乃ち禄その中に在り」という言葉です。「その中に在り」ですから、学問を積んでいって、その結果、試験に合格して、就職して収入を得る、というよりも、学問を積む、学ぶ、というそのことの中に、もう、結果が含まれているということになろうかと思います。

同様に、仏の教えでも、「修行すれば、証りはその中にある」と、道元禅師は言います。そして、いまだかつて、学ばないで禄（俸禄）を得る者や、修行しないで悟りを得る者があると聞いたことがないように、学ぶこと、修行することの大切さを説かれているのです。たとえ修行ということに信・法・頓・漸の違いがあっても、必ず修行をして悟りを得るのであると言われるのです。

学ぶということにも、浅いとか、深いとか、鋭いとか、鈍いとか程度の差はあっても、いずれにしても、学ぶことが大切であり、学問を積んでこそ、俸禄を得ることができると教えています。

結果よりも過程が大切、ということが言われます。「オリンピックは、参加することに意義がある」とも言われます。もちろん、そのオリンピックに出場できなくても、それを目指す過程、つまりそこまでの道のりの大切さを言うのであろうと思います。しかし、「結果よりも過程が大切」という反面、「結果よければすべてよし」という言葉もあるわけで、確かに結果は大切であるにしても、道元禅師はそれと同等に、その過程が大切であると教えているのです。

結果よりも過程が大切

ところで、道元禅師とともに中国に渡った臨済宗《りんざいしゅう》の禅僧に明全《みょうぜん》という人がいます。道元禅師にとって、明全は、友人というよりも師匠として信頼する大切な人物でありましたが、修行の途中で、天童山《てんどうざん》で亡くなりました。道元禅師は明全のことを「先《せん》師《し》」と記していますが、「先師」とは、亡き師匠を言う敬称であり、道元禅師が「先師」と言っているのは、如浄《によじょう》禅師と明全だけですから、道元禅師にとって明全は、師として慕う人だったことがわかります。その、一緒に中国に渡った明全が、修行の途中で、中国で亡くなってしまったのです。無念の別れであったと思われます。

中国留学中に、求道《ぐどう》の途中で、いわば道なかばにして世を去った明全は、不運の人であったのでしょうか。確かな悟りを得ることのできなかった明全の人生は、虚《むな》しいものであったのでしょうか。

同じく『学道用心集』の中で、道元禅師は次のように示しています。

参学人、且半途始得、全途莫レ辞。　　（『学道用心集』第八「禅僧行履の事」）

参学《さんがく》の人、且《しばら》く半途《はんと》にして[1]始めて得たり、全途《ぜんと》にして辞《じ》すること莫《なか》れ。

[1] 且く半途にして……「且く」は、文を転じて強く言い起こす語。この部分は、「半途なるも始めより得たり、全途に辞すること莫れ」と読むこともできる。その場合、「仏道修行は途中であっても〔修行が証《さと》りであるから、その証りを〕はじめから得ている。〔ゆえに〕その全行程において〔証りとしての修行を〕や

めてはいけない」という意味になる。

〈参学の人よ、学道という道は、半分の道のりまで来て、やっとわかり始めるものであり、また、すべて学び終えたと思っても、それで満足して決してやめてしまってはいけない道である〉

「半途《はんと》にして始めて得たり」……「半途」というのは、半分の道のりということです。ですから「半途にして始めて得たり」というのは、半分の道のりまで来て初めてわかり始める、つまり、仏教の勉強を始めて、ようやくその全体の半分くらいを勉強し終えた。道のりではすでに半分くらい来たわけであるが、そのときにやっと仏教がわかりかけてくる。半分まで来たときに、初めてわかる、やっとわかり始める、という意味になります。

そして、「全途《ぜんと》にして辞《じ》すること莫《なか》れ」、道を全うしても、やめてしまってはいけない、ということになります。すべて勉強し終わっても、それで十分というものではない。それで満足して怠ってはいけない。そのように受け取ることができます。

しかし、この言葉は、次のような読み方もできるのです。それは、「半途なるも始めより得たり、全途に辞すること莫れ」という読み方です。原文は漢文ですので、読み方によって違う解釈もできるのです。私は、この「半途なるも始めより得たり」の読み方のほうが、道元禅師らしいと思うのです。

「半途なるも始めより得たり」とは、仏道修行は途中であっても、〔修行の中に証りが現れているのであるから、その証りを〕始めたときから得ている、ということになります。そして「全途に辞すること莫れ」、先ほどは「全途」を「道を全うする」と解釈しましたが、これを「全行程」、「道全体」と解釈するならば、その全行程において〔証りとしての修行を〕やめてはいけない、ということになるのです。

前の解釈は、人生訓的にみて一般的でありますが、後の解釈のほうが道元禅師にふさわしい解釈であるということもできます。

話を戻しますが、道元禅師と一緒に中国に渡った明全は、残念ながら、修行途中で、中国で亡くなってしまいます。修行が、悟りを得るための手段・方法にすぎないのであれば、悟りを得ずして死ねば、修行は無駄事になります。しかし、修行の中に証りが現れているとする道元禅師の教えからは、半分の修行は、半分の証りであって、大きな意味をもつものであると考えられます。

人生、必ずしも思いどおりの結果を得られるものではありません。結果がすべてであると言うなら、身体に障害をもって生まれてきた人、あるいは事故や病気によって、一生、不自由な生活をしなければならない人や、そのような家族をもった人の人生は、その人にとってマイナスでしかありません。大切なのは、それぞれが、それぞれの状況にあって、その状況のもとで、どう前向きに生きるか、というその過程ではないのか。少なくとも、道元禅師の、「結果よりも、過程が大切」であり、「一日一日、一瞬一瞬が大切」であるとする教えは、私たちに大きな希望を与えてくれるものです。

修行と証りは一つ

それ修証《しゆしよう》[1]はひとつにあらずとおもへる、すなはち外道《げどう》[2]の見《けん》なり。仏法《ぶつぽう》には、修証これ一等《いつとう》なり。いまも証上《しようじよう》の修《しゆ》なるゆゑに、初心の弁道《べんどう》[3]すなはち本証《ほんしよう》[4]の全体なり。かるがゆゑに、修行の用心《ようじん》をさづくるにも、修のほかに証《しよう》をまつおもひなかれとをしふ。直指《じきし》[5]の本証なるがゆゑなるべし。すでに修の証なれば、証にきはなく、証の修なれば、修にはじめなし。ここをもて、釈迦如来《しやかによらい》[6]・迦葉《かしよう》尊者《そんじや》[7]ともに証上の修に受用せられ[8]、達磨《だるま》大師《だいし》[9]・大鑑《だいかん》高祖[10]、おなじく証上の修に引転《いんでん》せらる。[11]仏法住持《じゆうじ》のあと、みなかくのごとし。

すでに証をはなれぬ修あり、われらさいはひに一分《いちぶん》[12]の妙修《みようしゆ》[13]を単伝《たんでん》[14]せる、初心の弁道すなはち一分の本証を無為《むい》[15]の地にうるなり。しるべし、修をはなれぬ証を染汚《ぜんな》せざらしめんがために、仏祖しきりに修行のゆるくすべからざるとをしふ。

妙修を放下《ほうげ》すれば[16]本証手の中《うち》にみてり、本証を出身《しゅっしん》すれば妙修通身《つうしん》におこなはる。（『弁道話《べんどうわ》』）

［1］修証……修行と証果（悟り）。［2］外道……仏教以外の道、教え。［3］弁道……道をつとめること。修行。［4］本証……本来証悟のこと。本来、さとっているという意であるが、道元禅師の場合、「迷いの状態のままで修行と関係なく、もともとさとっている」という意味ではない。つまり、迷ったものが修行して、その結果としてさとりを開くのではなく、修行の段階で、その修行という行為の中にさとりが現れていることを言う。本証は修行を必要条件とし、出発点としている。［5］直指……直《ただ》ちに指し示すこと。譬《たと》え話などの方便を用いず、あれこれと解説することなく、端的に示すこと。［6］釈迦如来……釈迦牟尼《むに》仏、釈尊のこと。［7］迦葉尊者……釈尊の後継者となった摩訶《まか》迦葉のこと。［8］受用せられ……受用させられた。つまり、受け用いたのではなく、そのようにさせられた意。努力して行ったのではなく、あたりまえに行われた意味が含まれている。［9］達磨大師……インドから中国に禅を伝えたとされる菩提《ぼだい》達磨のこと。［10］大鑑高祖……達磨から六代目の六祖大鑑慧能《えのう》のこと。中国禅の大成者といわれる。［11］引転せらる……引き転がされる。引き転がしたのではなく、その

ようにさせられた意。受用せられ、と同様。［12］一分……一部分の意。ここでは不定の数量。修行した分が、さとりの分というような意味。「一分の妙修」と「一分の本証」が対応している。［13］妙修……妙は不可思議、最勝（最も優れている）の意。修は修行。ここでは、さとりを求めない修行を妙修といい、具体的には坐禅をさす。［14］単伝……釈尊の教えがまっすぐに伝わる。［15］無為……因果関係を超えた絶対的あり方や、自由自在の境涯を言うが、ここでは具体的に、さとりを求めない、さとりのあり方としての坐禅をさす。［16］妙修を放下すれば～……以下の句で、本証と妙修が一つであることを表したもの。

〈修行とさとりが一つではないと思うのは、仏教以外の人が言うことである。仏の教えでは、修行とさとりは一つである。今言う坐禅も、さとりの上での修行であるから、初心者の弁道（修行）はそのまま本来のさとりのあり方の全体を現しているのである。そうであるから、修行の心得を授ける場合でも、修行のほかにさとりを期待してはいけないと教える。修行が直ちに本来のさとりのあり方を現しているからである。すでに修行がさとりであるから、さとりに際限（終わり）はなく、さとりの上での修行であるから、修行に初め（初心者であるとか未熟であるとか）はないのである。このようなことで、釈迦如来も迦葉尊者もともにさとりの上の修行（坐禅）に受用させられ、達磨大師も大鑑高祖も同じくさとりの上での修行（坐禅）に引き転がされたのである。仏の教えを代々受け継いできた様子は、皆このようである。すでにさとりを離れない修行（坐禅）がある。私たちは幸いに、一分の妙修を単伝したが、初心者の弁道（修行）におけるその一分の妙修が、そのまま一分の本証を無為（坐禅）の地（ところ）に得ていることになるのである。心得ておきなさい、修行を離れないさとりをけがさないために、仏祖はしきりに修行を緩めてはいけないと教えている。妙修を放ち捨てると本証が満ちあふれ、本証を抜け出すと妙修が全身で行われるのである〉

修証一等というのは、修行とさとりが一つであるということです。一般的には、修行を積んで、少しずつ磨かれていって、最終的にさとりという究極の目標が達成されると思われています。

実は、確かにそういう面もあります。例えば、入社一年目の新入社員と、勤続三十年のベテランとでは、明らかに違います。仕事をこなす能力に大きな差があります。修行道場においても同じです。新米の修行僧（新到《しんとう》と言います）と、三年、五年と修行した修行僧（古参《こさん》と言います）とでは、身のこなしも風格もまったく違います。また、修行から戻ってきたばかりの新米住職と、五十年も住職をつとめた老僧とでは、これまた貫禄《かんろく》が違います。確かに、人間は磨かれるのです。

しかしながら、能力に差があっても、一生懸命に行うということにおいては等価値である、と認めるのが「一等」ということではないかと私は思います。五十歳のベテラン社員でも、新入社員の時代があり、そのころからの積み重ねがあるからこそベテランになったわけですから、積み重ねの一日一日が大切であるのです。たゆみない努力、怠りなき修行、そのことにおいては、初心者も熟練者も同じでなければならない、そのことは同等に評価されなければならない、ということであろうと思います。

スタートしたときがゴールのとき

さて、修証一等、つまり修行がさとりであるということは、わかりやすく言いますと、スタートしたときがゴールのときである、ということになります。そのような教えが、『正法眼蔵《しょうぼうげんぞう》』「出家功徳《しゅっけくどく》」の巻に出てきます。

阿耨多羅三藐三菩提《あのくたらさんみゃくさんぼだい》[1]は、かならず出家《しゅっけ》の即日に成熟《じょうじゅく》するなり。しかあれども、三《さん》阿僧祇劫《あそうぎこう》[2]に修証《しゅしょう》し、無量《むりょう》阿僧祇劫[2]に修証するに、有辺無辺《うへんむへん》[3]に染汚《ぜんな》[4]するにあらず。

（『正法眼蔵』「出家功徳」）

［1］阿耨多羅三藐三菩提……「アヌッタラ、サンミャク、サンボーディ」の音写語。意訳は無上正《むじょうしょう》等正覚《とうしょうがく》。釈尊の悟りと同等の、このうえなく正しいさとりの意。［2］三阿僧祇劫・無量阿僧祇劫……無量の時間。永遠に限りなく近い時間の永さ。［3］有辺無辺……辺は、～の側、～の立場の意。どんな立場（ところ）にあっても。［4］染汚……汚れること。煩悩・欲望にまみれること。ここでは、修行をやめてしまうことをいう。

〈釈尊と同等のすばらしいさとりは、出家したその日に成熟するのである。そうであるが、無限に近い時間、仏道を歩む中で、修行をやめてしまってはいけない〉

仏教では、人間が仏になるためには、無限に近い時間が必要だと説きます。阿耨多羅三藐三菩提という、お釈迦様と同等のさとりを得るには、そのくらいの時間がかかるというのが、仏教の基本的な考え方です。

しかし、道元禅師は、そのお釈迦様と同等のさとりは、出家したその日に成就していると言われます。出家した日が釈尊と同等のさとりを成就した日だと言っています。

でも条件があるのです。修行をやめてはいけない、ということです。修行を続けていけば、必ず釈尊のようなすばらしいさとりが開ける。修行をやめさえしなければ、出発点において、確実にさとりはあるのです。一日、一日の修行のほかにさとりはない、毎日の努力のほかに成功はない、というのです。そのことを道元禅師は、このような表現で説かれているのです。

簡単に言えば、スタートしたときが、ゴールのときということになりましょうか。でも、マラソンで言えば、スタートしただけではダメです。走り続けなければなりません。走り続ければ必ずゴールがある。一歩一歩走るということが大切で、その一歩がなければゴールはないのです。確実に走り続け、一歩一歩を怠らずに、前に向かって踏み出し続けるという努力があれば、必ずゴールはあるのです。

千里の道も一歩から、という言葉もあります。まずは歩み出すこと、そして歩みをやめてしまわないこと。そうすれば確実に前進し、必ずや到着します。そして、到着したときにわかるのです。歩みの一歩一歩の中にこそ、到着のそのときと何ら変わらない大きな意義があったことが。

だから、一歩一歩が大切なのです。学ぶということ、学び続けるということ、実践するということ、実践を怠らないということが大切です。

そのようなスタートですから、スタート自体がとても難しいですね。

修行力が現れる

はじめは、諸悪莫作《しょあくまくさ》ときこゆるなり。諸悪莫作ときこえざるは、仏正法《ぶつしょうぼう》にあらず、魔説《ませつ》なるべし。（中略）諸悪莫作とねがひ、諸悪莫作とおこなひもてゆく。諸悪すでにつくられずなりゆくところに、修行力たちまちに現成《げんじょう》す。

（『正法眼蔵』「諸悪莫作」）

〈初めは、「諸悪莫作」（もろもろの悪を行ってはならない）と聞こえるのである。「諸悪莫作」と聞こえないのは、仏の正しい教えではない、悪魔の説であるに違いない。（中略）「諸悪莫作」と願い、「諸悪莫作」と行っていく。そして、諸悪がつくられなくなっていくところに、修行の力がたちまちに現れているのである〉

古くは『法句経《ほっくきょう》』に説かれる「諸悪莫作」という教えは、本来の意味は、〝もろもろの悪を作《な》すこと莫《なか》れ〟という禁止の意味ではなく、〝もろもろの悪を作《な》すこと莫《な》し〟という自発の意味であり、さまざまな悪事を行わない、行うことができないということをいうのです。しかし、初めから私たちは、悪事を決して行うことがない自分自身を確立しているわけではありません。

最初はやはり、「諸悪莫作」という言葉を聞いたとき、〝悪いことを行ってはいけない〟と聞こえなければいけないのです。初めはそのように聞こえるのが、仏の正しい教えであって、そしてそのように努力し実践することが大切なのです。

そのような努力を続けていると、さらにすばらしい生き方が現れてきます。

正当恁麼時《しょうとういんも》の正当恁麼人《にん》は、諸悪つくりぬべきところに住《じゅう》し往来し、諸悪つくりぬべき縁《えん》に対し、諸悪つくる友にまじはるににたりといへども、諸悪さらにつくられざるなり。莫作《まくさ》の力量現成《げんじょう》するゆゑに。

（『正法眼蔵』「諸悪莫作」）

〈まさにこのとき、まさにこの人は、諸悪をつくってしまうようなところに住み、行き来したり、諸悪をつくってしまって当然のような条件の中にいて、また悪事をなす友人とつき合っていたとしても、決して悪事を行うことがないのである。というのは、「莫作《まくさ》の力量」（決して行うことがないという修行の力）が現れているからである〉

ここが大切なところです。諸悪莫作の修行の力が現れた人、つまり悪いことを決して行うまいと願い、つとめて実践してきた人は、その実践がしっかり身についていて、例えば、悪事を行っても当然のような環境下にいても、決して悪事を行うことがないというのです。「悪いことをしてはならない」と思い、「決してしない」という努力を積み重ねているうちに、しだいに自然と、特に努力しなくても、悪いことをしないようになっていくというのです。そのことを道元禅師は、「莫作の力量現成《げんじょう》」と言うのです。

現代社会における諸問題に対する取り組みでも、同じことが言えます。初めは、「環境を破壊してはいけない」「戦争をしてはいけない」「差別をしてはいけない」と、心して努力することが大切です。常に、心掛け、行い、反省することが必要です。まずはつとめて、そうしなければならないのです。そうしているうちに、必ず道元禅師のいう「莫作の力量」が現れてきて、そのときにこそ、これらの問題に対するほんとうの解決がなされるのだと思われます。つまり、

環境を破壊することができない。

戦争をすることができない。

差別することができない。

そういう人間となることが、仏教や禅が目指すところであり、そのような自分自身を

つくり上げるために努力し続けることが、私たちの修行なのです。

永遠の修行

すでに帰依《きえ》したてまつるがごときは、生生世世《しょうしょうせせ》、在在処処《ざいざいしょしょ》に増長し、かならず積功累徳《しゃっくるいとく》し、阿耨多羅三藐三菩提《あのくたらさんみゃくさんぼだい》を成就《じょうじゅ》するなり。（『正法眼蔵』「帰依仏法僧宝《きえぶっぽうそうぼう》」）

〈すでに、仏や、仏の教えや、修行者たちに帰依したならば、生まれ変わり、死に変わり、それぞれの人生、さまざまな世界で、その帰依の心を増長させて、必ず功徳を積み重ね、釈尊と同等の正しい悟りを完成させるのである〉

さて、道元禅師の説かれる修行というのは、この人生において、生涯怠りなく続ける修行ですが、さらに、今生だけでなく、未来にわたって、永遠に続けられていくものであると説かれます。釈尊のような、ほんとうの悟りを得るというのは、簡単なことではなく、このような人生を、何千回、何万回、いや何億回と重ねていって、しだいに功徳を積み重ね、人格を磨いていく。そしてはるか未来において、釈尊のような悟りを開くことができる、というのが道元禅師の信仰です。

まさに永遠の修行です。永遠の修行なのですが、呆然《ぼうぜん》とすることはありません。気後れすることはありません。永遠の時間でも、一日一日の積み重ねなのですから。

一日一日を大切に、真剣に生きればよいと思います。それが修行ということです。

第十章　学道の心構え

道元禅師《どうげんぜんじ》は今から約八百年前、鎌倉時代に生きられたお方で、その教えはその時代に説かれたもので、主に修行者を相手に示されたものであり、現代を生きる私たちにはあまり関係ないのではないかと思う人も多いでしょう。

しかしながら、これまで取り上げてきたさまざまな教えもそうですが、はるか昔の、それも仏教の修行者を対象に説かれた教えの中に、現代を生きる私たちにとっても大いに生かすことができる、よりよく生きる智慧《ちえ》が随所に説かれています。

三度考えて話をする

学道《がくどう》の人、言《ことば》を出《いだ》さんとせん時は、三度《み》顧《たびかえりみ》て、自利利他《じりりた》の為《ため》に利《り》あるべければ、これを言ふべし。利なからん時は止《とど》まるべし。是《かく》の如《ごと》き、一度にはしがたし。心に懸《か》けて漸漸《やややや》に習ふべきなり。

（一ノ三）

〈学道の人は、ものを言おうとするときは、言う前に、三度考えて、自分のためにも他人のためにも有益であることならば言うのがよい。有益でなさそうなときには言うのをやめるべきである。このようなことは一度にできるようになるのは難しい。心掛けて、しだいしだいに練習するのがよい〉

また、同様な説示ですが、次のようにも示されています。

示《じ》に云《いわ》く、「三覆《さんぷく》して後《のち》に云《い》へ」と云《い》ふ心は、おほよそ物を云《い》はんとする時も、事を行《おこ》なはんとする時も、必ず三覆して後《のち》に言ひ行なふべし。先儒《せんじゅ》多くは三《み》たび思ひかへりみるに、三たびながら善《ぜん》ならば言ひおこなへと云ふなり。宋土《そうど》の賢人《けんじん》等《とう》の心は、三覆をば、いくたびも覆《ふく》せよと云ふなり。言《こと》ばよりさきに思ひ、行《おこない》よりさきに思ひ、思ふ時に必ずたびごとに善ならば、言行《げんぎょう》すべしとなり。衲子《のっす》もまたかならずしかあるべし。我《われ》ながら思ふことも云《いう》ことも、主《ぬし》にも知られず、あしきことも有《あ》るべき故《ゆえ》に、先《ま》づ仏道《ぶつどう》にかなふやいなやとかへりみ、自他のために益《えき》有りやいなやと、能能《よくよく》思ひかへりみて後《のち》に、善なるべければ、行ひもし、言《い》ひもすべきなり。行者《ぎょうじゃ》、もしこの心を守らば、一期《いちご》仏意《ぶつい》にそむかざるべし。（五ノ十）

〈示して言われた、「三度考えてからものを言いなさい」という意味は、だいたい、ものを言おうとするときも、事を行おうとするときも、必ず三回考えて、その後に言ったり行ったりしなさいということである。昔の儒者の多くは、「三度、思い考えて、三度とも善《よ》いと思えば、言ったり行ったりしなさい」と言うのである。宋の国の賢人たちがこのように言う心は、三度というのは、幾度も反復しなさいというのである。言う前に考え、行う前に考えて、考えるときそのたびに善いと思えば、言ったり行ったりしなさいというのである。禅僧もまた必ずそうあるべきである。自分が思うこと、言うことも、自分ではわからなくても悪いこともあるかもしれないので、まず仏の道にかなっているかどうかと考えて、自分のためにも他人のためにも有益かどうかとよくよく思い考えた後で、善いことであるに違いないと思えば、行いもし、言いもするのがよいのである。修行者がもしこの心を守れば、一生、仏の心に背かないはずである〉

「三度考えてからものを言いなさい」というのは、道元禅師が初めて説かれた教訓ではなく、中国において儒教の師がよく教訓していた言葉です。それを道元禅師が、禅僧もそうでなければならない、と取り上げているのです。

三度考えて……といっても、日常の会話の中で、いちいち三度も、言う前に考えて話すということになると、間延びしてしまって、会話にならないように感じます。それも、「自分のためにも相手のためにもなること」ということになれば、話すことなどなくなってしまうように思われます。結局、無駄なことはしゃべるなということでしょうか。

思えば、私たちは日ごろ、無駄なことを言うことが多く、そのような中で、不注意な発言や行動をして思わぬ大問題を起こしてしまったりすることがあります。ことに、国家の首相や大臣など、責任ある立場の方々は、大いに心しなければならないことでしょう。

言葉というものは、とても大切です。言葉の内容やその言い方で、人間関係はよくもなり悪くもなるものです。私たちの日常生活では、不用意な発言によって、相手の心を傷つけてしまったり、怒りをかったりすることがあります。

私も、ある講演会で、食品の安全性について話題にしたとき、農薬や化学肥料の使用について話が及んだのですが、言葉が足りなかったせいか、その話が誤解されて受け取られ、農業を行っている人から「悲しい思いをした」という手紙をいただいたことがあります。

何気ない言葉によって、無意識のうちに相手の心を傷つけていることもあります。

逆に、ちょっとした思いやりの言葉に、心を和ませられたり、勇気づけられたり、また一つの言葉によって人生が変わるほどの大きな影響を受けたり、与えたりすることもあるものです。

道元禅師の教えのように、三度考えることは難しいにしても、ほんの一瞬でもいい、一瞬、今自分が言おうとしていることに思いをめぐらすことによって、日常生活における失言は確実に少なくなり、不用意に他人を傷つける言動もなくなるのではないでしょうか。

「一度にはしがたし。心に懸《か》けて漸漸《ややや》に習ふべきなり」と道元禅師も示されているように、よくよく思い考えて、ものを言ったり、事を行ったりすることは、最初はなかなか難しいことですが、心掛けて行っているうちに、だんだんにできるようになるものです。私も、このことを心掛けるようになってから三十年以上が経ちますが、まだまだ十分ではありませんが、しだいにできるようになってきたように思います。

三度考えて、ものを言ったり行ったりすること、皆さんも心がけてみませんか。

相手の言うことをよく聞く

示《じ》に云《いわ》く、当世《とうせ》学道《がくどう》する人、多分法《たぶんほう》を聞く時、先《ま》づ好《よ》く領解《りょうげ》する由《よし》を知られんと思うて、答《こたえ》の言《ことば》の好《よ》からん様《よう》を思ふほどに、聞くことば耳を過ごすなり。詮《せん》ずる処道心《ところどうしん》なく、吾我《ごが》を存《そん》する故《ゆえ》なり。ただ須《すべから》く先づ我《われ》を忘れ、人の言《い》はんことを好《よ》く聞きて、後《のち》に静かに案じて、難《なん》もあり不審《ふしん》もあらば、逐《お》うても難《なん》じ、心得たらば逐うて帰《き》すべし。当坐《とうざ》に領《りょう》ずる由《よし》を呈《てい》せんとする、法《ほう》を好《よ》くも聞かざるなり。　（一ノ十二）

〈示して言われた、現代の修行僧たちは、多分に、教えを聞くときに、まず自分がよくわかっていることを知られようと思い、上手に返答しようと思って聞いているので、聞く言葉がしっかりと耳に入らないのである。結局、道を求める心がなく、吾我（エゴ）の心をもっているからである。

ただ、まず自分を忘れて（ものわかりがよいと思われようと考えるのはやめて）相手の言っていることをよく聞いて、後から静かに考えて、難点や疑問点があれば、後からそう言えばよいし、理解することができたなら、後からでも従えばよいのである。その場で、よくわかったふりをしようとすると、教えをしっかりと聞くことができないのである〉

師の教えを聞くときは、まずは、よく聞くことが大切で、体《てい》のいい返答をしようと思って聞くようなことがあってはいけないのです。

自分はよくわかっている、あるいは理解力があるということを知ってもらいたい、これは「吾我の心」が顔を出しているのです。これが修行の妨げになることは、第三章「我執《がしゅう》を離れる」でお話ししたとおりです。まずは、自分を忘れて、師の教えをしっかりと聞くことが大切です。

日常の会話でも、相手の話を聞きながら、次に自分が言うことを考えている、〝次には私はこう言おう〟〝こんな受け答えをしよう〟などと考えていることがあります。だから、ほんとうによく相手の言うことを聞いていないことがあります。

こんなこともありますね、例えば、相手が、〝私の家族は……〟と自分の家族のことを話している。それをよく聞いてあげて、その内容に対して何か受け答えをしてあげればよいのに、相手の話が終わるか終わらないうちに、〝私の家族はね……〟と、自分の話を始める。お互いが自分のことばかり言う。まさに自己満足の会話をするようなことがあります。これもまさに「吾我《ごが》を存《そん》する故《ゆえ》なり」です。

日常の会話においても、この道元禅師の「相手の言うことをよく聞く」ということは大切なことだと思います。相手の言うことをよく聞いてあげれば、相手も十分聞いてもらったことに満足して心の余裕ができて、こちらの言うこともよく聞いてくれるようになるかもしれません。まずは相手の言うことをよく聞いてあげる、それが大切です。

荒々しい言葉づかいをしない

他《た》の無《む》道心《どうしん》なるひが事《ごと》なんどを、直《じき》に面《おも》てにあらはし、非《ひ》におとすべからず。方《ほう》便《べん》を以《も》てかれ腹立《はらだ》つまじき様《よう》に云《い》ふべきなり。「暴悪《ぼうあく》なるはその法久《ほうひさ》しからず」と云ふ。たとひ法をもて呵嘖《かしやく》すれども、あらき言《こと》ばなるは、法も久しからざるなり。小人《しょうにん》と云ふは、いささか人のあらき言《こと》ばに即《すなわ》ち腹立ちして、恥辱《ちじょく》を思ふなり。大人《だいにん》はしかあらず。たとひ打ちたりとも、報《ほう》を思はず。国に小人多し、つつしまずばあるべからず。（五ノ十六）

〈他人の、道を求める心がない誤ったことなどに対して、すぐに表情にあらわして、悪いと決めつけて批判してはならない。いろいろの手段を講じて、相手が腹を立てないように言うべきである。「乱暴であれば、その教えは永く続かない」という。たとえ仏法に基づいて叱っても、荒々しい言葉であれば、教えも永く続かないのである。小人（力量や徳の小さい人）というのは、わずかばかりの他人の荒々しい言葉にすぐ腹を立てて、侮辱されたと思うものである。

大人（力量や徳の大きい人）はそうではない。たとえ打たれても、報復しようなどとは思わない。この国には小人が多い、気をつけなければいけない〉

私たち僧侶《そうりょ》仲間でも、同じ僧侶として、ちょっとそのような考え方は間違っているのではないか、そういう行いはよくないのではないか、と思うことがあります。そういうときに、年配の人に対しては、なかなか申し上げづらいのですが、年下の青年僧に対しては、ちゃんと注意しておくべきだと思うことがあります。しかし、そんなときも、決して荒々しい言葉で叱るのではなく、穏やかな言葉づかいで、優しく語りかけることが大切です。自分もかつては未熟だったのですから、自分の身に引きあてて、思うべきです。

厳しく叱っても、それを真摯《しんし》に受け止めて、さらに精進（努力）する修行者もいますが、大抵は、腹を立てたり、あるいは萎縮《いしゅく》してしまったりして、修行から離れてしまう者もいます。道元禅師がおっしゃるように、鎌倉時代にも「国に小人多し」だったようですが、現在は、より以上にそうであるかもしれません。ですから、荒々しい言葉づかいで他人を注意することは、くれぐれも慎まなければなりません。

次も、同様の説示です。

住持《じゅうじ》・長老として衆《しゅ》を領《りょう》じたりとも、弟子《でし》の非《ひ》をただし、いさめんとて、呵嘖《かしゃく》の言《ことば》を用《もち》ふべからず。柔和《にゅうわ》の言を以《も》ていさめすすむとも、随《したが》ふべくは随ふべきなり。況《いわん》や衲子《のっす》、親疎《しんそ》兄弟《ひんでいとう》等の為《ため》に、あらき言を以て人をにくみ呵嘖する事は、一向《いっこう》に止《や》むべきなり。能能《よくよく》用意すべきなり。（四ノ六）

〈寺院（修行道場）の住持（住職）や長老（永年修行を積んだ指導者）として修行僧たちの指導者となっても、弟子のよくない行いを改めさせ、戒めようとする場合、荒々しい言葉を用いて叱り責めることをしてはならない。柔和な言葉で戒めても、随う者は随うのである。まして、指導する立場にない禅僧は、親しい者にも親しくない者にも、修行仲間の者などに対しても、荒々しい言葉でもって、ひとを憎み責めるようなことは、絶対にやめるべきである。よくよく心得なければならない〉

指導者たる者の心得として、やはり、弟子を指導するときに、厳しく叱り咎《とが》めるのではなく、穏やかに言い聞かせるように説得するということが大切であると言われます。やさしい言葉であっても、従う人は従うのです。厳しく言わなくても納得して改める人がいるわけです。そのような人であっても、厳しく叱ると、かえって反発したり、落ち込んだり、傷ついたりして、その人のためにならない場合もあります。よくよく気をつけなければいけないことです。

まして、指導する立場でない者が、一般の人々や、修行仲間に、荒々しい言葉で注意したりすることは慎まなければなりません。

慈悲の心で教える

夜話《やわ》に云《いわ》く、悪口《あっく》をもて僧を呵嘖《かしゃく》し、毀呰《きし》すること莫《なか》れ。悪人不当《あくにんふとう》なりと云《い》ふとも、左右《そう》なく悪《にく》み毀《そし》ること莫れ。（中略）先師《せんし》〔1〕天童浄和尚《てんどうじょうおしょう》〔2〕住持《じゅうじ》の時、僧堂《そうどう》にて衆僧坐禅《しゅそうざぜん》の時、眠りを警《いまし》むるに、履《はきもの》を以《も》て是《こ》れを打ち、謗言《ぼうげん》呵嘖せしかども、僧皆打たるることを喜び、讃嘆《さんたん》しき。ある時、また上堂《じょうどう》〔3〕の次《つい》でには、常に云く、「我《わ》れ已《すで》に老後の今は、衆《しゅ》を辞し、庵《あん》に住《じゅう》して、老《おい》を扶《たす》けて居《お》るべけれども、衆の知識として、各各《おのおの》の迷ひを破り、道《みち》を助けんがために住持人《にん》たり。これに因《よ》りてあるひは呵嘖の言《ことば》を出《いだ》し、竹篦《しっぺい》打擲《ちゃくちょう》〔4〕等《とう》の事を行《ぎょう》ず。これ頗《すこぶ》る恐れあり。然《しか》れども、仏に代《かわ》りて化儀《けぎ》を揚《あ》ぐる式なり。諸兄弟《ひんでい》、慈悲《じひ》をもてこれを許し給《たま》へ」と言へば、衆僧流涕《るでい》しき。是の如《ごと》き心を以てこそ、衆をも接し、化《け》をも宣《の》ぶべけれ。

住持長老なればとて、猥《みだ》りに衆を領《りょう》じ、我《わ》が物《もの》に思うて呵嘖するは非《ひ》なり。況《いわ》んやその人にあらずして人の短《たん》を謂《い》ひ、他《た》の非を謗《そし》るは非なり。能能用心《よくよくようじん》すべきなり。

他の非を見て、わるしと思うて、慈悲を以てせんと思はば、腹立つまじき様《よう》に方便《ほうべん》して、傍《かたわら》のことを言ふ様にてこしらふ[5]べし。（二ノ九）

［1］先師……亡くなった師匠をいう。［2］天童浄和尚……天童山の如浄《にょじょう》禅師（一一六二～一二二七）のこと。道元禅師の師。道元禅師は、明州（浙江省《せっこう》）天童山景徳寺《けいとくじ》で、時の住持（住職）であった如浄禅師について修行し、悟りを得てその法を嗣《つ》いで日本に伝来した。［3］上堂……説法の道場である法堂《はっとう》に上って説法すること。［4］竹篦打擲……竹篦は、師家《しけ》が学人を指導するときに用いる道具で、長さ三尺（約一メートル）ほどの割竹の棒。打擲は、打ち、殴ること。［5］こしらふ……とりなし、なだめる。ことば巧みに教えること。

〈夜話で言われた、口ぎたなく僧を叱り、謗《そし》り咎《とが》めてはならない。悪人であって、不当なことをしていても、あれこれ考えずに憎《にく》み謗ってはならない。（中略）

亡くなった師匠の天童如浄和尚が天童山の住職のとき、僧堂で多くの僧が坐禅を行っていたとき、僧が居眠りしているのを戒めるために、履き物で打ち、謗り叱ったけれども、僧たちは皆、打たれることを喜び、賛嘆したものであった。あるとき、また上堂（法堂での説法）のときに、常に言われた、「私はすでに年老いているので、皆と一緒に修行することはやめ、庵《いおり》に住んで、老後を養っているべきであるが、皆の指導者として、それぞれの迷いを打ち破り、悟りが得られる手助けをしようと、住持をつとめている。そのようなわけで、あるときは厳しく叱ったり、竹箆で打ち叩《たた》いたりするなどのことを行っている。これはまことに心苦しいことである。しかしながら、仏に代わって教え導く儀式なのである。皆の者よ、慈悲の心で許してもらいたい」と言われたので、僧たちは皆、涙を流した。このような心をもってこそ、僧たちに教え指導することができるのである。

住持・長老であるからといって、むやみに皆を支配し、自分の所有物のように思って叱るのはよくない。まして、その立場（指導する立場）にない者が人の短所を言ったり、他人の間違いを批判することはよくない。よくよく心得るべきである。

他人の間違いを見て、いけないと思い、慈悲心をもって教えてあげようと思ったら、その人が腹を立てないようにあれこれと手だてを考えて、他人のことでも言うようにして、それとなく言葉巧みに教えてあげなさい〉

道元禅師の師匠の如浄禅師という方は、修行ということ、とくに坐禅の修行において、非常に厳しい方であったようです。如浄禅師自身は、修行者を厳しく叱ったり、打ったりすることは、つらいことであったのですが、修行僧のことをほんとうに思ってのことであったことが知られますし、弟子たちもそのことがよくわかっていて、師の厳しい指導を喜んで受けたのです。

師と弟子の関係、そして修行のあり方というのは、こうでなくてはいけません。如浄禅師は、当時の中国の指導者の中でも、人一倍、厳しい修行をしていた方であるとされます。修行道場においても、弟子たち以上に、自ら厳しい修行をされていた方です。だからこそ、弟子たちは、如浄禅師に厳しく指導されても、それを受け入れることができたのであろうと思われます。

禅の修行でも、その指導者の言葉に従うというよりも、その行いに従うのです。いくら言葉でよいことを言っていても、自ら実践していない師の言葉は、心に響かないのです。一般社会でもそうでしょうが、上に立つ者は、自らに対して、他に対する以上の厳しさを課さなければなりません。そうであってこそ、皆がつき従うのであると思われます。如浄禅師は、まさにそのような指導者であったのです。

末尾に、「他人の間違いを見て、いけないと思い、慈悲心をもって教えてあげようと思ったら、その人が腹を立てないようにあれこれと手だてを考えて、他人のことでも言うようにして、それとなく言葉巧みに教えてあげなさい」とありますが、なかなかそのようにはいきません。私も若いころは大学の授業で、態度のよくない学生を厳しく注意したり、人前で叱りつけたりしてしまったことがあります。なかなか道元禅師の教えのようにはできません。

あたかも、厳しく叱ることが、その人のためによいことであるように言う人もいますし、そのように思うこともありますが、さきにありましたように、世の中、大人（力量や徳の大きい人）ばかりではありませんので、そのことを思わなければなりません。

やはり私には、道元禅師のこのような教えこそ正しい道理であると思われます。人は、人前で厳しく叱られると傷つきます。それに懲りて、非を改めることもありますが、まずは道元禅師のように、それとなく教えて、道理をもって穏やかに教えて、心を傷つけずに非を改めさせる方法を行うべきであると思います。それでも改善されない場合には、また考えればいいのです。

私たちの多くは、荒々しい言葉と暴力を嫌うのです。それは、自らに問いかければ明らかであるはずです。

知り合いの教育学者から、以前、次のようなことを聞いたことがあります。

人に対して、言うべきことを言う場合には、相手の心を傷つけないやさしさが必要である。人の心を傷つけながらものを言うことは簡単だ。しかし人間関係における教育の場で一番大切なことは、人の心を傷つけないでものを言うことであり、また、へつらうことなしに相手に対してやさしさを示すということである。

私も、僧侶であるとともに教育者でもありますので、同様に思うのです。

巧みに言葉をつかう

また云《いわ》く、秦《しん》の始皇《しこう》の時、太子《たいし》、華園《はなぞの》をひろげんとす。臣の云く、「尤《もと》もなり。もし華園ひろうして鳥類多くば、鳥類をもて隣国《りんごく》の軍《いくさ》をふせいつべし」。よてその事とどまりぬ。

また宮殿をつくり、はしをぬらんとす。[1]臣の云く、「もとも然《しか》るべし。はしをぬりたらば、敵《てき》はとどまらん」。よてその事もとどまりぬ。云《い》ふ心は、儒教《じゅきょう》の心、是《かく》の如《ごと》し。たくみに言《ことば》を以《も》て悪事をとどめ、善事《ぜんじ》をすすめしなり。衲子《のっす》の人を化《け》する善巧《ぜんぎょう》[2]として、その心あるべし。　（六ノ七）

［1］はしをぬらんとす……「はし」は階。階段のこと。［2］善巧……善巧方便の略。人々を導き利益を与えるためのすばらしい方便、巧妙な手段のこと。

〈また言われた、秦の始皇帝のとき、太子が花園を広げようとした。臣下は言った、「ごもっともなことです。もし花園が広くなって鳥類が多くなれば、鳥類が隣国の軍を防いでくれるでしょう」。結局、そのことはやめになった。また、太子が宮殿を造り、階段を美しく塗ろうとした。臣下は言った、「それはよろしいことでしょう。階段を塗ったならば、敵は入ってこないでしょう」。結局、そのこともやめになった。

その意味するところは、儒教の教えは、このとおりである。巧みに言葉をつかって悪事をやめさせ、善事を勧めたのである。禅僧が人々を教化《きょうけ》する巧妙な手段として、このような心得があるべきである〉

言葉のつかい方というのは、まことに微妙なものです。この話に出てくる臣下の言葉は、始皇帝の立場を立て、怒りをかわないようにしながら、始皇帝自身に、花園を広げ、階段を美しく塗ることが、敵から国を守るのに無用であることを気づいてもらおうとして発した、巧妙な言葉であると思われます。そして、それに気づいて、思いとどまった始皇帝も偉大です。

巧みに言葉をつかうことは、容易ではなく、優れた智慧がないとできませんし、相手の立場もたて、自分の役割も果たして、すべきことをするということは、なかなか難しいことです。どうしたらこのような力を身につけることができるのかわかりませんが、とにかく、さきに示されているような道元禅師の教えを実践するよう心がけていきたいと私は思います。

論争をしてはいけない

示《じ》に云《いわ》く、ふるく云く、「君子《くんし》の力《ちから》、牛に勝《すぐ》れたり。しかあれども、牛とあらそはず」。

今の学人《がくにん》、我《わ》れ智恵才《ちえさい》、学人にすぐれて存《そん》すとも、人と諍論《じょうろん》を好む事なかれ。また悪口《あっく》をもて人を云《い》ひ、怒目《どもく》をもて人を見ることなかれ。今の世の人、多く財をあたへ恩をほどこせども、瞋恚《しんに》を現《げん》じ、悪口を以《も》て謗言《ぼうごん》すれば、必ず逆心《ぎゃくしん》を起こすなり。(中略)学道勤労《がくどうごんろう》の志《こころざし》有《あ》らば、時光《じこう》を惜《おし》みて学《がく》すべし。何の暇《いとま》にか人と諍論すべき。畢竟《ひっきょう》じて自他ともに無益《むやく》なり。何《いか》に況《いわん》や世間の事においては、無益の論をすべからず。

君子の力は牛にもすぐれたり。しかれども牛と相《あ》ひ争はず。我《わ》れ法《ほう》を知れり、彼《か》れにすぐれたりと思ふとも、論じて彼を難《なん》じ負かすべからず。若《も》し真実に学道《がくどう》の人有りて法を問はば、惜しむべからず、為《ため》に開示《かいじ》すべし。然《しか》れども猶《な》ほそれも、三度《みたび》問はれて一度《ひとたび》答ふべし、多言閑語《たごんげんご》する事なかるべし。この咎《とが》は身に有り、これ我れを諫《いさ》めらるると思ひしかば、その後《のち》、人と法門《ほうもん》を諍論せず。　　（六ノ十）

〈示して言われた、昔から言われている、「君子の力は、牛の力よりすぐれている。そうではあるが、君子は牛と争ったりしない」と。今の修行者も、自分の智慧や才能が、ほかの修行者よりすぐれていると思っても、他人と論争を好んではいけない。また口ぎたない言葉で人に語ったり、怒りの眼《まなこ》で人を見てはいけない。今の世の中の人は、主《あるじ》に多く財を与え、恩を施すような人であって

も、主が怒りの表情を現し、口ぎたない言葉で毀《そし》ったりすると、必ず、主にそむく心を起こすものである。（中略）

修行をまじめにつとめる志があれば、時間を惜しんで学ぶべきである。人と争論している暇はないはずである。争論しても結局、自分も相手も無益である。ましてて世間のことについては無益な争論をしてはならない。

君子の力は、牛の力よりすぐれている。そうではあるが、君子は牛と争ったりしない。〝私は仏法のことをよく知っている、彼よりもすぐれている〟と思っても、争論して彼を非難し打ち負かしてはいけない。

もしほんとうに道を学ぼうとする人があって、仏法について質問したならば、惜しんではいけない。彼のために仏法を教え示してあげなさい。しかし、それでも、三度質問されて一度答えるくらいにしなさい。多くのことを語り余計なことを言ってはいけない。

この過ちは私（道元禅師）が自分で経験したことである。これ（君子の力……という言葉）は私を戒められた言葉であると思ったので、その後、人とは法門（仏法の教え）について争論をしないのである〉

とにかく論争はやめるということです。論争をすることは無用である、これが道元禅師の仏法の立場です。

ただし、論争と議論とは違うように思います。特に、世間一般においては、議論は大切ですし、皆がよく話し合って事を進めることは重要なことです。しかし、そこにおいて心得るべきことは、自分の考えが正しいと確信しても（ただし、それがほんとうに正しいかどうかはわかりませんが）、相手を打ち負かしてはいけないということです。ほんとうに正しいことであれば、議論において、必然的に多くの賛同を得られるはずですので、そのときに、誰かを徹底的に打ち負かしてはいけないということです。相手の心を傷つけることなく、うまく議論をやめるということが大切なのです。

三度質問されて、一度答えるくらいがよい。多くのことを語り、余計なことを言ってはいけないと、道元禅師は言われます。私などは、一度質問されると、三度分くらい、質問とは関係ないことまでも語ってしまうところがありましたが、今では、道元禅師の教えに従って、あまり余分なことは言わないように慎んでおります。

末尾にある道元禅師の述懐には、ほっとさせられます。道元禅師自身も、いろいろと仏法について論争して、相手を打ち負かしたり、荒々しい言葉をかけられたり、いやな思いをすることが、きっとあったのですね。それで、このことを戒めとして、その後は、他人と論争をすることはやめたと言われるのです。

それでも、いろいろな状況の中で、論争をせざるをえないときというのがあると思うのですが、そのときの心得として、次のような道元禅師の教えがあります。

論争のやめ方

直饒《たとい》我《われ》れ道理《どうり》を以《もっ》て道《い》ふに、人僻事《ひとひがごと》を言《い》ふを、理《り》を攻《せ》めて言ひ勝つは悪《あし》きなり。次に、我《わ》れは現《げん》に道理と思へども、「我が非《ひ》にこそ」と言ひて負けてのくも、あしばやなると言ふなり。ただ人をも言ひ折らず、我が僻事にも謂《い》ひおほせず、無為《むい》にして止《や》めるが好《よ》きなり。耳に聴き入《い》らぬようにて忘《わす》るれば、人も忘れて怒《いか》らざるなり。第一の用心《ようじん》なり。　（二ノ十二）

〈たとえ自分が道理にかなったことを言い、相手が間違ったことを言っていても、理屈で責めたてて言い負かすのはよくないことである。また、実際は自分のほうが道理と思いながら、自分の間違いだと言って負けて引き下がってしまうのもあきらめが早すぎてよくない。ただ、相手を言い負かしもせず、自分の間違いとも言わず、何事もなくそのままやめるのがよい。耳にきこえないような様子をして忘れれば、相手も忘れて怒《いか》らないのである。第一の心得である〉

自分のほうが明らかに正しくて、相手を理屈で言い負かすことができたとしても、相手には屈辱と復讐《ふくしゅう》の心が残るのが常でありましょう。たとえ自分が正しくても、相手を打ち負かしてはならないというのです。

とはいえ、争いを避けるために、心にもないのに「私が間違っていました」などと言って、自分が誤ってもいないのに、誤りだったと言って引き下がってしまうのもよくないのです。相手を言い負かしもせず、自分の間違いとも言わず、なんとなく論争をやめる、それが一番いいと言われます。

でも、それも難しいですね。だから、一番いいのは、最初から、論争というようなことはしないのがいいのです。

さて、これは、仏法の世界でのことですので、そのまま一般社会のことに当てはめることはできませんし、一般社会では、政治でも経済でも教育でも科学でも、さまざまな分野において、論争しなければならないこともあり、大いに論争することもよいと思います。

しかしそのとき、政治論争でも、経済論争でも、教育論争でも、科学論争でも、相手を攻撃して、荒々しい言葉で批判するようなことは、やはり慎むべきことです。まして、議論のうえで攻撃するのはよいにしても、相手の人格まで攻撃するような場面は、見るに堪えません。

ところで、日常生活において、家族や友人や仲間で議論するときは、自分の考えがあればきちんと伝えて、もし批判されたら、穏やかにそれに対応するのがよいでしょう。

その場で対応できなかったら、あとでゆっくりと考えて対応すればいいのですし、議論で黙ってしまうことは、負けたように思われますが、大切なことであればよく考えて、自分が正しいと思えば、またいずれの機会にでも議論すればよいと思います。自分に非があれば改めればいいのです。

さて、言葉にかかわることばかりが多くなってしまいましたが、道元禅師の戒めの中に、言葉のつかい方に関する教えが多いことは、いかに言葉というものが、人間関係において大切かを示しているものと思われます。

繰り返しになりますが、言葉というものは、とても大切です。言葉の内容やその言い方、あるいは表情などによって、人間関係はよくもなり悪くもなるものです。私たちの日常生活では、不用意な発言によって、相手の心を傷つけてしまったり、怒りをかったりすることがあります。

さきにも言いましたが、何気ない言葉によって、無意識のうちに相手の心を傷つけていることもあります。逆に、ちょっとした思いやりの言葉に、心を和ませられたり、勇気づけられたり、また一つの言葉によって人生が変わるほどの大きな影響を受けたり、与えたりすることもあるものです。

言葉を大切にしましょう。会話を大切にしましょう。

そのためにはまず、心を常に平静に、穏やかにしておくことも大切ですね。

人の批判をよく聞く

書《しょ》に云《いわ》く[1]、「忠言《ちゅうげん》は耳にさかふ[2]」と。我《わ》がために忠《ちゅう》なるべき言《ことば》は、耳に違《い》するなり。違すれども強《し》ひて随《したが》はば、畢竟《ひっきょう》じて益《やく》あるべきなり。（六ノ十六）

［1］書に云く……出典は『孔子家語《こうしけご》』。［2］忠言は耳にさかふ……「良薬苦於口、而利於病、忠言逆於耳、而利於行（良薬《りょうやく》は口に苦けれど病に利あり、忠言は耳に逆らえども行《ぎょう》に利あり）」。

〈書物で言っている、「忠言は耳に逆らう」と。自分を諫《いさ》める真心からなる言葉は、聞くと心地がよくないものである。心地がよくないけれども、強いて従えば、結局は利益があるはずである〉

私たちは皆、自分のことを批判されたり、注意されたり、叱られたりすることが嫌いであるはずです。たとえそれが当然のことであっても、決してよい気持ちがしないからです。そして、そうであるからこそ、日常生活において、そのようなことがないように心掛け、自らを振り返って反省し、努力しているのであろうと思います。

しかし、完璧《かんぺき》な人間はいないでしょうから、私たちは自分では気づかない欠点や、未熟さを多かれ少なかれもっているのです。

現代人は、他人の非を見ても、叱ったり、注意したりすることをしなくなってしまったということを聞きますが、見ず知らずの人に注意することは勇気がいることであり、場合によっては反感をかって、身の危険にさらされることも考えられますから、そのような傾向は、致し方ないことであるかもしれません。

しかしながら、もしあなたの身の回りに、あなたの悪い点や欠点を、注意したり叱ってくれる人がいたら、それは幸せなことであり、その人を大切にしなければならないと思います。なぜなら、そのような存在は、自分にとってありがたい存在だからです。

自分自身のことは、自分が一番よく知っているようで、実は一番知らないのかもしれません。私の表情や、言葉づかいや、動作や姿勢など、私自身よりも周囲の者のほうが、よくわかるのです。だから、他人からの批判や注意は、「耳に逆らう」ものではありますが、まずは、素直に受け入れることが大切であり、結局は、それが自分の利益になることだと思います。

私は、私の未熟さや欠点を注意してくれる人の言葉を、素直に受け入れるようにしています。幸い私の周りには、それらについて注意してくれる人がいるのでありがたいことです。自分の癖や欠点は、なかなか改めることが難しいので、何度も何度も言われることになりますが、何度言われても、イヤな顔をしないで、素直に受け入れることにしています。

もし、注意されたときに、イヤな顔をしたり、機嫌を悪くしたり、反発したり、「そういうことを言わないでくれ！」などと言ったりしますと、しだいに、何も言ってくれなくなります。それは非常に残念なことです。自分にとって損なことです。

あなたの周りには、あなたを注意してくれる人がいますか。口うるさく叱ってくれる人がいるでしょうか。もし、そういう人がいたら、それはあなたの宝物です。ぜひ大切にしていただきたいものです。

よく聞いてしっかり理解する

示《じ》に云《いわ》く、学道《がくどう》の人、参師《さんし》聞法《もんぽう》の時、能能《よくよく》窮《きわ》めて聞き、重ねて聞きて決定《けつじょう》[1]すべし。問ふべきを問はず、言ふべきを言はずして過ごしなば、我《わ》が損なるべし。師は必ず弟子《でし》の問ふを待ちて発言《ほつごん》するなり。心得《こころえ》たることをも、幾度《いくたび》も問うて決《けつ》定《じょう》すべきなり。師も弟子に、能能《よくよく》心得たるかと問うて、云《い》ひ聞かすべきなり。

（一ノ十三）

［1］決定……しっかりと理解すること。

〈示して言われた、学道の人は師に参じて法を聞くとき、よくよく徹底して聞き、繰り返し聞いて、しっかりと理解するべきである。問わなければいけないことを問わず、言わなければいけないことを言わないで過ごしてしまったならば、自分の損になるに違いない。

師は必ず弟子の質問を待って発言するのである。弟子はわかっていることでも、何度も質問して、しっかりと理解すべきである。師も弟子に「しっかりとわかっているか」と質問して、言い聞かせなければならない〉

指導者について何かを習うとき、よく聞き、よく学び、納得がいくまで教わることが大切です。何度も聞き返すと、理解力がなく、鈍いと思われると思って、しっかり聞くことをやめてしまうのは、よくないことです。鈍いと思われることを恐れず、納得がいかないことは、繰り返し繰り返し聞くことです。

深遠な教えの多い仏教の世界では、もし、それに親切に応じない指導者がいれば、それは真の指導者とは言えませんし、その指導者自身がよくわかっていないから、わかるように教えられないということになります。ただし、頭で覚えるのではなく、実践して覚えるということもありますから、とにかく師の教えに従って、学び実践することです。

教える側も、何度聞かれても親切に答え、あるいは、ほんとうにわかっているかどうか確認することが大切です。

「聞くは一時《いっとき》の恥、聞かぬは一生（末代）の恥」ということわざもあるように、恥ずかしいと思わずに、聞くべきときに聞いておかないと、結局、聞く機会を失って聞けなくなってしまい、大きな恥をかいたりすることもありますから、わからないことは勇気を出して聞くことです。

内面と外面が一致するように

夜話《やわ》に云《いわ》く、今の世《せ》・出世間《しゅつせけん》の人、多分《たぶん》は善事《ぜんじ》をなしては、かまへて人に識《し》られんと思ひ、悪事《あくじ》をなしては人に知られじと思ふ。これに依《よ》りて内外不相応《ないげふそうおう》の事出《いで》来《きた》る。相構《あいかま》へて内外相応し、誤りを悔い、実徳《じっとく》を蔵《かく》して、外相《げそう》を荘《かざ》らず、好事《こうじ》をば他人に譲り、悪事をば己《おのれ》に向《むか》ふる志気《しいき》有《あ》るべきなり。（二ノ二十五）

〈今、一般の人も出家の人も、多くの人は、善《よ》いことをすると、きちんと他人に知られたいと思い、悪いことをすると、他人に知られたくないと思う。だから内面と外面が相応しないことが出てくるのである。きちんと内面と外面が一致して、誤りは反省し、まことの徳は内に秘めて、外見を飾らず、他人が好むことは他人に譲り、他人が好まないことは自分が引き受けるくらいの気持ちがなければならない〉

耳が痛い話です。私も「多分《たぶん》は」の中の一人です。善いことをすると、知ってもらいたいと思い、悪いことは隠そうと思います。しかし、そうしているうちに、内面と外面が一致しなくなるようなことになって、結局、信頼を失うことになるのです。善いことをして、まことの徳は内に秘めて、外見を飾ることなく生きる、そんな生き方がしたいですね。

日常の生活でも、職場の仕事でも、誰もがしたいと思うような仕事は他人に譲り、誰もがしたくないような仕事を進んで行うようにする、そのくらいの気持ちがなければ、どの道も成し遂げることはできないのであろうと思います。

次も同様の話です。

善いことは密かに行い、悪いことは告白して反省する

夜話《やわ》に云《いわ》く、世人《せじん》多く善事《ぜんじ》を成《な》す時は人に知られんと思ひ、悪事《あくじ》を成す時は人に知られじと思ふに依《よ》りて、この心冥衆《みょうしゅ》[1]の心にかなはざるに依りて、所作《しょさ》の善事に感応《かんのう》[2]なく、密《ひそか》に作《な》す所《ところ》の悪事には罰《ばつ》あるなり。己《おのれ》に依りて返りて自《みずか》ら思はく、善事には験《しるし》なし、仏法《ぶっぽう》の利益《りやく》なしなんど思へるなり。これ即《すなわ》ち邪見《じゃけん》なり。尤《もと》も改むべし。

人も知らざる時は潜《ひそか》に善事を成《な》し、悪事を成して後《のち》は発露《ほつろ》[3]して咎《とが》を悔《く》ゆ。是《かく》の如《ごと》くすれば、即ち密密《みつみつ》に成す所の善事には感応あり、露《あらわ》れたる悪事は懺悔《さんげ》[4]せられて罪滅《つみめつ》[5]する故《ゆえ》に、自然《じねん》に現益《げんやく》[6]もあるなり。当果《とうか》[7]をも知るべし。　（二ノ二十二）

［1］冥衆……目に見えない仏教の神々。帝釈天《たいしゃくてん》や梵天《ぼんてん》などの仏教を守護する神々をいう。［2］感応……衆生《しゅじょう》の心が仏菩薩《ぼさつ》や神々に通じ、仏菩薩や神々の心が衆生の心に感じること。［3］発露……罪悪を隠さず告白すること。［4］懺悔……あやまちを反省して相手の許しを請うこと。［5］罪滅する……罪（を犯すこと）がなくなること。［6］現益……現在において現れる利益。［7］当果……当来（未来）において現れる結果。

〈夜話に言われた、世間の人の多くは、善いことをするときは人に知られようと思い、悪いことをするときは人に知られないようにと思うので、この心が目に見えない神々の心とぴったり合わないので、行った善いことが報われず、密《ひそ》かに行った悪いことに罰があるのである。自分の身に振り返って私が思うには、〝善いことを行っても、目に見えた善い結果も得られず、仏の教えに利益はない〟などと思うのである。これは間違った考えである。まったく改めなければいけない。

人の知らないときに密かに善いことを行い、悪いことを行ってしまった後は、告白して過ちを反省する。このようにすれば、密かに行った善いことにはよい報いがあり、告白した悪い行いは、後悔し反省することによって罪を犯すことがなくなるので、自然と現在の利益も現れ、未来の結果も知られるに違いない〉

善いことをするときは人に知られようと思い、悪いことをするときは人に知られないようにと思うので、この心が目に見えない神々の心とぴったり合わないので、行った善いことが報われず、密かに行った悪いことに罰がある、と言われます。「冥衆《みょうしゅ》」（目に見えない仏教の神々）がほんとうにいるのかどうか、それを信じる現代人は少ないと思いますが、そのような存在を信じない現代人が、密かに悪事を行い、罰を受けていることは事実です。

思うに、密かに行っていても、善いことは、必ず誰かが見ていて評価してくれるものですし、たとえ密かに行った個々の善行が人に知られることがなくとも、その行いの実《まこと》の徳は必ず積み重なり、その積み重なった徳がその人の円満な人格となって、おのずと、やがて、にじみ出るのであろうと思います。これを「陰徳を積む」というのです。

人の見ていないところでも

世俗《せぞく》の礼《れい》にも、人の見ざる処《ところ》、あるいは暗室《あんしつ》の中なれども、衣服等《えぶくとう》をもきかゆる時、坐臥《ざが》する時にも、放逸《ほういつ》に陰処《いんじょ》なんどをも蔵《かく》さず、無礼《ぶれい》なるをば、天に慚《は》ぢず鬼《き》にも慚ぢずとてそしるなり。ひとしく人の見る時と同じく、蔵すべき処をも隠し、慚づべき処をもはづるなり。仏法《ぶっぽう》の中にもまた、戒律是《かいりつかく》の如《ごと》し。しかあれば、道者《どうしゃ》は内外《ないげ》を論ぜず、明暗《めいあん》を択《えら》ばず、仏制《ぶっせい》を心に存《そん》して、人の見ず、知らざればとて、悪事を行《ぎょう》ずべからざるなり。　（三ノ十九）

〈世間の礼儀でも、人が見ていないところ、あるいは暗い部屋の中であっても、衣服などを着替えるとき、坐《すわ》ったり寝たりするときにも、気ままに、隠すべきところなどを隠さず、無礼であるのを、天にも恥じず鬼にも恥じないと、非難するのである。人が見ているときと同じように、隠すべきところは隠し、恥ずべきところは恥じるのである。仏の教えにおいても、戒律は同じである。そうであるから、修行者は、部屋の内外にかかわらず、明るいとか暗いとかにかかわらず、仏の定めた規則を心掛けて、人が見ていなかったり、知られることがなくても、悪いことを行ってはいけないのである〉

「露堂堂《ろどうどう》」という言葉があります。ありのままに露《あら》われているという意味です。いつ、どんなところを見られても恥ずかしくない堂々とした生き方という意味もあります。誰かが見ているとか、見ていないとか、そういうことではなく、ただ仏制《ぶっせい》（仏の定めた規則）に従って、常に戒律を守って修行する、そのような生き方です。

一般社会においても、内面と外面が一致している人は、しだいに評価され、周囲からの信頼を受けることは間違いありません。つい、外面を飾ってしまうのが私たちですから、その分——あえて隠れるようにして善いことを行う必要はありませんが——人目につかないところでも善いことを行い、陰で悪いことを行わないようにしていれば、きっと内面と外面が一致してくるはずです。

人が非難することと褒めること

学道《がくどう》の人、多分《たぶん》に云《いわ》く、もしその事をなさば、世人《せじん》これを謗《ぼう》せんかと。この条《じょう》、甚《はなは》だ非《ひ》なり。世間《せけん》の人、何《なに》とも謗すとも、仏祖《ぶっそ》の行履《あんり》、聖教《しょうぎょう》の道理《どうり》にてだにもあらば、依行《えぎょう》すべし。世人挙《こぞ》って褒《ほむ》るとも、聖教の道理にあらず、祖師《そし》も行《ぎょう》ぜざらん事ならば、依行すべからず。

（四ノ十三）

〈道を学ぶ人の多くが言っている、「もし、そのことを行えば、世間の人は、これを非難するだろう」と。これは、はなはだ間違っている。世間の人がどのように非難しようとも、仏や祖師の行い、仏の教えの道理であるならば、よりどころとして実践しなければならない。世間の人がこぞって褒《ほ》めても、仏の教えの道理でなく、祖師も行わないことであるならば、よりどころとして実践してはならない〉

仏道修行においては、仏の教えに従って生活することが第一であり、この仏の教えや仏の世界でのものの見方を「仏法《ぶっぽう》」と言い、一般社会でのものの見方や法律や道徳や規則などを「世法《せほう》」と言います。仏法者の行いは、世間の人に理解できなくても、「仏法」の慈悲心によっていることもあるので、「世法」を基準にして批判してはいけないというのです。

『正法眼蔵随聞記《しょうぼうげんぞうずいもんき》』の巻一の九に、恵心僧都源信《えしんそうずげんしん》（九四二～一〇一七、『往生要集《おうじょうようしゅう》』の著者）の話が出てきます。

むかし、恵心僧都が、ある日、庭にやって来て草を食べている鹿を、人に命じて打ち、追いやりました。それをある人が見ていて、「師よ、まるで慈悲のないような仕方です。草を惜しんで動物を苦しめるのですか」と問いかけます。すると恵心僧都は、「私がもし鹿を打たなかったならば、この鹿は人に馴《な》れ馴れしくなって、悪い人に近づいたとき、必ず殺されてしまうだろう。だから、打ったのである」と答えたという話です。

鹿を打つということは、確かに慈悲がないことに似ていますが、心中は慈悲の心にあふれていて、鹿のことを思いやって、あえて打ち、追いはらったというのです。

他人が行った悪事とも思える言動が、実は深い心があって行われている場合があります。

民主主義の世の中でも、多くの人が「善」とすることが、必ずしもそうではないこともありますし、少数派の意見でも、正しいことはあるものです。

道元禅師が示されるように、世間の人がこぞって褒めても、「仏法」の立場からは行ってはならないことなら、行ってはなりませんし、たとえ世間の人がこぞって非難することでも、「仏法」においては、行うべきこともあるのです。それが仏教の修行者の心得であると言えます。

徳があらわれるということ

隋《ずい》の文帝《ぶんてい》[1]の云《いわ》く、「密密《みつみつ》の徳《とく》を修《しゅ》してあぐるをまつ」。言《い》ふ心は、能《よ》き道徳《どうとく》を修して、あぐるをまちて民《たみ》を厳《いつく》しうするとなり。僧猶《な》ほ及ばざらん、尤《もと》も用心《ようじん》すべきなり。ただ内内《ないない》に道業《どうごう》を修せば、自然《じねん》に道徳外《そと》に露《あらわ》るべし。自《みずか》ら道心《どうしん》道徳、外《そと》に露れ人に知られんことを期《ご》せず望まず、ただ専《もっぱ》ら仏教に随《したが》ひ祖道《そどう》に順《したが》ひ行《ゆ》けば、人自《おのずか》ら道徳に帰するなり。

ここに学人《がくにん》の誤り出来《いできた》る様《よう》は、人に貴《たっと》びられて、財宝出来《ざいほういでき》たるを以《も》て、道徳彰《あらわ》れたると自《みずか》らも思ひ、人も知るなり。これ即《すなわ》ち天魔《てんま》波旬《はじゅん》[2]の心に付きたると知るべし。尤《もと》も思量《しりょう》すべし。教《きょう》の中にも、これをば魔《ま》の所為《しょい》と云《い》ふなり。未《いま》だ聞かず、三国《さんごく》の例、財宝に富み、愚人《ぐにん》の帰敬《ききょう》を以て道徳と為《な》すべしと。(中略)

徳の顕《あら》はるると云ふも、財宝に饒《ゆた》かに、供養《くよう》に誇るを云ふにあらず。

徳の顕はるるに三重《さんじゅう》あるべし。先《ま》づはその人、その道を修するなりと知らるるなり。次には、その道を慕ふ者出来《いできた》る。後《のち》にはその道を同学《どうがく》し、同行《どうぎょう》するなり。これを道徳の顕はるると云《い》ふなり。

(三ノ五)

[1] 隋の文帝……隋の初代皇帝、楊堅《ようけん》(五四一〜六〇四)。文帝《ぶんてい》という諡《おくりな》は、内

政で特に功績のあった皇帝に贈られることが多い。文帝は自らを厳しく律し質素な生活を送り、奢侈《しゃし》（贅沢《ぜいたく》）によって無用の負担を民衆にかけることはなかったが、皇族・貴族・官僚・将軍のような社会的上位者の行った不正に対しては、厳刑をもって厳しく取り締まりを行った。［2］天魔波旬……天界に住む悪魔。波旬は、悪魔のこと。

〈隋の文帝が言っている、「密《ひそ》かに徳を修めて、おのずから外にあらわれるのを待つ」と。その意味は、よく徳を積む行をつとめて、その徳が外にあらわれるようになって、それから民衆を厳正に治めるということである。われわれ僧《そう》侶《りょ》も及ばないような皇帝の行いである。まったく、心得るべきことである。ただ、内々に密かに修行を行っていれば、自然と修行の徳が外《そと》に露《あら》われるに違いない。自分自身は、道を求める心や修行の徳が外に露われて周囲の人に知られることを期待したり望んだりせず、ただひたすら仏の教えに随い、祖師方の道に順って行《おこな》っていれば、人々は自然とその修行の徳に帰依《きえ》するのである。ここで学人に誤った認識が出てくることがあるが、それは、人々から尊敬されて布施や供養をうけて財宝が得られるようになると、修行の徳が彰《あらわ》れたと自分自身も思い、周囲の人もそのように考えることである。そのように考えるのは、天界の悪魔が心に入り込んでいるからと思いなさい。しっかり考えなければならない。仏の教えの中でも、これを悪魔の仕業《しわざ》と言うのである。いまだに、三国《さんごく》（印度《インド》・中国・日本）の例で、財宝に富み、愚かな人々（僧侶の真の徳を知らない人々）の帰依を修行の徳であるとすることは聞いたことがない。（中略）〝徳が顕《あら》われる〟というのも、財宝が豊かとなり、人々の供養を受けることを誇ることを言うのではない。

〝徳が顕われる〟のに、三段階がある。まずはその人がその道を修行しているということが知られるようになる。次には、その道を慕う者が出てくる。後には、その道をともに学び、同じく修行するようになることである。これを修行の徳が顕われるというのである〉

私は、亡き師匠から、「住職を後継したら、三年間は先代住職のやり方（寺の行事や運営）をそのまま継承し、三年間は地道に先代が行ったとおりに行うようつとめて、それらすべてが円満に行えるようにしなさい。その後に、もし改革を志すなら、信念をもって、檀《だん》信徒とよく話し合って、寺を改革していきなさい」と言われました。私は、その教えを守り、住職を継承してより、それまでの行事を何一つやめることなく、また新しい行事を始めることなく、そのまま継承し、なんとかそれを全うしました。

今は、寺の住職となって二十年余になりますが、少しずつ、新しい寺院づくりに向かって、時代に相応した改革を進めてきております。

隋の文帝の場合とは、もちろん異なりますが、最初の三年は、まさに密かに徳を治めようとした三年であり、先代住職の寺院運営のあり方を守り、一所懸命にそれをつとめる中で、檀信徒の方々との信頼関係も多少なりとも育《はぐく》まれたのではないかと思います。

そして今は、多くの皆さんの支援をいただいて、しだいに信頼も得られるようになり、なんとか円滑にお寺が護持されております。ここにおいて、「尤《もと》も用心すべき」は、「人に貴《たっと》びられて、財宝出来《いでき》たるを以《も》て、道徳彰《あらわ》れたる」と思い違いをしないことです。そして「徳の顕《あら》はるる」ということの真の意味を、よくよく心得ておかなければなりません。

まずは、私自身が、仏道を修行しているということ、それこそが最も大切なことであるということです。それができれば、きっとその道を慕ってくれる者が現れ、のちには、共に学び同じく行ずる仲間ができれば、それこそが「徳の顕《あら》はるる」ということになるのです。

現実の寺院においては、困難な道ですが、常に心に置いておかなければいけない道元禅師の教訓です。

他人から用事を頼まれたとき

夜話に云く、若《も》し人来《きた》りて用事を云ふ中に、あるいは人に物を乞ひ、あるいは訴訟等の事をも云はんとて、一通の状をも所望する事、出来《いできた》る有るに、その時、我れは人に非ざるなり、遁世籠居《とんせいろうきょ》の身なれば、在家等の人に非分の事を謂《い》はんは非なりとて、眼前の人の所望を叶へざるは、その時に臨みて思量すべきなり。（中略）

仏・菩薩は、人の来《きた》りて云ふ時は、身肉手足をも斬るなり。況《いわ》んや人来りて一通の状を乞はん。少分の悪事の、名聞ばかりを思うてその事を聞かざらんは我執の咎なり。人人「ひじりならず、非分の要事云ふ人かな」と、所詮なく思ふとも、我れは名聞を捨て、一分の人の利益とならば、真実の道に相応すべきなり。古人もその義あるかと見ゆること多し。予もその義を思ふ。少少檀那知音[1]の思ひ懸けざる事を人に申し伝へてと云はんをば、紙少分こそ入れ、一分の利益をなすは、やすきことなり。

弉問うて云く、この事、実《まこと》に然《しか》なり。但し善事にて人の利益とならんことを人にも云ひ伝へんは、さるべし。若《も》し僻事を以て人の所帯を取らんと思ひ、あるいは人の為に悪事を云はんをば、云ひ伝ふべきか、如何《いかん》。

師答へて云く、理非[2]等の事は我が知るべきにあらず。ただ一通の状を乞へば与ふれども、理非に任せて沙汰すべき由、云ふ人にも、状にも載すべし。請け取りて沙汰せん人こそ、理非をば明らむべけれ、我が分上にあらず。是《かく》の如き事を、理を枉げて人に云はんこと、また非なり。

また現《あらわ》の僻事[3]なれども、我れを大事にも思ふ人の、この人の云はん事は善悪違へじと思ふほどの知音檀那の処へ、僻事を以て不得心の所望をなさば、それをば、今の人の所望をば、一往聞くとも、彼《か》の状にも、去り難く申せば申すばかりなり、道理に任せて沙汰有るべしと云ふべきなり。一切に是《かく》ならば、彼《かれ》も此《これ》も遺恨有るべからざるなり。

是の如き事、人に対面をもし、出来《いでき》たる事に任せて能能《よくよく》思量すべきなり。所詮は事に触れて、名聞我執を捨つべきなり。　（二ノ二十四）

[1] 檀那知音……檀那は、寺院（修行道場）や僧侶を支えてくれる信者。知音は、知り合い、心を知り合っている人。[2] 理非……道理にかなっているか、かなっていないか。[3] 現の僻事……明白に間違っていること。

〈夜話に言われた、「もし人がやって来て、用事を言う中で、あるいは人に物を乞い、あるいは訴訟などの事を言おうとして、一通の書状を書いて欲しいと要望されるようなことがあった場合に、「私は世を捨てて出家した者であり、遁世して家に籠《こも》っている身であるので、俗世の人などに、その立場ではない者が何かを言うことはよくない」と言って、目の前の人の要望を叶《かな》えてあげないでよいものか、ということは、その時にあたってよく考えなければならないことである。(中略)

仏や菩薩は、人がやって来て願い事を言うときは、自分の身体の肉や手足を斬って与えるような思いで、助けてあげるものである。それに比べれば、ここでは一つの書状を書いて欲しいと願っているのである。世間の人から少々悪く言われるのではないかと評判ばかりを気にして、要望を聞いてあげないのは、我執による過《あやまち》である。人々が「聖人のすることではない、出家らしからぬ用事を言う人だな」と、しかたがない人だと思われても、自分は世間の評判を捨てて、少しでも人の利益になることなら、まことの道にかなっていると思うのである。古人も、このようなことがあったのではないかと思われるようなことが多い。私もそのように思うのである。少々檀那(信者)や知り合いの者から思いがけないことを人に伝えて欲しいと言われた時、書状を書く紙が少しばかり必要であるだけで、わずかでも利益を与えてあげることができれば、簡単なことである」。

懐奘が質問して言った、「このことはまことにその通りだと思います。ただし、善いことであって、その人の利益となるだろうことを人に言って伝えるのは、そうでしょう。もし、間違ったことで、相手の所有物を取ろうと思ったり、あるいは相手にとってよくないことを言う場合には、言い伝えるべきなのでしょうか、どうでしょうか」。

師（道元禅師）は答えて言った、「道理にかなっているかいないかは、私が知りうるところではない。ただ、〝一通の書状を依頼されたので与えるけれども、道理にかなっているかいないかは、そちらで判断して処理してほしい〟という旨を、依頼者にも言い、書状にも書くのである。受け取って処理する人こそが、道理にかなっているかどうかを明らかにするはずである。私がすべきことではないのである。このようなことを、道理をまげて人に言うのもまた間違いである。

また、明白に間違っていることであろうとも、私をとても尊重してくれている人で〝この人（私）の言うことは善悪を間違えることはないはずだ〟と思ってくれている知り合いや信者のところへ、人から頼まれて間違っていることで納得できないような要望をするなら、その場合には、この人の要望をいちおうは聞くとしても、その書状にも〝断ることができなかったのでしたためたまでです。あなたの判断で道理にしたがって処理してください〟と言うべきである。すべてこのようであれば、あちらにもこちらにも恨みをのこすことはないはずである。

このようなことは、相手と対面することによって、また、起こってくることとそれぞれに随って、よくよく考えるべきことである。結局は、ことに触れて、世間の評判や自分の名誉や利益への執着を捨てて対処することが大切である」〉

立場上、人にいろいろと口添えや紹介状を頼まれることがあります。内容によっては、どうしたものかと迷うこともあります。そんな時の対処法として、ここに示されるような、道元禅師流の対処法があります。箇条書きにしてみますと、

一、基本的にはできるだけ希望に添ってあげる。

二、「口添えあるいは紹介状を頼まれたので、その要望に応じてのことである」ということを伝える。

三、判断はあくまでも相手方がすることであり、私のことは考えずに道理にかなっ

た対処をしてもらうよう申し添える。

四、とにかく双方がわだかまりを残さないようにし、自分も名声や我執（自分中心の小さい考え）を捨てて対処する。

というものです。実にすばらしい対処法です。なにか、口添え、仲介を頼まれたときには、基本的には、煩わしいと思わずに、希望に添ってあげるということですが、「頼まれたので応じたのである」旨をきちんと説明し、そして、「判断は、そちらの判断で、あくまでも道理にしたがって対処してください」と伝えるのが良いというのです。「私の頼みだから何とかしてやってくれ」という言い方はいけません。そうなると、依頼者にも「私のお陰でうまくいったのだ」などと言ったりして、恩を売ったりすることになるわけで、そのような対処は好ましくないというのです。私も、口添えを頼まれたりしたときは、道元禅師の教えに従って対処することにしています。これまでには、このような方法で行って、依頼者の期待に応《こた》えられなかったこともありますが、それはそれで仕方のないことであると思っています。

百不当の一老

次に、『正法眼蔵』に示されている言葉ですが、私の好きな道元禅師の「百不《ひやくふ》当之《とうの》

「一老《いちろう》」という言葉を紹介しておきましょう。

菩提心《ぼだいしん》[1]をおこし、仏道修行《ぶつどうしゅぎょう》におもむくのちよりは、難行《なんぎょう》をねんごろにおこなふとき、おこなふといへども、百行《ひゃくぎょう》に一当《いっとう》なし。しかあれども、或従知識《わくじゅうちしき》、或従経巻《きょうかん》[2]して、やうやくあたることをうるなり。いまの一当はむかしの百不当《ひゃくふとう》のちからなり、百不当の一老《いちろう》なり。聞教《もんきょう》・修道《しゅどう》・得証《とくしょう》、みなかくのごとし。きのふの説《せっ》心説性《しんせっしょう》[3]は百不当なりといへども、きのふの説心説性の百不当、たちまちに今日《きょう》の一当なり。行仏道《ぎょう》の初心のとき、未練にして通達せざればとて、仏道をすてて余道《よどう》をへて仏道をうることなし。仏道修行の始終《しじゅう》に達せざるともがら、この通塞《つうそく》の道理なることをあきらめがたし。

仏道は、初発心《しょほっしん》のときも仏道なり、成正覚《じょうしょうがく》のときも仏道なり、初中後ともに仏道なり。たとへば、万里《ばんり》をゆくものの、一歩も千里のうちなり、千歩も千里のうちなり。初一歩と千歩とことなれども、千里のおなじきがごとし。

（『正法眼蔵』「説心説性」）

[1] 菩提心……仏道を歩もうとする心。[2] 或従知識、或従経巻……知識（指導者）に従い、経巻（教え）に従うこと。[3] 説心説性……「心を説き性

を説く」と訓読し、心性を説き示すことをいう。心とは慮知念覚（いわゆる、心）であり、性はその根本となる本性をいう。しかし、道元禅師は心と性は同一であるとし、この言葉を「身心を働かせて精進・修行すること」と解釈している。

〈仏道を歩もうとする心を発《おこ》して、仏の道の修行を始めてのちは、難行を懸命に行うとき、行っても行っても、百も行っても一つも当たらない（結果が出ない）。しかしながら、指導者に従い、教えに従って修行して、ようやく当たることができるのである。今のこの一当は、これまで百回行って当たらなかったその力によるのである。百回当たらなかったその力が、ここに老熟したのである。教えを聞くことも、行うことも、悟ることも、みな同様である。昨日までの百の努力が報われなかったとしても、その努力の力によって、突然今日の一当が訪れるのである。仏道修行を始めた初心のとき、未熟であってなかなか得られるものがなくても、仏の道を捨てて、違った道を経験して、それによって仏の道を得ることはできない。仏の道に初めから終わりまで徹底できない者は、それが仏の道につながっているか、ふさがっているか、明らかにすることが難しいのである。

仏の道は、最初に菩提心を発したときも仏の道にいるのである。正しい悟りを成就したときも仏の道にいるのである。初めも途中も終わりも、みな仏の道にいるのである。例えば、千里の道を行く者にとって、最初の一歩も千里の道である。千歩も千里の道のうちである。初めの一歩と、千歩とは違うけれども、同じ千里の道の中の同じ歩みなのである〉

仏教が説く八つの正しい実践の一つに「正精進《しょうしょうじん》」があります。〝正しい努力〟〝正しい修行〟ということです。何が正しい努力なのかというと、仏教では、さきに出てきた「仏制」（仏の定めた規則・生き方）に随って努力するということです。努力には正しい方向が必要であって、いくら努力しても、その方向が間違っていたら、努力は報われないばかりか、努力すればするほど、事態は悪化していきます。ですから、正しい努力が必要です。

実は、修行者はどのように努力したらいいのか、どのようなことを心掛けて修行したらいいのか、その仏道修行の用心について説かれているのが、今まで学んできました『正法眼蔵随聞記《しょうぼうげんぞうずいもんき》』です。「学道の人」という言葉がよく出てきましたが、道を学ぶ人、つまり修行者の心得を学んでまいりました。その心得に従って修行する、努力するということになるのです。

その上で、この「百不当の一老」という言葉が示されています。いくら努力しても、その努力が報われないと思うことはないでしょうか。今の努力は無駄な努力ではないか、このままでいいのだろうかと。

「百不当の一老」という言葉は、そんな不安を払拭《ふっしょく》してくれる言葉です。

「失敗は成功のもと」という、よく知られたことわざがありますが、成功という一当は、失敗という百不当の一老――百回の努力が目に見えないところで老熟して、成し遂げられたもの――であるとも言えます。失敗というよりも、むしろ継続と言ったほうがいいかもしれません。

努力は必ず報われる、とは必ずしも言えませんが、努力がなければ成功もないはずです。だから地道な努力が必要であると私は思います。小さな努力でも、それを継続すれば、人は変わるのです。そして道元禅師の教えによれば、その努力の中に、すばらしい意義があるのです。修行の中に、証《さと》りが現れているのです。

修行ということは、継続して行う、怠りなく続けるということです。その修行の連続が、証りそのものなのです。

道元禅師のこころ――「柔軟心」と「自未得度先度他の心」

これまで、道元禅師のさまざまな教えを学んできました。その基本になっているのが、まさに「坐禅」でした。そして、その坐禅によって育まれるのが「柔軟心《にゅうなんしん》」であり、「自《じ》未《み》得《とく》度《ど》先《せん》度《ど》他《た》の心《こころ》」であり、この心から、道元禅師のさまざまな教えが示されていると私は思うのです。

道元禅師が中国において、師の如浄《にょじょう》禅師から受けた教えを記録した『宝慶記《ほうきょうき》』に、次のような問答が見られます。

仏祖《ぶつそ》の坐《ざ》禅《ぜん》といふは、初発心《しょほっしん》より、一切《いっさい》諸仏の法《ほう》を集めんことを願ふ。故《ゆえ》に坐禅の中において、衆生《しゅじょう》を忘れず、衆生を捨てず、乃至《ないし》昆虫《こんちゅう》にも、常に慈《じ》念《ねん》を給《たま》ひて、誓つて済度《さいど》せんことを願ひ、あらゆる功徳《くどく》を一切に廻《え》向《こう》す。是《こ》の故《ゆえ》に仏祖は、常に欲界《よっかい》に在《あ》りて坐禅弁道《べんどう》す。欲界の中においても、唯《た》だ瞻部《せんぶ》州《しゅう》[1]のみ最も因縁《いんねん》為《た》り。世《せ》世《せ》に諸《もろもろ》の功徳を修《しゅ》して、心の柔軟《にゅうなん》なるを得ればなり。道元拝《どうげんはい》して白《もう》す。作《そ》麼《も》生《さん》か是《こ》れ心の柔軟を得る。和尚《おしょう》示す、仏《ぶっ》仏《ぶっ》祖《そ》祖《そ》の身心脱落《しんじんだつらく》を弁肯《べんこう》する、乃《すなわ》ち柔軟心なり。這箇《しゃこ》を喚《よ》んで仏祖の心印《しんいん》と作《な》すなり。道元礼拝《らいはい》して六拝《ろくはい》す。

（原文は漢文）

[1] 瞻部州……印度《インド》の世界観（須弥《しゅみ》山《せん》世界）において、私たち人間の住む世界をいう。

〈〔如浄和尚が示して言われた〕、「仏祖の坐禅というのは、初めて仏の道を歩もうとする心を発《おこ》したときから、一切の諸仏の教えを集めようと願うのである。だから、坐禅を行っているときも、衆生（一切の生きとし生けるもの）のことを忘れず、衆生を捨てず、ないし昆虫にも、常に慈しみの念をもって、誓って救おうと願い、あらゆる功徳を一切に施し与えるのである。このために仏祖は、常に欲界（欲望のうずまく世界）にいて坐禅をつとめておられるのである。その欲界の中でも、ただ瞻部州だけが、仏の教えに巡り会える因縁に最も恵まれた世界である。生生世世《しょうしょうせせ》の生まれ変わりの中で種々の功徳を積んで、心が柔軟になれるからである」。道元（私）は礼拝して申し上げた、「どうしたら、心の柔軟を得ることができるのでしょうか」。和尚が示して言われた、「仏や祖師方が身心脱落（坐禅）をつとめてこられたのは、そのまま柔軟心なのである。これを呼んで〝仏祖の心印（心のあり方）〟とするのである」。道元は礼拝して六拝した〉

ここで如浄禅師が示されるように、修行者は、初めて仏の道を歩もうとする心を発したときから、一切の諸仏の教えを学び行おうと願うのであり、だから坐禅を行っているときも、諸仏の大切な教えである〝一切の衆生を救う〟という願いがなければならないというのです。

もちろん、坐禅のときは何も考えずただ坐るのですから、衆生のことを頭の中で考え続けるわけではありません。衆生を思う慈しみの心によって坐禅を行うのです。自分が救われようとか、悟りを得ようとか、そのようなちっぽけな思いで坐禅するのではないのです。

そのような坐禅の行によって自然と育まれるのが柔軟心であり、その柔軟心によって坐禅をする。それが仏祖の坐禅であり、仏祖の心のあり方であるのです。

次の道元禅師の言葉も、まさに坐禅によって育まれた柔軟心によって示された言葉であると私には思われます。

ただまさに、やはらかなる容顔《ようがん》をもて一切にむかふべし。

（『正法眼蔵』「菩提薩埵《ぼだいさつた》四摂法《ししょうぼう》」）

〈ただまさに、なごやかな顔つきで、あらゆることに接することが大切である〉

私はこの言葉に、道元禅師の柔軟心を感じます。やさしいお人柄と、大いなる慈悲の心を感じます。すべての人間がこのようになったとき、まさに私たちの現実の世界が仏国土（仏の世界）になることでしょう。

そしてもう一つ、ぜひとも申し上げておきたいのが、道元禅師の「自未《じみ》得度《とくど》先度《せんど》他《た》の心《こころ》」です。

菩《ぼ》提心《だいしん》をおこすといふは、おのれいまだわたらざるさきに、一切衆生《いっさいしゅじょう》をわたさんと発願《ほつがん》し、いとなむなり。（『正法眼蔵』「発《ほつ》菩《ぼ》提心《だいしん》」）

〈菩提心を発《おこ》すというのは、自分がいまだ、悟りの岸（世界）へ渡る前に、一切の生きとし生ける人たちを悟りの岸に渡そうと願いを発し、実践するのである〉

菩提心の「菩提」とは「悟り」という意味です。この言葉には二つの意味があります。〝悟りを求める心〟という意味と〝悟りの心〟という意味です。ここではどちらの意味でもよいのですが、通常は、自分自身が悟りを開こう、仏道を歩んでいってお釈迦様のような悟りを開きたい、そういう心を発すことだと思うわけです。ところが、ここではちょっと違うのです。

菩提心を発すというのはどういうことかというと、「自未得度先度他の心」を発すこと、つまり自分が悟りを開き悟りの世界へ渡る前に、一切の生きとし生ける人たちを悟りの世界に渡そうという願いを発し、それを実践することであるというのです。そしてさらに、次のように示されています。

おほよそ菩提心《ぼだいしん》は、いかがして一切衆生《いっさいしゅじょう》をして菩提心をおこさしめ、仏道《ぶつどう》に引導《いんどう》せましと、ひまなく三業《さんごう》[1]にいとなむなり。いたづらに世間の欲楽《よくらく》をあたふるを、利益《りやく》衆生とするにはあらず。（『正法眼蔵』「発菩提心」）

[1] 三業……三つの業（行為）。三つとは、身業《しんごう》（身体による行為＝行うこと）と、口業《くごう》（言葉による行為＝語ること）と、意業《いごう》（心による行為＝思考すること）。

〈だいたい、菩提心というのは、どのようにして一切衆生に菩提心を発させ、仏の道に導こうかと、常に身体と言葉と心で実践するのである。むやみに世間的な欲望をかなえてあげるのが、衆生に利益を与えることではないのである〉

菩提心というのはどのような心かというと、一切衆生に菩提心（自未得度先度他の心）を発させることだと言われます。ここが、道元禅師の独特なお示しです。

一切の人々に、この「自未得度先度他の心」を発してもらうということが、実は大切だということになります。人々を悟りの世界に渡すということは、一人一人に「自未得度先度他の心」をもってもらうということなのです。

この心をどのようにしたら一切衆生にもってもらえるか、どうやってそういう心を発させて仏の道に入ってもらおうかと、常に三業を実践する。体によっても行い、言葉によってもそれを説き、そして心の中でも常に強く願っている。常にそれを実践していくということであるというのです。

むやみに地位や財産や名誉というような世間的な欲望を満たしてあげたり、衣食住における快適さを与えてあげたりすることが、衆生を利益するということではないというのです。

衆生《しゅじょう》を利益《りやく》すといふは、衆生をして自未得度先度他《じみとくどせんどた》のこころをおこさしむるなり。自未得度先度他の心をおこせるちからによりて、われほとけにならんとおもふべからず。たとひほとけになるべき功徳《くどく》熟して円満すべしといふとも、なほめぐらして衆生の成仏得道《じょうぶつとくどう》に回向《えこう》するなり。

（『正法眼蔵』「発菩提心」）

〈衆生に利益を与えるというのは、その衆生に自未得度先度他の心を発《おこ》させるのである。衆生に自未得度先度他の心を発させた功徳によって、自分が仏になろうと思ってはならない。たとえ仏になれる功徳が熟して十分に満ちたとしても自分は仏にならずに、なおその功徳を衆生が成仏し仏の道を得られるようにと施し与えるのである〉

繰り返しますが、衆生に利益を与えるということはどういうことかというと、それは、一切衆生に「自未得度先度他」の心を発させることであるのです。ここが重要なところです。相手に利益を与えるというのは、お金や物を与えたりするのではない。何か相手の願いをかなえてあげるということでもない。その人に、「自未得度先度他」の心を発させることができたら、それがほんとうにその人を救うことになる、大きな利益を与えることになるというのです。この道元禅師の説示は、しっかりと心にとどめておかなければなりません。

そして、衆生に「自未得度先度他」の心を発させることができれば、その人を真に救うことができるわけですから、自分自身に大きな功徳があるのですが、その功徳によって、「私が仏になろう」「私が成仏できるだろう」と、そのようなことを思ってもいけないのです。も、仏になることができる功徳が満ち足りて、いよいよ仏になることができ　いう段階になっても、それでも自分は仏にならずに、さらに衆生の成　とめていくのです。

衆生は無限に存在するので、すべての衆生をあちらの岸（悟りの世界）に渡し尽くすということはありえないとも言えますが、それを生きているかぎり実践していくのが、まさに菩薩（大いなる修行者）です。

道元禅師は、まさに菩薩であり、この菩薩こそ、実は仏にほかならないのです。

道元禅師が目指す理想の世界とは

仏教では、一般的に、私たちの迷いの世界を川のこちら岸（此岸《しがん》）に喩え、理想的な仏の世界をあちら岸（彼岸《ひがん》）に喩え、この川を渡ることが修行であり、川を渡ることができたとき悟りが開けると教えています。

しかし、道元禅師の「自未得度先度他」の教えによれば、こちら岸にいる私自身がまず自未得度先度他の心を発し、他の人々にも自未得度先度他の心を発してもらうようにつとめるのです。そういう人をこちらの岸に一人でも多く残すことができれば、自分は死んでも安心です。今度はその人たちが人々を救ってくれるからです。仏がまことの後継者を育て、遺《のこ》すとは、そういうことです。

自未得度先度他の心をもつ人が、一人増え、二人増え、そしてもしも仮に、すべての人がこの心をもったとき、あちらの岸に渡ろうとする人は、誰一人いなくなります。そのとき、あちら岸にある理想の世界は必要なくなります。なぜなら、こちら岸が理想の世界になっているからです。

道元禅師が目指す理想の世界とは、そのような世界なのです。

おわりに

本書は、平成二十（二〇〇八）年四月から平成二十一（二〇〇九）年三月までの一年間、十二回にわたってNHK教育テレビ「こころの時代〜宗教・人生〜」で放送された「道元のことば〜『正法眼蔵随聞記』にきく」のガイドブック上・下巻に一部手を加え一冊にまとめたものです。

すばらしい機会を得て、道元禅師の『正法眼蔵随聞記』をあらためて学ぶ中で、幾多の道元禅師のすばらしい教えに触れて、自ら解説しながら、私自身を顧みて反省させられることしきりでした。

「仏の道を歩むものは、我執（自らに対する執着）を捨てなければならない」「ひたすら坐禅をつとめなければならない」「貧しくあらねばならない」「善きことを努めて行って、その報いを求めてはならない」「時間を大切にして、仏の教えに従って生きなければならない」「修行を怠らず、自らを磨き向上させていかなければならない」「他のため（世のため他人のため）に生きなければならない」「柔軟な心をもち、自未得度先度他の実践を行わなければならない」などなど。

道元禅師の教えを解説する中で、それらすべてが自らにはね返り、講師としての威厳はどこへやら、謙虚に語らざるをえませんでした。

さすがにテレビの反響というものは大きく、なかには内容に対する批判やご意見もありましたが、多くの方々から、感謝や賛嘆の言葉をいただきました。ご批判は、私の不徳のいたすところであり、賛辞は道元禅師のおかげと受け止めております。

その反響の中で感じたことは、約七八〇年前の、それも修行者に対して示された道元禅師の教えが、決して古いものではなく、現代を生きる私たちの人生の道しるべともなるものであり、混迷する現代であるからこそ、道元禅師の教えが求められているということでした。

それにしても、説かれた時代も、説かれた対象も違いますので、それをそのまま現代を生きる私たちが実践することは難しいかもしれませんが、いつの時代でも、いかなる人にとっても大切な、人間として生きる道というものはあるのではないかと私には思われます。読者の皆さんが、本書の道元禅師の教えから、何かを学び、何かに気づき、そしてそれを心の糧にして、よりよい人生の一助にしていただくことができれば幸いです。

最後に、ガイドブック上・下巻の編集、およびこれを単行本にまとめるにあたって細部にわたり大変お世話になりました白須涼子さんはじめNHK出版のみなさん、番組のみならずガイドブック執筆にも多くのご助言をいただいたNHKこころの時代担当ディレクターの田邉祥二《たなべしょうじ》さんに、心より感謝申し上げます。

また、一年間番組でお世話になった聞き手の草柳隆三《くさやなぎりゅうぞう》さん、NHK制作局（文化・福祉番組）の浅井靖子さん、安藤都紫雄さん、そして小島裕子さんはじめ関係者のみなさん、ほんとうにありがとうございました。この場を借りてお礼申し上げます。

平成二十一年四月八日　浴仏の日に記す

角田泰隆

文庫版あとがき

道元禅師《どうげんぜんじ》の代表的著作は『正法眼蔵《しょうぼうげんぞう》』ですが、これは仏法を説き明かすために、深い禅定にあって書き記したものであり、一般には近づき難い、かなり難解な書物です。しかし、本書が取り上げた『正法眼蔵随聞記《ずいもんき》』は、修行道場において道元禅師が語った日常の教えを、弟子の懐奘《えじょう》が、おそらく聞いたままに記録した聞き書きです。比較的わかりやすく、現代の読者の皆様にも十分に理解できるものです。

また、ここに説かれているのは、深遠な仏法の教理というよりも、修行道場での修行の心得であり、実践です。そして、修行の心得と言っても、それは修行僧だけのものではなく、誰もが知っておくべき、よりよく生きるための智慧《ちえ》や実践です。ですから、できるだけ多くの皆さんに、この『正法眼蔵随聞記』を読んでいただきたいのです。そして、その中から特に私が現代に活《い》かすべきと思う教訓を取り上げ、まとめたのが本書です。きっと、よりよく生きるための気づきがあるはずです。

道元禅師の教えを皆さんの生活に活かしていただくことができれば、それは道元禅師とともに現代を生きることになると思われます。文庫化にあたって本書の書名を『道元と生きる』とあらためたのは、そのような思いからです。

初刊『ZEN 道元の生き方～「正法眼蔵随聞記」から』がNHK出版において絶版となり、その後、少なからぬ皆さんから再刊の希望が寄せられていました。そこで、以前拙著の文庫化にあたってお世話になった株式会社KADOKAWAの麻田《あさだ》江里子《えりこ》さんを頼り、本書の文庫化のお願いをいたしました。お忙しい中、前向きにご検討くださり、この度、角川ソフィア文庫より出版していただけることになりました。まずもって麻田さんのお力添え、ご厚意に感謝申し上げる次第です。

出版にあたっては、学芸図書課の江川慎《えがわしん》さんにお世話になり、編集、校正等、実に綿密な仕事をしていただきました。その際、私の手元にあった初刊本（NHK出版本＝親本）の元となったテキストデータと、親本との緻密《ちみつ》な校合を行っていただき、親本においては紙幅の関係等で削除されていた部分を復元するなど、若干の修正も行うことができました。江川さんの実に几帳面《きちょうめん》で誠実な作業に感謝申し上げます。

令和五年二月十五日　仏涅槃の日に記す

角田泰隆

本書は、二〇〇九年六月に日本放送出版協会から刊行された『ZEN 道元の生き方～「正法眼蔵随聞記」から』を改題し、加筆修正のうえ、文庫化したものです。

道元《どうげん》と生《い》きる
正法眼蔵随聞記《しょうぼうげんぞうずいもんき》

角田泰隆《つのだたいりゅう》

令和5年 3月25日 初版発行
令和6年 11月25日 再版発行

発行者●山下直久

発行●株式会社KADOKAWA
〒102-8177 東京都千代田区富士見2-13-3
電話 0570-002-301（ナビダイヤル）

角川文庫 23604

印刷所●株式会社KADOKAWA
製本所●株式会社KADOKAWA

表紙画●和田三造

●お問い合わせ
https://www.kadokawa.co.jp/（「お問い合わせ」へお進みください）
※内容によっては、お答えできない場合があります。
※サポートは日本国内のみとさせていただきます。
※Japanese text only

ISBN 978-4-04-400747-8 C0115

◆◇◇

角川文庫発刊に際して

角川源義

第二次世界大戦の敗北は、軍事力の敗北であった以上に、私たちの若い文化力の敗退であった。私たちの文化が戦争に対して如何に無力であり、単なるあだ花に過ぎなかったかを、私たちは身を以て体験し痛感した。西洋近代文化の摂取にとって、明治以後八十年の歳月は決して短かすぎたとは言えない。にもかかわらず、近代文化の伝統を確立し、自由な批判と柔軟な良識に富む文化層として自らを形成することに私たちは失敗して来た。そしてこれは、各層への文化の普及滲透を任務とする出版人の責任でもあった。

一九四五年以来、私たちは再び振出しに戻り、第一歩から踏み出すことを余儀なくされた。これは大きな不幸ではあるが、反面、これまでの混沌・未熟・歪曲の中にあった我が国の文化に秩序と確たる基礎を齎らすためには絶好の機会でもある。角川書店は、このような祖国の文化的危機にあたり、微力をも顧みず再建の礎石たるべき抱負と決意とをもって出発したが、ここに創立以来の念願を果すべく角川文庫を発刊する。これまで刊行されたあらゆる全集叢書文庫類の長所と短所とを検討し、古今東西の不朽の典籍を、良心的編集のもとに、廉価に、そして書架にふさわしい美本として、多くのひとびとに提供しようとする。しかし私たちは徒らに百科全書的な知識のジレッタントを作ることを目的とせず、あくまで祖国の文化に秩序と再建への道を示し、この文庫を角川書店の栄ある事業として、今後永久に継続発展せしめ、学芸と教養との殿堂として大成せんことを期したい。多くの読書子の愛情ある忠言と支持とによって、この希望と抱負とを完遂せしめられんことを願う。

一九四九年五月三日

角川ソフィア文庫ベストセラー

仏教語源散策

編著／中村　元

上品・下品、卍字、供養、卒都婆、舎利、荼毘などの仏教語から、我慢、人間、馬鹿、利益、出世など意外な日常語まで。生活や思考、感情の深層に語源から分け入ることで、豊かな仏教的世界観が見えてくる。

仏教経典散策

編著／中村　元

仏教の膨大な経典を、どこからどう読めば、その本質を探りあてられるのか。17の主要経典を取り上げ、読み、味わい、人生に取り入れるためのエッセンスを解き明かす。第一人者らが誘う仏教世界への道案内。

続　仏教語源散策

編著／中村　元

愚痴、律儀、以心伝心——。身近な日本語であっても、仏典や教義にその語源を求めるとき、仏教語の大海へとたどりつく。大乗、真言、そして禅まで、身近なことばの奥深さに触れる仏教入門、好評続篇。

東方の言葉

中村　元

「自己を灯火とし、自己をよりどころとせよ」（大ニッバーナ経）。仏教・東洋思想の碩学が、自身が感銘をうけた60の至言を解説。宗派や既成宗教の制約をこえて心を揺さぶる、現代人が生きるための指針の書。

空海入門

加藤精一

革新的な思想で宗教界を導き、後に弘法大師と尊称された空海。その生涯と事績をたどり、『三教指帰』『弁顕密二教論』『秘蔵宝鑰』をはじめとする著作を紹介。何者にも引きずられない、人間空海の魅力に迫る！

角川ソフィア文庫ベストセラー

無心ということ　鈴木大拙

無心こそ東洋精神文化の軸と捉える鈴木大拙が、仏教生活の体験を通して禅・浄土教・日本や中国の思想へと考察の輪を広げる。禅浄一致の思想を巧みに展開、宗教的考えの本質をあざやかに解き明かしていく。

新版 禅とは何か　鈴木大拙

宗教とは何か。仏教とは何か。そして禅とは何か。自身の経験を通して読者を禅に向き合わせながら、この究極の問いを解きほぐす名著。初心者、修行者を問わず、人々を本格的な禅の世界へと誘う最良の入門書。

日本的霊性 完全版　鈴木大拙

精神の根底には霊性（宗教意識）がある——。念仏や禅の本質を生活と結びつけ、法然、親鸞、そして鎌倉時代の禅宗に、真に日本人らしい宗教的な本質を見出す。日本人がもつべき心の支柱を熱く記した代表作。

仏教の大意　鈴木大拙

昭和天皇・皇后両陛下に行った講義を基に、キリスト教的概念や華厳仏教など独自の視点を交え、困難な時代を生きる実践学としての仏教、霊性論の本質を説く。『日本的霊性』と対をなす名著。解説・若松英輔

東洋的な見方　鈴木大拙

英米の大学で教鞭を執り、帰国後に執筆された、大拙自ら「自分が到着した思想を代表する」という論文十四編全てを掲載。東洋的な考え方を「世界の至宝」と語る、大拙思想の集大成！　解説・中村元／安藤礼二

角川ソフィア文庫ベストセラー

華厳の研究

鈴木大拙
杉平顗智＝訳

仏の悟りの世界はどのようなものか。どうすればそこに至ることができるのか。鈴木大拙が人生最後の課題として取り組んだもの、それが華厳教の世界であった。安藤礼二氏による解説も付して再刊する、不朽の名著。

般若心経講義

高神覚昇

『心経』に込められた仏教根本思想『空』の認識を、その否定面「色即是空」と肯定面「空即是色」の二面から捉え、思想の本質を明らかにする。日本人の精神文化へと誘う、『般若心経』の味わい深い入門書。

新版 歎異抄
現代語訳付き

訳注／千葉乗隆

愛弟子が親鸞の教えを正しく伝えるべく、直接見聞した発言と行動を思い出しながら綴った『歎異抄』。人々を苦悩から救済することに努めた親鸞の情念を、わかりやすい注釈と口語訳で鮮やかに伝える決定版。

真釈 般若心経

宮坂宥洪

『般若心経』とは、心の内面の問題を解いたものではなく、具体的な修行方法が説かれたものだった！ 経典成立当時の古代インドの言語、サンスクリット語研究が導き出した新解釈で、経典の真実を明らかにする。

自分をみつめる禅問答

南 直哉

「死とはなにか」「生きることに意味はあるのか」――。生について、誰もがぶつかる根源的な問いに、「禅問答」のスタイルで回答。不安定で生きづらい時代に、仏教の本質を知り、人間の真理に迫る画期的な書。

角川ソフィア文庫ベストセラー

全文現代語訳 浄土三部経
訳・解説／大角　修

日本の歴史と文化に深く浸透している「浄土三部経」（無量寿経、観無量寿経、阿弥陀経）全文を改行や章題・小見出しによる区切りを設け、読みやすく現代語訳。「浄土教の小事典」を付した入門書。

全品現代語訳 大日経・金剛頂経
訳・解説／大角　修

真言密教の二大根本経典の思想性を重視しつつ、親しみやすく全品を現代語訳。『秘密曼荼羅十住心論』など真言宗開祖・空海の主著をはじめ、豊富なコラムや図版、小事典も充実した文庫オリジナルの画期的な入門書。

全文現代語訳 維摩経・勝鬘経
訳・解説／大角　修

聖徳太子による日本最初の経典注釈書「三経義疏」で知られる「維摩経」「勝鬘経」は、徹底した在家主義が説かれ、日本仏教の出発点となった。わかりやすい口語訳と豊富なコラムで読み解く、画期的な入門書！

わかる仏教史
宮元啓一

上座部か大乗か、出家か在家か、実在論か唯名論か、顕教か密教か――。ひとくちに仏教といっても、その内実はさまざま。インドから中国、日本へ、国と時代を超えて展開する歴史を徹底整理した仏教入門。

白隠 禅画の世界
芳澤勝弘

独特の禅画で国際的な注目を集める江戸時代の名僧、白隠。その絵筆には、観る者を引き込む巧みな仕掛けと、言葉に表せない禅の真理が込められている。作品図版の分析から時空を超えた叡智をよみとく決定版。